JN043914

福岡県の教員採用試験過去問シリーズ❶

2025年度版

福岡県・福岡市・北九州市の教職・一般教養

過去問

協同教育研究会 編

協同出版

本書には，福岡県・福岡市・北九州市の教員採用試験の過去問題を収録しています。各問題ごとに，以下のように5段階表記で，難易度，頻出度を示しています。

難　易　度

非常に難しい　☆☆☆☆☆
やや難しい　☆☆☆☆
普通の難易度　☆☆☆
やや易しい　☆☆
非常に易しい　☆

頻　出　度

◎　ほとんど出題されない
◎◎　あまり出題されない
◎◎◎　普通の頻出度
◎◎◎◎　よく出題される
◎◎◎◎◎　非常によく出題される

※本書の過去問題における資料，法令文等の取り扱いについて

本書の過去問題で使用されている資料や法令文の表記や基準は，出題された当時の内容に準拠しているため，解答・解説も当時のものを使用しています。ご了承ください。

はじめに～「過去問」シリーズ利用に際して～

教育を取り巻く環境は変化しつつあり，日本の公教育そのものも，教員免許更新制の廃止やGIGAスクール構想の実現などの改革が進められています。また，現行の学習指導要領では「主体的・対話的で深い学び」を実現するため，指導方法や指導体制の工夫改善により，「個に応じた指導」の充実を図るとともに，コンピュータや情報通信ネットワーク等の情報手段を活用するために必要な環境を整えることが示されています。

一方で，いじめや体罰，不登校，暴力行為など，教育現場の問題もあいかわらず取り沙汰されており，教員に求められるスキルは，今後さらに高いものになっていくことが予想されます。

本書の基本構成としては，出題傾向と対策，過去5年間の出題傾向分析表，過去問題，解答および解説を掲載しています。各自治体や教科によって掲載年数をはじめ，「チェックテスト」や「問題演習」を掲載するなど，内容が異なります。

また原則的には一般受験を対象としております。特別選考等については対応していない場合があります。なお，実際に配布された問題の順番や構成を，編集の都合上，変更している場合があります。あらかじめご了承ください。

最後に，この「過去問」シリーズは，「参考書」シリーズとの併用を前提に編集されております。参考書で要点整理を行い，過去問で実力試しを行う，セットでの活用をおすすめいたします。

みなさまが，この書籍を徹底的に活用し，教員採用試験の合格を勝ち取って，教壇に立っていただければ，それはわたくしたちにとって最上の喜びです。

協同教育研究会

C O N T E N T S

第１部

福岡県・福岡市・北九州市の教職・一般教養出題傾向分析

福岡県・福岡市・北九州市の教職・一般教養 傾向と対策

福岡県では「教職教養」として，教職教養問題と一般教養問題が出題されている。2024年度の試験問題は全30問であったが，一部選択問題(高等学校志望者とそれ以外の志望者別になっている)があるため，実際に解答するのは25問である。以下，出題実績・傾向と対策について考えていきたい。なお，福岡市では2017～18年度試験において独自で教職・一般教養の問題を作成していたが，2019年度から県と同一になった。市独自の問題といっても，出題傾向や難易度は県とほぼ同一であったため，それほど気にすることはないだろう。

1　一般教養は５教科を中心に学習。時事問題対策もしっかりと行うこと。

一般教養では，いわゆる5教科と社会時事的な問題が例年出題される。国語は四字熟語やことわざ・慣用句，数学は計算や図形，社会は近現代の国際情勢や現代の社会問題に関わる法的知識などに関する問題，理科は物理・化学・生物・地学からランダムに出題されている。そして英語は例年会話文に基づき，文法や単語，表現に関する知識を問うてくる。

対策としてはまず，全教科，中学校卒業程度の知識をしっかりと身に付けること。苦手教科がある人は，教科書等で学習しておくことが必要である。そのうえで過去問を解く等，知識の積み上げを行っていきたい。特に，社会と時事問題は重複するところもあるので，社会の近現代史や現代の社会問題に関わる知識は一言一句覚えるのではなく，まずは概要の把握に注力したい。また，普段から新聞・雑誌などを読み，常にアンテナを張った状態にしておくこと。さらにここ数年，「環境白書・循環型社会白書・生物多様性白書」，消費者基本法などの消費者保護施策についての出題が続いているので，準備しておく必要がある。

解答は空欄補充形式や正答の組み合わせを答えるパターンが多いので，分からないものがあっても慌てず，わかるものから解き，選択肢を絞っていくことが重要である。中には，1つか2つわかれば正答できる問題もあるので，時間を最大限に利用して，正答に近づく姿勢が求められる。

2　教職教養は出題が広範なので，まずは「広く浅く」を心がけよう。

教職教養では，教育史以外の分野からほぼまんべんなく出題されており，出題形式は文章の空欄補充や内容の正誤の組み合わせ問題が中心である。したがって，まずは「広く浅く」，つまり概要などを把握することに努めたい。以下，頻出分野を中心にみていくことにする。

教育法規については，まず日本国憲法，教育基本法，学校教育法を十分に学習する必要があるだろう。特に日本国憲法は一般教養にも関わるので，教育や基本的人権関連以外の条文も学習しておくこと。教育基本法は条文の空欄補充で問われることが多いため，前文を含め暗記することが望ましい。ただし，空欄になる箇所は大体決まっているので，過去問などを多く解くことで，傾向が見えてくると思われる。学校教育法については参考書等で基礎・基本に位置付けられている条文から学習し，少しでも知識を積み上げるよう努力をしてほしい。法規では法の目的や重要語の定義などが最初に示されていることが多いので，押さえておくとよいだろう。

生徒指導，特にいじめや不登校などについては，まず全国，次に福岡県の近年の動向を把握しておくこと。その動向を踏まえ，国や県ではどのような指針を示しているかといったことを学習しておくと，面接対策としても役立つだろう。また，「生徒指導提要」については，令和4(2022)年12月に改訂版が示された。改訂された部分，特に加筆されている部分を中心に学習しておきたい。

特別支援教育については，「障害者の権利に関する条約」等の理解から我が国の立法や施策，県の施策と順にみていくと理解しやすくなると思われる。特別支援に関する法令としては障害者基本法，障害者総合支援法，障害者差別解消法，障害者雇用促進法の4法が頻出である。これらの法律は，障害者の権利に関する条約批准のための法的整備の一環として整備されたものであることを意識しておくとよい。また「障害のある子供の教育支援の手引～子供たち一人一人の教育的ニーズを踏まえた学びの充実に向けて～」は，特別支援教育について全体的にわかりやすくまとめられているので，ぜひ学習しておきたい。

人権教育については「人権教育の指導方法等の在り方について[第三次

とりまとめ]」及び同「策定以降の補足資料」,「人権教育・啓発に関する基本計画」,「部落差別の解消の推進に関する法律」,「福岡県部落差別の解消の推進に関する条例」などの定番問題の出題が多いので，これらの資料を中心に学習するとよい。

学習指導要領については，学習指導要領解説からの出題もあるので，あわせて学習すること。総則，総合的な学習(探究)の時間，特別の教科道徳，特別活動など広範に出題されるため，早い時期から少しずつ学習するとよいだろう。

解答形式は一般教養と同様，複数の正答の組み合わせを答えるパターンである。これは，1つ知っていても正答にはつながらないが，分からないものがあっても正答できるという特徴がある。したがって，分かるものから選択肢を絞り，正答に近づいていくことも必要である。このような形式に慣れるためには過去問を多く解く，模試を活用するといったことが考えられる。特に，本試験で時間が足りなくなるようなことを避けるため，時間を計りながら問題を解くことは，ぜひ実行してほしい。合格に向け，十分な準備をしてから本試験に臨みたい。

教職教養　過去5年間の出題傾向分析

●＝共通問題
▲＝高等学校以外（選択）　■＝高等学校（選択）

①教育一般

大分類	小分類	主な出題事項	2020年度	2021年度	2022年度	2023年度	2024年度
教育の機能・意義		教化・訓育・陶冶，野生児など					

②教育課程と学習指導要領

大分類	小分類	主な出題事項	2020年度	2021年度	2022年度	2023年度	2024年度
教育課程	教育課程一般	教育課程の原理，カリキュラムの種類（コア・カリキュラムなど）					
	基準と編成	小学校・中学校・高校，学校教育法施行規則52条など					
	学習指導要領	総則（教育課程編成の一般方針，総合的な学習の時間の取扱い，指導計画等の作成に当たって配慮すべき事項など）	■	▲■	■	■	■
		学習指導要領の変遷，各年版の特徴，新旧の比較					
道徳教育	学習指導要領	一般方針（総則），道徳科		▲			
		目標（「道徳教育の目標は～」，「道徳の時間においては～」）	▲				
		内容，指導計画の作成と内容の取扱い		■	▲	▲	
	道徳の時間	指導・評価・評定，指導法，心のノート		▲			▲
	その他	道徳教育の意義・歴史など					
総合的な学習の時間	学習指導要領	目標		▲	▲		▲
		内容					■
		指導計画の作成と内容の取扱い	▲		■	▲	
		目標，各学校において定める目標及び内容				■	
外国語活動	学習指導要領	指導計画の作成と内容の取扱い					
特別活動	学習指導要領	目標（「望ましい集団活動を通して～」）	▲		▲■	▲	▲
		内容（学級（ホームルーム）活動，児童（生徒）会活動，クラブ活動，学校行事）					
		指導計画の作成と内容の取扱い	■	▲		■	■

大分類	小分類	主な出題事項	2020年度	2021年度	2022年度	2023年度	2024年度
特別活動	学習指導要領	評価					

③教育原理

大分類	小分類	主な出題事項	2020年度	2021年度	2022年度	2023年度	2024年度
教授・学習	理論	完全習得学習，発見学習，プログラム学習，問題解決学習，有意味受容学習など				●	
	学習指導の形態（学習集団）	一斉学習・小集団（グループ）学習，個別学習					
	学習指導の形態（支援組織）	オープン・スクール，ティーム・ティーチング，モジュール方式					
	学習指導の形態（その他）	習熟度別学習，コース選択学習					
	学習指導の方法	バズ学習，講義法，全習法，水道方式など					
	教育機器	CAI，CMI					
生徒指導	基本理念	原理・意義・課題（「生徒指導の手引き」，「生徒指導資料」「生徒指導提要」など）	■	■	▲ ■	▲ ■	■
	領域	学業指導，進路指導・キャリア教育，保健指導，安全指導（「学校安全緊急アピール」など）	■	■	■	■	■
	方法	集団指導・個別指導					
	教育相談	意義・方法・形式など					
	具体的な指導事例	いじめ（時事問題含む）	●	●	● ▲	●	● ▲
		不登校，高校中退（時事問題含む）	●	●			
		暴力行為，学級崩壊など（時事問題含む）					
	その他	生徒指導の関連事項			●	●	
人権・同和教育	歴史	法制史，解放運動史，事件					
	答申	「同和対策審議会答申」					
	地対協意見具申	「地域改善対策協議会意見具申」					
	関連法規	「人権擁護施策推進法」，「人権教育及び人権啓発の推進に関する法律」	●	●	●	●	
	その他	「人権教育のための国連10年行動計画」，各都道府県の人権・同和教育方針など	●	●	●	●	

大分類	小分類	主な出題事項	2020年度	2021年度	2022年度	2023年度	2024年度
特別支援教育	目的	学校教育法72条					
	対象と障害の程度	学校教育法施行令22条の3					
	定義・指導法	LD，ADHD，高機能自閉症，PTSD，CP					
	教育機関	特別支援学校（学校教育法72・76条），寄宿舎（学校教育法79条），特別支援学級（学校教育法81条）					
	教育課程	学習指導要領，教育課程（学校教育法施行規則126～128条），特別の教育課程（学校教育法施行規則138・141条），教科書使用の特例（学校教育法施行規則139条）					
	指導の形態	交流教育，通級指導，統合教育（インテグレーション）					
	関連法規	発達障害者支援法，障害者基本法，障害を理由とする差別等に関する法律	●	●			
	その他	「特別支援教育の推進について」（通知），「障害者権利条約」，「障害者基本計画」，歴史など	●				●
社会教育	定義	教育基本法1・7条，社会教育法2条					
	施設	公民館，図書館，博物館，大学・学校施設の開放					
	その他	関連法規（社会教育法，図書館法，博物館法，スポーツ振興法），社会教育主事					
生涯学習	展開	ラングラン，リカレント教育，各種答申（社会教育審議会，中央教育審議会，臨時教育審議会，生涯学習審議会）など					
	その他	生涯学習振興法，放送大学					
教育時事	現代の教育	情報教育（「情報化の進展に対応した教育環境の実現に向けて」，「情報教育の実践と学校の情報化」，学習指導要領（総則）など）	●				●
		その他（環境教育，国際理解教育，ボランティア）					
	中央教育審議会答申	「これからの学校教育を担う教員の資質能力の向上について ～学び合い，高め合う教員育成コミュニティの構築に向けて～」					
		「新しい時代の教育や地方創生の実現に向けた学校と地域の連携・協働の在り方と今後の推進方策について」					
		「学校安全の推進に関する計画の策定について」				●	
		「今後の学校におけるキャリア教育・職業教育の在り方について」					
		中央教育審議会初等中等教育分科会の「児童生徒の学習評価の在り方について（報告）」					

大分類	小分類	主な出題事項	2020年度	2021年度	2022年度	2023年度	2024年度
教育時事	中央教育審議会答申	「教育振興基本計画について－「教育立国」の実現に向けて－」，「第2期教育振興基本計画」	▲				
		「新しい時代を切り拓く生涯教育の振興方策について～知の循環型社会の構築を目指して～」					
		幼稚園，小学校，中学校，高等学校及び特別支援学校の学習指導要領等の改善及び必要な方策等について					
		新しい時代にふさわしい高大接続の実現に向けた高等学校教育，大学教育，大学入学者選抜の一体的改革について～すべての若者が夢や目標を芽吹かせ,未来に花開かせるために					
		チームとしての学校の在り方と今後の改善方策について					
		「幼稚園，小学校，中学校，高等学校及び特別支援学校の学習指導要領等の改善について」					
		「子どもの心身の健康を守り，安全・安心を確保するために学校全体としての取組を進めるための方策について」					
		「今後の青少年の体験活動の推進について」					
		「教育基本法の改正を受けて緊急に必要とされる教育制度の改正について」					
		「今後の教員養成・免許制度の在り方について」					
		「新しい時代の義務教育を創造する」					
		「特別支援教育を推進するための制度の在り方について」					
		「今後の学校の管理運営の在り方について」					
	教育課程審議会答申	「児童生徒の学習と教育課程の実施状況の評価の在り方について」					
	教育再生会議	第一次報告・第二次報告・いじめ問題への緊急提言					
	その他	「小学校，中学校，高等学校及び特別支援学校等における児童生徒の学習評価及び指導要録の改善等について」（通知）					
		「学校における携帯電話の取扱い等について」（通知）					
		「小学校・中学校・高等学校キャリア教育推進の手引～児童生徒一人一人の勤労観、職業観を育てるために～」					
		義務教育諸学校における学校評価ガイドライン					
		「問題行動を起こす児童生徒に対する指導について」（通知）					

大分類	小分類	主な出題事項	2020年度	2021年度	2022年度	2023年度	2024年度
教育時事	その他	教育改革のための重点行動計画					
		「キャリア教育の推進に関する総合的調査研究協力者会議報告書～児童生徒一人一人の勤労観，職業観を育てるために～」					
		「児童生徒の問題行動対策重点プログラム」					
		「今後の不登校への対応の在り方について」					
		「今後の特別支援教育の在り方について」					
		「人権教育・啓発に関する基本計画」		●			●
		学校事故対応に関する指針					
		不登校児童生徒への支援の在り方について（通知）					
		児童生徒の自殺予防に係る取組について（通知）					
		共生社会の形成に向けたインクルーシブ教育システム構築のための特別支援教育の推進（報告）					
		「人権教育の指導方法等の在り方について」	●	●	●	●	●
		教育統計，白書，教育界の動向					
		各都道府県の教育方針・施策					
		全国学力・学習状況調査，生徒の学習到達度調査(PISA)，国際数学・理科動向調査（TIMSS）					
		環境・循環型社会・生物多様性白書(環境省)	●	●	●	●	●
		上記以外	●▲	●	●▲	●▲	▲

④教育法規

大分類	小分類	主な出題事項	2020年度	2021年度	2022年度	2023年度	2024年度
教育の基本理念に関する法規	日本国憲法	教育を受ける権利（26条）					
		その他（前文，11～15・19・20・23・25・27・89条）					
	教育基本法	前文，1～17条	●	●	●		●
教育委員会に関する法規		組織（地方教育行政法3条）					
		教育委員と教育委員長（地方教育行政法4・5・12条）					

大分類	小分類	主な出題事項	2020年度	2021年度	2022年度	2023年度	2024年度
教育委員会に関する法規		教育長と事務局（地方教育行政法16条・17条①②・18条①・19条①②）					
		教育委員会の職務権限（地方教育行政法14条①・23条）					
		就学関係（学校法施行令1条①②・2条，学校教育法18条）					
		学校，教職員等の管理（地方教育行政法32条・33条①・34条・37条①・43条・46条，地方公務員法40条①）					
		研修（地方教育行政法45条・47条の4①，教育公務員特例法23条）					
教職員に関する法規	教職員の定義と資格	定義（教育公務員特例法2条①②③⑤，教育職員免許法2条①，義務教育標準法2条③），資格（学校教育法9条，学校法施行規則20～23条，教育職員免許法3条）					
	教職員の身分と義務	公務員の性格（地方公務員法30条，教育基本法9条②，憲法15条②）					
		義務（地方公務員法31～38条，国家公務員法102条，教育公務員特例法17・18条，地方教育行政法43条②，教育基本法8条②）			●	●	●
	教職員の身分と義務	分限と懲戒（地方公務員法27～29条）					
		勤務時間・条件（労働基準法）等					
	教員の任用	条件附採用・臨時的任用（地方公務員法22条，教育公務員特例法12条）					
		欠格事由・欠格条項（学校教育法9条，地方公務員法16条）					
	教職員の任用	不適格教員（地方教育行政法47条の2）					
	教員の研修	研修（教育公務員特例法21条・22条・24条・25条・25条の2・25条の3，地方公務員法39条）			●		●
		初任者研修（教育公務員特例法23条，地方教育行政法45条①）					
	教職員の職務と配置	校務分掌（学校法施行規則43条）					
		教職員，主任等の職務（学校教育法37・49・60・82条，学校法施行規則44～47条）					
		職員会議（学校法施行規則48条）					
		教職員の配置（学校教育法7・37条など）					

大分類	小分類	主な出題事項	2020年度	2021年度	2022年度	2023年度	2024年度
教職員に関する法規	校長の職務と権限	身分（教育公務員特例法2条），採用と資格（学校教育法8･9条，学校法施行規則20条・教育公務員特例法11条）					
		教職員の管理（学校教育法37条④）					
	教員免許状	教員免許状の種類，授与，効力（教育職員免許法）					
学校教育に関する法規	学校の設置	学校の範囲（学校教育法1条）					
		学校の名称と設置者（学校教育法2条，教育基本法6条①）					
		設置基準（学校教育法3条），設置義務（学校教育法38条）					
	学校の目的・目標	小学校（体験活動の目標を含む），中学校，中等教育学校，高等学校					
	学校評価及び情報提供	評価（学校教育法42条，学校法施行規則66～68条），情報提供（学校教育法43条）					
学校の管理・運営に関する法規	設備と管理	学校の管理・経費の負担（学校教育法5条），学校の設備（学校法施行規則1条）					
		学校図書館（学校図書館法）				●	
	学級編制	小学校・中学校の学級編制，学級数・児童生徒数（義務教育標準法3・4条，学校法施行規則41条，設置基準）					
	学年･学期･休業日等	学年（学校法施行規則59条）					
		学期（学校法施行令29条）					
		休業日（学校法施行令29条，学校法施行規則61条）臨時休業日（学校法施行規則63条）					
		授業終始の時刻（学校法施行規則60条）					
	保健･安全･給食	学校保健（学校教育法12条，学校保健安全法1・3・4・5条）					●
		環境衛生（学校保健安全法6条），安全（学校保健安全法26～29条）			●		●
		健康診断（学校保健安全法11・12・13・14・15・16条）など		●		●	
		感染症による出席停止（学校保健安全法19条）感染症による臨時休業（学校保健安全法20条）		●			
		その他（健康増進法，学校給食・保健・安全の関連事項）		●			

出題傾向分析

大分類	小分類	主な出題事項	2020年度	2021年度	2022年度	2023年度	2024年度
学校の管理・運営に関する法規	教科書・教材	教科書の定義（教科書発行法2条，教科用図書検定規則2条），使用義務（学校教育法34条①②）					
		義務教育の無償教科書（教科書無償措置法），教科書使用の特例（学校法施行規則58条・73条の12），副教材等の届出（地方教育行政法33条）					
		著作権法（33・35条）					
	その他	学校評議員（学校法施行規則49条），学校運営協議会（地方教育行政法47条の5）					
児童・生徒に関する法規	就学	就学義務（学校教育法17・36条）				●	
		就学手続（学校法施行令2条・5条①・9条・11条・14条，学校保健法施行令1条・4条②）					
		就学猶予（学校教育法18条，学校法施行規則34条）					
		就学援助（学校教育法19条）					
	入学・卒業	学齢簿の編製・作成（学校法施行令1・2条，学校法施行規則29・30条）					
		入学期日の通知と学校の指定（学校法施行令5条）					
		課程の修了・卒業の認定（学校教育法32・47・56条，学校法施行規則57・79・104条），卒業証書の授与（学校法施行規則58・79・104条）					
	懲戒・出席停止	懲戒と体罰（学校教育法11条）			●	●	
		懲戒の種類（学校法施行規則26条）					
		性行不良による出席停止（学校教育法35条）					
	法定表簿	表簿の種類と保存期間（学校法施行規則28条①②など）					
		指導要録（学校法施行規則24条）					
		出席簿の作成（学校法施行規則25条）					
	児童・生徒の保護	児童福祉法，児童虐待防止法	●				●
	その他	少年法					
		児童の権利に関する条約（子どもの権利条約），世界人権宣言					●
その他		食育基本法，個人情報保護法，読書活動推進法など				●	●

⑤教育心理

大分類	小分類	主な出題事項	2020年度	2021年度	2022年度	2023年度	2024年度
カウンセリング・心理療法	カウンセリング	非指示的カウンセリング（ロジャーズ）					
		指示的カウンセリング（ウィリアムソン）					
		その他（カウンセリング・マインドなど）					
		精神分析療法					
	心理療法	行動療法					
		遊戯療法，箱庭療法					
		その他（心理劇，自律訓練法など）					
発達理論	発達の原理	発達の連続性，発達における一定の方向と順序，発達の個人差，分化と統合					
	遺伝と環境	孤立要因説（生得説，経験説），加算的寄与説，相互作用説（輻輳説）					
	発達理論	フロイトの精神分析的発達理論（リビドー理論）					
		エリクソンの心理社会的発達理論（自我同一性）		●			
		ピアジェの発生的認識論		●	●		
		その他（ミラーやバンデューラの社会的学習説，ヴィゴツキーの認知発達説，ハーヴィガーストの発達課題，コールバーグの発達段階説）		●		●	●
	発達期の特徴	乳児期，幼児期，児童期，青年期					
	その他	その他（インプリンティング（ローレンツ），アタッチメント，ホスピタリズムなど）		●			
適応機制	適応機制の具体的な種類	抑圧，逃避，退行，置き換え，転換，昇華，同一視，投射，合理化，知性視など					
人格の理論とその把握	人格理論	類型論（クレッチマー，シェルドン，ユング，シュプランガー）					
		特性論（キャッテル，ギルフォード，アイゼンク）					
		力動論（レヴィン，フロイト）					
	人格検査法	質問紙法（YG式性格検査，MMPI）					
		投影法（ロールシャッハ・テスト，TAT，SCT，PFスタディ）					
		作業検査法（内田クレペリン検査，ダウニー意志気質検査）					

出題傾向分析

大分類	小分類	主な出題事項	2020年度	2021年度	2022年度	2023年度	2024年度
人格の理論とその把握	人格検査法	描画法（バウムテスト，HTP）					
		その他（評定尺度法など）					
	欲求	マズローの欲求階層構造				●	
		アンビバレンス，コンフリクト，フラストレーション					
	その他	かん黙，チックなど					
知能検査	知能の因子構造	スピアマン，ソーンダイク，サーストン，トムソン，ギルフォード					
	知能検査の種類	目的別（①一般知能検査，②診断的知能検査（ウェクスラー式））					
		実施方法別（①個別式知能検査，②集団的知能検査）					
		問題の種類別（①言語式知能検査，②非言語的知能検査，③混合式知能検査）					
	検査結果の整理・表示	精神年齢，知能指数					
	その他	知能検査の歴史（ビネーなど）					
教育評価	教育評価の種類	相対，絶対，個人内，到達度，ポートフォリオ					
		ブルームの分類（診断的，形成的，総括的）					
	評価の方法	各種のテスト，質問紙法，面接法，事例研究法					
	学力とその評価	学業不振児，学業優秀児，学習障害児					
		成就指数，教育指数					
	教育評価のキーワード	ハロー効果					●
		ピグマリオン効果				●	
		その他（スリーパー効果，ホーソン効果，中心化傾向）					●
集団機能	学級集団の形成	学級集団の特徴，機能，形成過程					
	リーダーシップ	リーダーシップの型と集団の生産性					
	集団の測定	ソシオメトリック・テスト（モレノ）					
		ゲス・フー・テスト（ハーツホーン，メイ，マラー）					

大分類	小分類	主な出題事項	2020年度	2021年度	2022年度	2023年度	2024年度
学習	学習理論 連合説　S-R	パブロフ（条件反応と古典的条件づけ）	●				
		ソーンダイク （試行錯誤説と道具的条件づけ，効果の法則）					
		スキナー（オペラント条件づけとプログラム学習）	●				●
		その他（ワトソン，ガスリー）					
	学習理論 認知説　S-S	ケーラー（洞察説）			●		
		トールマン（サイン・ゲシュタルト説）			●		
	記憶と忘却 （学習過程）	学習曲線（プラトー）					
		レミニッセンス，忘却曲線（エビングハウス）					
		レディネス				●	
		動機づけ，学習意欲，達成意欲					
		学習の転移（正の転移，負の転移）					
	その他	関連事項（リハーサルなど）	●				
その他		教育心理学に関する事項（ブーメラン効果など）					

⑥西洋教育史

大分類	小分類	主な出題事項	2020年度	2021年度	2022年度	2023年度	2024年度
古代～中世	古代	プロタゴラス，ソクラテス，プラトン，アリストテレス					
	中世	人文主義，宗教改革，コメニウス					
近代～現代	自然主義	ルソー					
		ペスタロッチ					
		ロック					
	系統主義	ヘルバルト，ツィラー，ライン					
	革命期の 教育思想家	オーエン，コンドルセ，ベル・ランカスター（モニトリアル・システム）					

大分類	小分類	主な出題事項	2020年度	2021年度	2022年度	2023年度	2024年度
近代～現代	児童中心主義	フレーベル					
		エレン・ケイ					
		モンテッソーリ					
	改革教育学（ドイツの新教育運動）	ケルシェンシュタイナー，ナトルプ，シュプランガー，ペーターゼン（イエナプラン）					
	進歩主義教育（アメリカの新教育運動）	デューイ，キルパトリック（プロジェクト・メソッド），ウォッシュバーン（ウィネトカ・プラン），パーカースト（ドルトン・プラン）					
	各国の教育制度改革（第二次世界大戦後）	アメリカ，イギリス，フランス，ドイツ					
	現代の重要人物	ブルーナー，ラングラン，イリイチ					
	その他	カント，スペンサー，デュルケムなど					

⑦日本教育史

大分類	小分類	主な出題事項	2020年度	2021年度	2022年度	2023年度	2024年度
古代	奈良	大学寮，国学，芸亭					
	平安	空海（綜芸種智院），最澄（山家学生式），別曹（弘文院，奨学院，勧学院）					
中世	鎌倉	金沢文庫（北条実時）					
	室町	足利学校（上杉憲実）					
近世	学問所，藩校	昌平坂学問所，藩校（日新館，明倫館など）					
	私塾	心学舎，咸宜園，古義堂，適塾，藤樹書院，松下村塾					
	その他の教育機関	寺子屋，郷学					
	思想家	安藤昌益，大原幽学，貝原益軒，二宮尊徳					
近代	明治	教育法制史（学制，教育令，学校令，教育勅語，小学校令の改正）					
		人物（伊澤修二，高嶺秀夫，福沢諭吉）					
	大正	教育法制史（臨時教育会議，大学令・高等学校令）					
		大正新教育運動，八大教育主張					
		人物（芦田恵之助，鈴木三重吉）					

大分類	小分類	主な出題事項	2020年度	2021年度	2022年度	2023年度	2024年度
現代	昭和（戦前）	教育法制史（国民学校令，青年学校令）					
		生活綴方運動					
	昭和（戦後）	第二次世界大戦後の教育改革など					

一般教養　過去5年間の出題傾向分析

①人文科学

大分類	中分類（小分類）	主な出題事項	2020年度	2021年度	2022年度	2023年度	2024年度
国語	ことば（漢字の読み・書き）	難解漢字の読み・書き，誤字の訂正					
	ことば（同音異義語，同訓漢字）	同音異義語・同訓漢字の読み・書き					
	ことば（四字熟語）	四字熟語の読み・書き・意味	●	●	●	●	●
	ことば（格言・ことわざ）	意味	●	●	●	●	●
	文法（文法）	熟語の構成，対義語，部首，画数，各種品詞，修飾					
	文法（敬語）	尊敬語，謙譲語，丁寧語					
	文章読解・名作鑑賞（現代文読解）	空欄補充，内容理解，要旨，作品に対する意見論述					
	文章読解・名作鑑賞（詩）	内容理解，作品に対する感想					
	文章読解・名作鑑賞（短歌）	表現技法，作品に対する感想					
	文章読解・名作鑑賞（俳句）	季語・季節，切れ字，内容理解					
	文章読解・名作鑑賞（古文読解）	内容理解，文法（係り結び，副詞）					
	文章読解・名作鑑賞（漢文）	書き下し文，意味，押韻					
	文学史（日本文学）	古典（作者名，作品名，成立年代，冒頭部分）					
		近・現代（作者名，作品名，冒頭部分，芥川賞・直木賞）					
	文学史（外国文学）	作者名，作品名					
	その他	手紙の書き方，書体，会話文の空欄補充など					
英語	単語	意味，アクセント，活用					
	英文法・構文	完了形，仮定法，関係代名詞，関係副詞，話法，不定詞，比較					
	熟語	有名な熟語					
	書き換え	同じ意味の表現への書き換え					
	ことわざ	有名なことわざ，名言					

大分類	中分類（小分類）	主な出題事項	2020年度	2021年度	2022年度	2023年度	2024年度
英語	略語	政治・経済機関等の略語の意味					
	会話文	空欄補充，内容理解，作文	●	●	●	●	●
	文章読解	空欄補充，内容理解					
	リスニング	空欄補充，内容理解					
	その他	英作文，会話実技					
音楽	音楽の基礎	音楽記号，楽器，楽譜の読み取り（拍子，調）					
	日本音楽史（飛鳥～奈良時代）	雅楽					
	日本音楽史（鎌倉～江戸時代）	平曲，能楽，三味線，箏，尺八					
	日本音楽史（明治～）	滝廉太郎，山田耕筰，宮城道雄など					
		その他（「ふるさと」「夕やけこやけ」）					
	西洋音楽史（～18世紀）	バロック，古典派					
	西洋音楽史（19世紀）	前期ロマン派，後期ロマン派，国民楽派					
	西洋音楽史（20世紀）	印象派，現代音楽					
	その他	民族音楽，民謡，舞曲，現代音楽史上の人物など					
美術	美術の基礎	表現技法，版画，彫刻，色彩理論					
	日本美術史	奈良，平安，鎌倉，室町，安土桃山，江戸，明治，大正					
	西洋美術史（～14世紀）	ギリシア・ローマ，ビザンティン，ロマネスク，ゴシック					
	西洋美術史（15～18世紀）	ルネサンス，バロック，ロココ					
	西洋美術史（19世紀）	古典主義，ロマン主義，写実主義，印象派，後期印象派					
	西洋美術史（20世紀）	野獣派，立体派，超現実主義，表現派，抽象派					
	その他	書道作品					
保健体育	保健	応急措置，薬の処方					
		生活習慣病，感染症，エイズ，喫煙，薬物乱用					

大分類	中分類（小分類）	主な出題事項	2020年度	2021年度	2022年度	2023年度	2024年度
保健体育	保健	その他（健康問題，死亡原因，病原菌）					
	体育	体力，運動技能の上達，トレーニング					
		スポーツの種類，ルール					
		オリンピック，各種スポーツ大会					
	その他						
技術・家庭	工作	げんのうの使い方					
	食物	栄養・栄養素，ビタミンの役割					
		食品，食品添加物，食品衛生，食中毒，調理法					
	被服	布・繊維の特徴（綿・毛・ポリエステル），裁縫，洗剤					
	消費者生活	3R，クレジットカード	●	●			
	その他	表示マーク（JAS，JIS，エコマーク）					

②社会科学

大分類	中分類（小分類）	主な出題事項	2020年度	2021年度	2022年度	2023年度	2024年度
世界史	古代・中世	四大文明，古代ギリシア・ローマ，古代中国					
	ヨーロッパ（中世，近世）	封建社会，十字軍，ルネサンス，宗教改革，大航海時代		●			
	ヨーロッパ（近代）	清教徒革命，名誉革命，フランス革命，産業革命					
	アメリカ史（～19世紀）	独立戦争，南北戦争					
	東洋史（～19世紀）	唐，明，清，オスマン・トルコ					
	第一次世界大戦	辛亥革命，ロシア革命，ベルサイユ条約					
	第二次世界大戦	世界恐慌，大西洋憲章					
	現代史	冷戦，中東問題，軍縮問題，ヨーロッパ統合	●				
	その他	歴史上の人物					

大分類	中分類(小分類)	主な出題事項	2020年度	2021年度	2022年度	2023年度	2024年度
日本史	原始・古代	縄文，弥生，邪馬台国					
	古代（飛鳥時代）	聖徳太子，大化の改新，大宝律令					
	古代（奈良時代）	平城京，荘園，聖武天皇					
	古代（平安時代）	平安京，摂関政治，院政，日宋貿易					
	中世（鎌倉時代）	御成敗式目，元寇，守護・地頭，執権政治，仏教					
	中世（室町時代）	勘合貿易，応仁の乱，鉄砲伝来，キリスト教伝来					
	近世（安土桃山）	楽市楽座，太閤検地					
	近世（江戸時代）	鎖国，武家諸法度，三大改革，元禄・化政文化，開国					
	近代（明治時代）	明治維新，日清・日露戦争，条約改正					
	近代（大正時代）	第一次世界大戦，大正デモクラシー					
	現代（昭和時代）	世界恐慌，サンフランシスコ平和条約，高度経済成長					
地理	地図	メルカトル図法，等高線，緯度・経度，距離・面積の測定					
	地形	山地・平野・海岸・特殊な地形・陸水・海水					
	気候	気候区分，気候因子，気候要素					
	人口	人口構成，人口問題，都市化					
	産業・資源（農業）	農産物の生産，農業形態，輸出入品，自給率					
	産業・資源（林業）	森林分布，森林資源，土地利用					
	産業・資源（水産業）	漁業の形式，水産資源					
	産業・資源（鉱工業）	鉱物資源，石油，エネルギー					
	貿易	日本の貿易（輸出入品と輸出入相手国），貿易のしくみ					
	世界の地域（アジア）	自然・産業・資源などの特徴					

大分類	中分類（小分類）	主な出題事項	2020年度	2021年度	2022年度	2023年度	2024年度
地理	世界の地域（アフリカ）	自然・産業・資源などの特徴					
	世界の地域（ヨーロッパ）	自然・産業・資源などの特徴					
	世界の地域（南北アメリカ）	自然・産業・資源などの特徴					
	世界の地域（オセアニア・南極）	自然・産業・資源などの特徴					
	世界の地域（その他）	世界の河川・山，首都・都市，時差，宗教					
	日本の自然	地形，気候，平野，海岸					
	日本の地理	諸地域の産業・資源・都市などの特徴					
	その他	世界遺産，日本遺産					
政治	民主政治	選挙，三権分立		●		●	
	日本国憲法	憲法の三原則，基本的人権，自由権，社会権	●	●	●	●	●
	国会	立法権，二院制，衆議院の優越，内閣不信任の決議					
	内閣	行政権，衆議院の解散・総辞職，行政組織・改革					
	裁判所	司法権，三審制，違憲立法審査権		●			
	地方自治	三位一体の改革，直接請求権，財源					
	国際政治	国際連合（安全保障理事会，専門機関）					
	その他	サミット，PKO，NGO，NPO，ODA，オンブズマンなど	●	●		●	
経済	経済の仕組み	経済活動，為替相場，市場，企業，景気循環，GDP			●	●	
	労働	労働三権，労働組合，労働争議の形態	●				●
	金融	金融機関，金融政策					
	財政	予算，租税					
	国際経済	EPA，IMF，WTO，国際収支，TPP	●				
	その他	経済用語（消費者信用，ペイオフ，クーリングオフ，ワークシェアリングなど）	●		●		●

大分類	中分類(小分類)	主な出題事項	2020年度	2021年度	2022年度	2023年度	2024年度
倫理	西洋	古代，中世（ルネサンス）					
		近代（デカルト，カント，ルソー，ベンサムなど）					
		現代（ニーチェ，キルケゴール，デューイなど）					
	東洋	儒教（孔子，孟子），仏教，イスラム教					
	日本	古代，中世					
		近世					
		近代，現代					
時事	医療,福祉,社会保障,少子・高齢化	社会保険制度,少子・高齢化社会の動向,メタボリック					
	家族	育児問題，パラサイトシングル，ドメスティック・バイオレンス					
	国際社会	サミット，コソボ自治州，中国大地震，サブプライムローン					
	文化	ノーベル賞，裁判員制度など					●
	法令	時事新法（健康増進法，国民投票法，著作権法，マイナンバー制度など）					
	ご当地問題					●	
	その他	科学技術，教育事情，時事用語など					

③自然科学

大分類	中分類(小分類)	主な出題事項	2020年度	2021年度	2022年度	2023年度	2024年度
数学	数の計算	約数と倍数，自然数，整数，無理数，進法	●		●		
	式の計算	因数分解，式の値，分数式	●				●
	方程式と不等式	一次方程式，二次方程式，不等式					
	関数とグラフ	一次関数					
		二次関数					

大分類	中分類（小分類）	主な出題事項	2020年度	2021年度	2022年度	2023年度	2024年度
数学	図形	平面図形（角の大きさ，円・辺の長さ，面積）					
		空間図形（表面積，体積，切り口，展開図）					
	数列	等差数列，等比数列					
	確率と統計	場合の数，順列・組み合わせ，期待値		●		●	
	その他	命題，集合，必要十分条件					
		証明，単位，グラフの特徴など					
生物	生物体の構成	細胞の構造，生物体の化学成分					
	生物体のエネルギー	代謝，呼吸，光合成，酵素					
	遺伝と発生	遺伝，細胞分裂，変異，進化説					
	恒常性の維持と調節	血液，ホルモン，神経系					
	生態系	食物連鎖，生態系，生物濃縮					
	生物の種類	動植物の種類・特徴					
	その他	顕微鏡の取扱い，生物学に関する歴史上の人物など					
地学	地球	物理的性質，内部構造，造岩鉱物					
	地表の変化	地震（P波とS波，マグニチュード，初期微動，プレートテクトニクス）					
		火山（火山活動，火山岩）					
	大気と海洋	気温，湿度，気象，高・低気圧，天気図	●				
		エルニーニョ，海水，海流の種類					
	太陽系と宇宙	地球の自転・公転，太陽，月，星座		●		●	
	地層と化石	地層，地形，化石					
物理	力	力の単位・合成，つり合い，圧力，浮力，重力					
	運動	運動方程式，慣性					●

大分類	中分類（小分類）	主な出題事項	2020年度	2021年度	2022年度	2023年度	2024年度
物理	仕事とエネルギー	仕事，仕事率					
		熱と温度，エネルギー保存の法則					
	波動	波の性質，音，光					
	電磁気	オームの法則，抵抗，電力，ジュールの法則，磁界					
	その他	物理量とその単位，物理学に関する歴史上の人物など					
化学	物質の構造	混合物，原子の構造，化学結合，モル					
	物質の状態（三態）	融解，気化，昇華，凝縮					
	物質の状態（気体）	気体の性質，ボイル・シャルルの法則					
	物質の状態（溶液）	溶液の濃度，コロイド溶液					
	物質の変化（反応）	化学反応（物質の種類，化学反応式，質量保存の法則）					
	物質の変化（酸塩基）	酸・塩基，中和反応，中和滴定					
	物質の変化（酸化）	酸化・還元，イオン化傾向，電池，電気分解					
	無機物質	元素の分類，物質の種類			●		
	有機化合物	炭化水素の分類					
	その他	試験管・ガスバーナー・薬品の種類や取扱いなど					
環境	環境問題	温室効果，酸性雨，アスベスト，オゾン層，ダイオキシン，PM2.5	●	●			●
	環境保全	燃料電池，ごみの分別収集，パーク・アンド・ライド	●	●	●	●	
	環境に関わる条約・法律	京都議定書，ラムサール条約，家電リサイクル法	●				
情報	情報社会	パソコン・インターネットの利用方法，情報モラル，e-Japan戦略					
	用語	ADSL, LAN, SPAM, URL, USB, WWW, テキストファイル，情報リテラシーなど					

第 2 部

福岡県・福岡市・北九州市の教員採用試験実施問題

問題についての注意事項

1　2017年度～2024年度の問題の中で，本書では構成上，本試験では教職教養として出題されているものを，一般教養として分類しているものがあります。

2　2019年度から福岡県・福岡市・北九州市は同一問題で実施されることになりました。よって，本書では2019年度以前に福岡市で独自で出題された問題は掲載しておりません。

3　教職教養は，共通問題と校種別の選択問題が出題されます。

①　小学校・中学校・養護教諭・栄養教諭志願者は【共通問題】【小中養栄】の問題を選択して，解答して下さい。

※2023・2024年度に限り，福岡県の小学校は，小学校の専門試験内で教職教養の試験内容を出題したため，該当の2年分の小学校の教職教養の問題は，「福岡県・福岡市・北九州市の小学校教諭　過去問」をご参照ください。

②　高等学校志願者は【共通問題】【高等学校】の問題を選択して，解答して下さい。

③　中高併願者は，第1志望の試験区分の問題を選択して解答して下さい。

④　特別支援学校志願者は志望した区分(小・中・高)に従って問題を選択して，解答して下さい。

※福岡市(2019年度以降)の一般選考以外の志願者は，【共通問題】に関しては【11】～【20】のみ解答し，選択問題は該当する校種の問題を選択して解答して下さい。

2024年度　実施問題

【共通問題】

【1】次のア～オの四字熟語の意味を選んだとき，正しい組合せを選びなさい。

ア　森羅万象
　a　自然に任せて作為のないこと。
　b　俗世間を離れた，平和な世界。
　c　宇宙に存在する，全てのもの。

イ　天衣無縫
　a　性格が無邪気で飾り気やわざとらしさがないこと。
　b　昔から今までに，一度も起こったことがないこと。
　c　自分ほど優れている者はいないとうぬぼれること。

ウ　深謀遠慮
　a　付きもせず離れもしない関係を保つこと。
　b　はるか先のことまでじっくり考えること。
　c　黙っていても相手に気持ちが通じること。

エ　捲土重来
　a　先人が陥った失敗をそのまま繰り返すこと。
　b　苦しみのあまり，あちこち転がり回ること。
　c　一度敗れた者が，再び勢いを盛り返すこと。

オ　自家撞着
　a　自分の力以上に威勢のいいことを言うこと。
　b　同じ人の言動や文章が前後で食い違うこと。
　c　真理を曲げて時勢に迎合しようとすること。

	ア	イ	ウ	エ	オ
①	c	c	c	b	a
②	b	a	c	a	b
③	a	b	b	b	a
④	c	a	b	c	b
⑤	a	c	a	c	c

(☆☆☆◎◎◎)

【2】次のことわざ・慣用句とその意味の組合せとして，誤っているものを選びなさい。

	ことわざ・慣用句	意　味
①	雨後のたけのこ	同じような物事が次から次に現れ出ること。
②	判官びいき	弱い立場の人や不遇な人に同情し，味方すること。
③	水を向ける	仲の良い二人が仲たがいを起こすように仕向けること。
④	馬が合う	相性が良く，行動をともにしやすいこと。
⑤	悪銭身につかず	不正な手段で得た金は浪費して残らないこと。

(☆☆☆◎◎◎)

【3】斜面を転がるボールが転がり始めてからx(秒)で移動する距離をy(m)とすると，xとyの間には$y=3x^2$という関係が成り立つ。転がり始めて2秒後から5秒後までの平均の速さ(m/秒)を求め，正しい答えを選びなさい。

①　3　　②　7　　③　12　　④　18　　⑤　21

(☆☆☆◎◎◎)

【4】次の(1)～(4)の各文は，日本における雇用や労働環境の変化に関するものである。文中の(　ア　)～(　エ　)に当てはまる語句の正しい組合せを選びなさい。

(1)　労働時間のあり方は徐々に変化しており，始業・終業の時間を自分が設定する(　ア　)制を採用する企業も増えている。

(2)　2018年には(　イ　)法が成立し，残業時間の上限規制や最低5日間の有給休暇取得義務が定められた。

(3) 2020年の新型コロナウイルスの感染拡大により，ビデオ会議などを使って自宅などで勤務する(　ウ　)が広まった。

(4) 近年，女性の社会参加が進み，共働き世帯が増える中で，(　エ　)などにより一人あたりの労働時間を減らし，労働者間のバランスを図ることを考えなければならない。

	ア	イ	ウ	エ
①	フレックス・タイム	育児・介護休業	ディーセント・ワーク	ワーキングプア
②	変形労働時間	育児・介護休業	ディーセント・ワーク	ワーキングプア
③	変形労働時間	働き方改革関連	テレワーク	ワーキングプア
④	フレックス・タイム	働き方改革関連	テレワーク	ワークシェアリング
⑤	フレックス・タイム	働き方改革関連	ディーセント・ワーク	ワークシェアリング

(☆☆☆◎◎◎)

【5】オートファジーに関する研究でノーベル生理学・医学賞を2016年に受賞した人物を選びなさい。

① 利根川　進　② 山中　伸弥　③ 大村　智

④ 大隅　良典　⑤ 本庶　佑

(☆☆☆◎◎◎)

【6】次の対話文は，友人AとBの会話である。文中の(　ア　)～(　エ　)に入る適当なものをそれぞれa～cから選んだとき，正しい組合せを選びなさい。

A：Hi, (　ア　)?

B：Yes, my hometown is a really great town.

A：What is great about your town?

B：(　イ　). There are three movie theaters and a lot of malls and stores.

A：Wow, you can find anything you want there.

B：Right, and the thing I like is you can eat any type of food in my hometown.

A：(　ウ　).

B：Great! You can enjoy a variety of food there. For example, there are Chinese, Korean, French, and Italian restaurants. They are all good.

A：Sounds nice! What about nature?

B：We don't have hills and mountains, so (　エ　).

A：Then, can you see them only in a zoo?

B：Yes. Anyway, my hometown is a great place to live in.

ア	a．have you ever been to my birthplace b．can you tell me about your hometown c．is it true you visited your uncle last week
イ	a．I never go out during the day b．I don't know about it very much c．There are a lot of things to do
ウ	a．I really like Asian and European food b．This is one of the best restaurants I've visited c．Please cook them for me next weekend
エ	a．we go for a walk with my pet dogs every other day b．I recommend you go skiing or snowboarding in winter c．we cannot see animals like deer and squirrels in my town

	ア	イ	ウ	エ
①	a	c	b	b
②	b	a	b	a
③	b	c	a	c
④	c	a	a	a
⑤	c	b	c	c

(☆☆☆◎◎◎)

【７】次の(1)～(5)の各文は，「日本国憲法」の条文の一部を抜粋したものである。文中の(　ア　)～(　オ　)に当てはまる語句の正しい組合せを選びなさい。

(1)　何人も，いかなる奴隷的拘束も受けない。又，犯罪に因る処罰の場合を除いては，その意に反する(　ア　)に服させられない。

(2)　婚姻は，両性の合意のみに基いて成立し，夫婦が(　イ　)を有することを基本として，相互の協力により，維持されなければならない。
(3) すべて国民は，法律の定めるところにより，その保護する子女に(　ウ　)を受けさせる義務を負ふ。義務教育は，これを無償とする。
(4) 何人も，抑留又は拘禁された後，無罪の裁判を受けたときは，法律の定めるところにより，国にその(　エ　)を求めることができる。
(5) 日本国が締結した条約及び確立された国際法規は，これを(　オ　)することを必要とする。

	ア	イ	ウ	エ	オ
①	苦役	同等の義務	普通教育	救済	批准
②	労働	同等の権利	学校教育	救済	誠実に遵守
③	苦役	同等の権利	普通教育	補償	誠実に遵守
④	労働	同等の権利	普通教育	救済	批准
⑤	苦役	同等の義務	学校教育	補償	誠実に遵守

(☆☆☆◎◎◎)

【8】次の文は，「学校教育情報化推進計画」(令和4年12月文部科学省)の一部を抜粋したものである。文中の(　ア　)～(　オ　)に当てはまる語句の正しい組合せを選びなさい。

4．学校教育の情報化に関する目標
(1) ICTを活用した児童生徒の資質・能力の育成
・ICTの活用により，児童生徒の(　ア　)等の資質・能力を高める。
(2) 教職員のICT活用指導力の向上と人材の確保
・教師のICT活用指導力やICT支援員など指導体制の強化を図るとともに，ICT活用に関する(　イ　)間の差を縮小させる。

(3)　ICTを活用するための環境の整備
・(　ウ　)により1人1台端末や高速大容量ネットワークが整備された中で，端末やネットワーク環境，大型提示装置等の学校ICT環境の整備を一層推進する。
・端末の持ち帰りを含め，(　エ　)におけるICTの活用体制を整備する。
(4)　ICT推進体制の整備と校務の改善
・ICTを活用した校務の効率化や(　オ　)を推進する。

	ア	イ	ウ	エ	オ
①	情報活用能力	世代	STEAM教育構想	探究学習	デジタル採点
②	課題解決能力	世代	GIGAスクール構想	家庭学習	デジタル採点
③	情報活用能力	地域	GIGAスクール構想	家庭学習	働き方改革
④	課題解決能力	地域	STEAM教育構想	家庭学習	働き方改革
⑤	情報活用能力	世代	GIGAスクール構想	探究学習	働き方改革

(☆☆☆◎◎◎)

【9】次の文は，「令和4年版　環境白書・循環型社会白書・生物多様性白書」(環境省)の一部を抜粋したものである。文中の(　ア　)～(　オ　)に当てはまる語句の正しい組合せを選びなさい。

持続可能な社会づくりの担い手育成は，(　ア　)社会，循環経済，分散・自然共生型社会への移行の取組を進める上で重要であるのみならず，社会全体でより良い環境，より良い未来を創っていこうとする資質・能力等を高める上でも重要です。このため，環境教育等による(　イ　)の取組の促進に関する法律(環境教育促進法)(平成15年法律第130号)や「我が国における『持続可能な開発のための教育(ESD)』に関する実施計画(第2期ESD国内実施計画)」(2021年5月決定)等を踏まえ，[1]学校教育においては，(　ウ　)等に基づき，持続可能な社会の創り手として必要な資質・能力等を育成するため，環境教育等の取組を推進します。また，環境教育に関する内容は，理科，社会科，家庭科，総合的な学習の時間等，多様な教科等に関連があり，学校全体として，児童生徒の(　エ　)に応じて教科等(　オ　)な実践が可能となるよう，関係省庁が連携して，教員等に対する研修や資料の提供等に取り組みます。[2]家庭，地域，職場など学校以外での教育については，ESD活動支援センターを起点としたESD推進ネットワークを活用し，民間団体の取組を促進します。

	ア	イ	ウ	エ	オ
①	脱炭素	環境保全	教育基本法	興味・関心	系統的
②	脱原子力	環境保全	教育基本法	発達の段階	横断的
③	脱炭素	環境保全	学習指導要領	発達の段階	横断的
④	脱原子力	国土保全	学習指導要領	興味・関心	横断的
⑤	脱炭素	国土保全	学習指導要領	興味・関心	系統的

(☆☆☆◎◎◎◎)

【10】次の各文は，「消費者教育の推進に関する法律」(平成24年法律第61号)の条文の一部を抜粋したものである。文中の(　ア　)～(　エ　)に当てはまる語句の正しい組合せを選びなさい。

第2条
2　この法律において「消費者市民社会」とは，消費者が，個々の消費者の特性及び消費生活の(　ア　)を相互に尊重しつつ，自らの消費生活に関する行動が現在及び将来の世代にわたって内外の社会経済情勢及び地球環境に影響を及ぼし得るものであることを自覚して，公正かつ(　イ　)な社会の形成に積極的に参画する社会をいう。
第3条
3　消費者教育は，幼児期から高齢期までの各段階に応じて(　ウ　)に行われるとともに，年齢，障害の有無その他の消費者の特性に配慮した適切な方法で行われなければならない。
7　消費者教育に関する施策を講ずるに当たっては，環境教育，食育，国際理解教育その他の消費生活に関連する教育に関する施策との(　エ　)な連携が図られるよう，必要な配慮がなされなければならない。

	ア	イ	ウ	エ
①	多様性	安全	体験的	有機的
②	変化	持続可能	体験的	有機的
③	変化	持続可能	体系的	限定的
④	変化	安全	体験的	限定的
⑤	多様性	持続可能	体系的	有機的

(☆☆☆◎◎◎◎)

【11】次の文は，「教育基本法」(平成18年法律第120号)の条文の一部を抜粋したものである。文中の(　ア　)～(　オ　)に当てはまる語句の正しい組合せを選びなさい。

第2条　教育は，その目的を実現するため，(　ア　)を尊重しつつ，次に掲げる目標を達成するよう行われるものとする。

一　幅広い知識と教養を身に付け，真理を求める態度を養い，豊かな情操と(　イ　)を培うとともに，健やかな身体を養うこと。

二　(　ウ　)を尊重して，その能力を伸ばし，創造性を培い，(　エ　)の精神を養うとともに，職業及び生活との関連を重視し，勤労を重んずる態度を養うこと。

三　正義と責任，男女の平等，自他の敬愛と協力を重んずるとともに，(　オ　)の精神に基づき，主体的に社会の形成に参画し，その発展に寄与する態度を養うこと。

	ア	イ	ウ	エ	オ
①	学問の自由	道徳心	個人の価値	個別及び協働	奉仕
②	基本的人権	人間性	個人の価値	個別及び協働	公共
③	学問の自由	人間性	個性	自主及び自律	奉仕
④	基本的人権	道徳心	個性	個別及び協働	公共
⑤	学問の自由	道徳心	個人の価値	自主及び自律	公共

(☆☆☆◎◎◎◎)

【12】次の(1)～(5)の各文は，法律の条文の一部を抜粋したものである。文中の(　ア　)～(　オ　)に当てはまる語句の正しい組合せを選びなさい。

(1)　教員は，授業に支障のない限り，(　ア　)の承認を受けて，勤務場所を離れて研修を行うことができる。

【教育公務員特例法第22条第2項】

(2)　学校においては，児童生徒等及び職員の心身の健康の(　イ　)を図るため，児童生徒等及び職員の健康診断，環境衛生検査，児童生徒等に対する指導その他保健に関する事項について計画を策定し，これを実施しなければならない。

【学校保健安全法第5条】

(3)　何人も，児童の健全な成長のために，家庭(家庭における養育環境と同様の養育環境及び良好な家庭的環境を含む。)及び近隣社会の(　ウ　)が求められていることに留意しなければならない。

【児童虐待の防止等に関する法律第4条第8項】

(4)　職員は，条例の定めるところにより，(　エ　)の宣誓をしなければならない。

【地方公務員法第31条】

(5)　学校は，前項の規定による通報を受けたときその他当該学校に在籍する児童等がいじめを受けていると思われるときは，速やかに，当該児童等に係るいじめの事実の有無の確認を行うための措置を講ずるとともに，その結果を当該学校の(　オ　)に報告するものとする。

【いじめ防止対策推進法第23条第2項】

	ア	イ	ウ	エ	オ
①	任命権者	保持増進	協力	服務	責任者
②	本属長	保持増進	連帯	服務	設置者
③	任命権者	維持促進	協力	服務	設置者
④	任命権者	維持促進	連帯	義務	責任者
⑤	本属長	保持増進	協力	義務	設置者

(☆☆☆◎◎◎◎)

【13】次の(1)～(4)の各文は，評価及び学習について述べたものである。文中の(　ア　)～(　エ　)に当てはまる語句の正しい組合せを選びなさい。

(1)　(　ア　)はある特性が優れていると，他の特性も優れているように思うことである。作文がきれいな字で書かれていると内容まで高く評価してしまうようなことがあげられる。

(2)　教員がよく知っていたり，好感をもっていたりする子どもを評価する際に，望ましい側面をより強調し，望ましくない側面を控えめに評価してしまいがちになることを(　イ　)という。

(3)　人間は，直接経験するだけでなく，他者の行動を観察するような間接経験でも学習することが可能である。バンデューラ(Bandura,A.)は，観察学習による学習が4つの段階を経て成立すると考える(　ウ　)を提唱した。

(4)　現代的な学習理論のひとつである連合理論のうち，スキナー(Skinner,B.F)の研究により見出された条件づけを(　エ　)という。

	ア	イ	ウ	エ
①	ラベリング効果	寛大効果	記号形態説	古典的条件づけ
②	ハロー効果	新近効果	記号形態説	オペラント条件づけ
③	ハロー効果	寛大効果	社会的学習理論	オペラント条件づけ
④	ハロー効果	寛大効果	社会的学習理論	古典的条件づけ
⑤	ラベリング効果	新近効果	社会的学習理論	古典的条件づけ

(☆☆◎◎◎)

【14】次の文は「こども基本法」(令和4年法律第77号)の条文の一部を抜粋したものである。文中の下線部ア～オについて，正しいものを○，誤っているものを×としたとき，正しい組合せを選びなさい。

第3条　こども施策は，次に掲げる事項を基本理念として行われなければならない。
一　全てのこどもについて，個人として尊重され，その<u>ア基本的人権</u>が保障されるとともに，差別的取扱いを受けることがないようにすること。
二　全てのこどもについて，適切に養育されること，その生活を保障されること，愛され保護されること，その健やかな成長及び発達並びにその自立が図られることその他の福祉に係る権利が等しく保障されるとともに，<u>イ学校教育法</u>の精神にのっとり教育を受ける機会が等しく与えられること。
三　全てのこどもについて，その年齢及び発達の程度に応じて，自己に直接関係する全ての事項に関して意見を表明する機会及び多様な<u>ウ社会的活動</u>に参画する機会が確保されること。
四　全てのこどもについて，その年齢及び発達の程度に応じて，その意見が尊重され，その<u>エ個人の尊厳</u>が優先して考慮されること。
五　こどもの養育については，家庭を基本として行われ，父母その他の保護者が第一義的責任を有するとの認識の下，これらの者に対してこどもの養育に関し十分な支援を行うとともに，家庭での養育が困難なこどもにはできる限り家庭と同様の<u>オ養育環境</u>を確保することにより，こどもが心身ともに健やかに育成されるようにすること。

	ア	イ	ウ	エ	オ
①	○	○	×	○	×
②	×	×	○	○	×
③	○	×	○	×	○
④	×	○	×	×	○
⑤	○	×	×	○	○

(☆☆☆◎◎◎)

【15】次の文は「義務教育の段階における普通教育に相当する教育の機会の確保等に関する法律」(平成28年法律第105号)の条文の一部を抜粋したものである。文中の下線部ア～オについて正しいものを○，誤っているものを×としたとき，正しい組合せを選びなさい。

第3条　教育機会の確保等に関する施策は，次に掲げる事項を基本理念として行われなければならない。

一　全ての児童生徒が豊かな学校生活を送り，ア継続して教育を受けられるよう，学校における環境の確保が図られるようにすること。

二　不登校児童生徒が行うイ多様な学習活動の実情を踏まえ，個々の不登校児童生徒の状況に応じた必要な支援が行われるようにすること。

三　不登校児童生徒がア継続して教育を十分に受けられるよう，学校における環境の整備が図られるようにすること。

四　義務教育の段階における普通教育に相当する教育を十分に受けていない者の意思を十分に尊重しつつ，その年齢又は国籍その他の置かれている事情にかかわりなく，ウ発達段階に応じた教育を受ける機会が確保されるようにするとともに，その者が，その教育を通じて，社会においてエ自立的に生きる基礎を培い，豊かな人生を送ることができるよう，そのオ教育水準の維持向上が図られるようにすること。

五　国，地方公共団体，教育機会の確保等に関する活動を行う民間の団体その他の関係者の相互の密接な連携の下に行われるようにすること。

	ア	イ	ウ	エ	オ
①	○	×	×	○	×
②	×	○	×	○	○
③	×	×	○	×	×
④	○	×	○	○	○
⑤	×	○	○	×	×

(☆☆☆◎◎◎)

【16】次の文は「生徒指導提要」(令和4年12月文部科学省)「第1章　生徒指導の基礎」「1.1　生徒指導の意義」の一部を抜粋したものである。文中の(　ア　)～(　エ　)に当てはまる語句の正しい組合せを選びなさい。

生徒指導の目的は，教育課程の(　ア　)，学校が提供する全ての教育活動の中で児童生徒の人格が尊重され，(　イ　)の発見とよさや可能性の伸長を児童生徒自らが図りながら，多様な(　ウ　)資質・能力を獲得し，自らの資質・能力を適切に行使して(　エ　)を果たすべく，自己の幸福と社会の発展を児童生徒自らが追求することを支えるところに求められます。

	ア	イ	ウ	エ
①	内外を問わず	課題	社会的	自己の責任
②	範囲内で	個性	社会的	自己の責任
③	範囲内で	課題	汎用的	自己実現
④	内外を問わず	個性	社会的	自己実現
⑤	内外を問わず	課題	汎用的	自己実現

(☆☆☆◎◎◎◎)

【17】次の文は，「障害のある子供の教育支援の手引～子供たち一人一人の教育的ニーズを踏まえた学びの充実に向けて～」(令和3年6月文部科学省)「第1編　障害のある子供の教育支援の基本的な考え方」「3　今日的な障害の捉えと対応」の一部を抜粋したものである。文中の下線部ア～エについて正しいものを○，誤っているものを×としたとき，正しい組合せを選びなさい。

> ②　合理的配慮の定義等
>
> 合理的配慮は，「障害者の権利に関する条約」第2条の定義において提唱された概念であり，その定義に照らし，我が国の学校教育においては，中央教育審議会初等中等教育分科会報告において，合理的配慮とは，「障害のある子どもが，他の子どもと平等に『教育を受ける権利』を享有・行使することを確保するために，学校の設置者及び学校が必要かつ適当なア変更・調整を行うことであり，障害のある子供に対し，その状況に応じて，イ特別支援教育を受ける場合に個別に必要とされるもの」であり，「学校の設置者及び学校に対して，ウ制度面，財政面において，均衡を失した又は過度の負担を課さないもの」と定義されている。なお，障害者の権利に関する条約において，合理的配慮の否定は，障害を理由とするエ差別に含まれるとされていることに留意する必要がある。

	ア	イ	ウ	エ
①	○	○	○	×
②	×	×	○	×
③	○	×	×	○
④	×	○	×	×
⑤	○	×	○	○

(☆☆☆◎◎◎)

【18】次の文は，「学校保健安全法」(昭和33年法律第56号)の条文の一部を抜粋したものである。文中の下線部ア～オについて，正しいものを○，誤っているものを×としたとき，正しい組合せを選びなさい。

> 第29条　学校においては，児童生徒等の安全の確保を図るため，当該学校の実情に応じて，危険等発生時において当該学校の職員がとるべき措置の<u>ア計画</u>及び<u>イ手順</u>を定めた対処要領(次項において「危険等発生時対処要領」という。)を作成するものとする。
>
> 2　校長は，危険等発生時対処要領の<u>ウ職員に対する周知</u>，<u>エ要領の見直し</u>その他の危険等発生時において職員が適切に対処するために必要な措置を講ずるものとする。
>
> 3　学校においては，事故等により児童生徒等に危害が生じた場合において，当該児童生徒等及び当該事故等により<u>オ心理的外傷</u>その他の心身の健康に対する影響を受けた児童生徒等その他の関係者の心身の健康を回復させるため，これらの者に対して必要な支援を行うものとする。この場合においては，第10条の規定を準用する。

	ア	イ	ウ	エ	オ
①	×	×	○	○	○
②	×	○	×	×	×
③	○	○	○	○	×
④	○	×	×	×	×
⑤	×	○	○	×	○

(☆☆☆◎◎◎)

【19】次の文は，「人権教育の指導方法等の在り方について[第三次とりまとめ]」(平成20年3月人権教育の指導方法等に関する調査研究会議)及び「福岡県部落差別の解消の推進に関する条例」(平成31年福岡県条例第6号)の一部を抜粋したものである。文中の(　ア　)～(　オ　)に当て

はまる語句の正しい組合せを選びなさい。

「人権教育の指導方法等の在り方について[第三次とりまとめ]」
　人権教育の目的を達成するためには，まず，人権や(　ア　)に関する基本的な知識を確実に学び，その内容と意義についての知的理解を徹底し，深化することが必要となる。
(略)
　とりわけ，教職員同士，児童生徒同士，教職員と児童生徒等の間の人間関係や，学校・教室の全体としての雰囲気などは，学校教育における人権教育の基盤をなすものであり，この基盤づくりは，校長はじめ，教職員一人一人の意識と努力により，(　イ　)取り組めるものでもある。
(略)
　人権教育は，全ての教育の基本となるものであり，各学校においては，児童生徒の発達段階に応じ，(　ウ　)を通じて創意工夫してこれに取り組まなければならない。

「福岡県部落差別の解消の推進に関する条例」
第1条　この条例は，現在もなお差別落書きや差別につながる(　エ　)などの部落差別が存在すること及びインターネットの普及をはじめとした情報化の進展に伴って部落差別に関する状況の変化が生じていることを踏まえ，全ての国民に基本的人権の享有を保障する日本国憲法及び部落差別の解消の推進に関する法律(平成28年法律第109号。以下「法」という。)の理念にのっとり，部落差別は許されないものであるとの認識の下にこれを解消することが重要な課題であることに鑑み，部落差別の解消に関し，基本理念を定め，県の責務を明らかにし，(　オ　)の充実，結婚及び就職に際しての部落差別事象の発生の防止等について必要な事項を定めることにより，部落差別の解消を推進し，もって部落差別のない社会を実現することを目的とする。

	ア	イ	ウ	エ	オ
①	人権擁護	即座に	教育活動全体	土地の調査	相談体制
②	人権問題	即座に	教科等指導	発言	相談体制
③	人権問題	柔軟に	教科等指導	土地の調査	啓発
④	人権擁護	柔軟に	教育活動全体	発言	相談体制
⑤	人権擁護	即座に	教科等指導	発言	啓発

(☆☆☆◎◎◎)

【20】次の文は，「人権教育・啓発に関する基本計画」(平成14年3月15日閣議決定(策定)　平成23年4月1日閣議決定(変更))及び「部落差別の解消の推進に関する法律」(平成28年法律第109号)の一部を抜粋したものである。文中の(　ア　)～(　エ　)に当てはまる語句の正しい組合せを選びなさい。

「人権教育・啓発に関する基本計画」

人権教育・啓発は，幼児から高齢者に至る幅広い層を対象とするものであり，その活動を効果的に推進していくためには，人権教育・啓発の対象者の発達段階を踏まえ，(　ア　)，ねばり強くこれを実施する必要がある。

特に，人権の意義や重要性が知識として確実に身に付き，人権問題を直感的にとらえる感性や日常生活において人権への配慮がその態度や行動に現れるような(　イ　)が十分に身に付くようにしていくことが極めて重要である。

(略)

人権教育・啓発の推進に当たっては，人権にかかわりの深い(　ウ　)に従事する者に対する研修等の取組が不可欠である。

「部落差別の解消の推進に関する法律」

第5条　国は，部落差別を解消するため，必要な(　エ　)を行うものとする。

	ア	イ	ウ	エ
①	時機をとらえて	人権感覚	事業所	教育及び啓発
②	地域の実情等に応じて	技能	事業所	実態調査
③	時機をとらえて	技能	特定の職業	実態調査
④	地域の実情等に応じて	人権感覚	特定の職業	教育及び啓発
⑤	時機をとらえて	人権感覚	特定の職業	実態調査

(☆☆☆◎◎◎)

【中学校・養護・栄養】

【1】次の文は，小学校〈中学校〉学習指導要領解説特別の教科　道徳編(平成29年文部科学省)「第5章　道徳科の評価」「第3節　道徳科の授業に対する評価」「2　授業に対する評価の基本的な考え方」の一部を抜粋したものである。文中の(　a　)～(　e　)に当てはまる語句の正しい組合せを選びなさい。

児童〈生徒〉の学習状況の把握を基に授業に対する〈関する〉評価と改善を行う上で，学習指導過程や指導方法を振り返ることは重要である。教師自らの指導を評価し，その評価を授業の中で更なる指導に生かすことが，道徳性を養う指導の改善につながる。

明確な意図をもって指導の計画を立て，授業の中で予想される具体的な児童〈生徒〉の学習状況を想定し，授業の振り返りの観点を立てることが重要である。こうした観点をもつことで，指導と評価の(　a　)が実現することになる。

道徳科の学習指導過程や指導方法に関する評価の観点はそれぞれの授業によって，より具体的なものとなるが，その観点としては，〈例えば,〉次のようなものが考えられる。

ア　学習指導過程は，道徳科の特質を生かし，道徳的〈諸〉価値の理解を基に自己を見つめ，自己の〈人間としての〉(　b　)について考えを深められるよう適切に構成されていたか。また，指導の手立ては(　c　)に即した適切なものとなっていたか。

イ　発問は，児童〈生徒〉が〈広い視野から〉多面的・多角的に考えることができる問い，道徳的価値を自分のこととして捉えることができる問いなど，指導の意図に基づいて的確になされていたか。

ウ　児童〈生徒〉の発言を(　d　)して受け止め，発問に対する児童〈生徒〉の発言などの反応を，適切に指導に生かしていたか。

エ　(　e　)で，物事を〈広い視野から〉多面的・多角的に考えさせるための，教材や教具の活用は適切であったか。

※ ～～～～ の表記は小学校学習指導要領解説
※〈　　〉の表記は中学校学習指導要領解説

	a	b	c	d	e
①	一体化	生き方	ねらい	選択	自分自身との関わり
②	一体化	学び方	まとめ	選択	相手との関係
③	構造化	生き方	まとめ	傾聴	相手との関係
④	一体化	生き方	ねらい	傾聴	自分自身との関わり
⑤	構造化	学び方	ねらい	傾聴	相手との関係

(☆☆☆◎◎◎)

【2】次の文は，「『令和の日本型学校教育』を担う教師の養成・採用・研修等の在り方について～「新たな教師の学びの姿」の実現と，多様な専門性を有する質の高い教職員集団の形成～　(答申)」(令和4年12月中央教育審議会)「第Ⅰ部　総論」「4．今後の改革の方向性」『(1)「新たな教師の学びの姿」の実現』の一部を抜粋したものである。文中の下線部ア～オについて，正しいものを○，誤っているものを×としたとき，正しい組合せを選びなさい。

①．教職生活を通じた「新たな学びの姿」の実現
　高度な専門職である教師は，自己の崇高な使命を深く自覚し，絶えず$_{ア}$研究と修養に励み，その職責の遂行に努める義務を負っており，学び続ける存在であることが社会からも期待されている。

既に，審議まとめでは,「新たな教師の学びの姿」として，
●変化を前向きに受け止め，イ向上心を持ちつつ自律的に学ぶという「主体的な姿勢」
●求められる知識技能が変わっていくことを意識した「ウ柔軟な学び」
●新たな領域のエ専門性を身に付けるなど強みを伸ばすための，一人一人の教師の個性に即した「個別最適な学び」
●他者との対話やオ振り返りの機会を確保した「協働的な学び」
を示した。

	ア	イ	ウ	エ	オ
①	×	×	○	×	○
②	○	×	×	×	×
③	○	○	○	○	×
④	×	○	×	×	×
⑤	○	×	×	○	○

(☆☆☆◎◎◎)

【３】次の文は,「いじめ問題への的確な対応に向けた警察との連携等の徹底について(通知)」(令和5年2月7日文部科学省)の一部を抜粋したものである。文中の下線部ア～オについて，正しいものを○，誤っているものを×としたとき，正しい組合せを選びなさい。

学校と警察は，児童生徒を加害に向かわせず，被害に遭うことから防ぐ等，児童生徒の健全な育成の観点から重要なパートナーであることを認識し，ア必要に応じて情報共有や相談を行うことができる連携体制の構築が求められること。
特に，①学校の内外で発生した児童生徒の生命，心身若しくはイ財産に重大な被害が生じている，又はその疑いのあるいじめ事案や②被害児童生徒又は保護者の加害側に対する処罰感情が強い

などいじめが犯罪行為として取り扱われるべきと認められる事案等に対して，(略)学校は，いじめが児童生徒の生命や心身に重大な危険を生じされるおそれがあることを十分に認識し，いじめ防止対策推進法第23条第6項に基づき，ウ直ちに警察に相談・通報を行い，適切に，援助を求めなければならないこと。

(略)

いじめを認知した際には，何よりも被害児童生徒を徹底して守り抜くとの意識の下，被害児童生徒にとって信頼できる人(親しい友人や教職員，家族，地域の人等)と連携し，被害児童生徒に寄り添い支える体制を構築し，スクールカウンセラー・スクールソーシャルワーカーを始め，医療機関等とも協力しつつ，ケース会議を速やかに開催し，適切なエ情報共有を行い，二次的な問題の発生(被害の拡大等いじめの再発，不登校，自殺等)を防ぎ，傷ついた心のケアを行うこと。

(略)

いじめが犯罪行為に相当し得ると認められる場合には，学校としても，警察への相談・通報を行うことについて，あらかじめオ児童生徒に対して周知を行うことが重要であること。

	ア	イ	ウ	エ	オ
①	○	×	○	×	○
②	×	○	○	×	×
③	○	×	×	○	×
④	×	×	○	○	○
⑤	○	○	×	○	×

(☆☆☆◎◎◎)

【4】次の文は，小学校〈中学校〉学習指導要領(平成29年3月告示)「第6章〈第5章〉特別活動」「第1　目標」を抜粋したものである。文中の下線部ア～エについて，正しいものを○，誤っているも

のを×としたとき，正しい組合せを選びなさい。

> 集団や社会の形成者としての見方・考え方を働かせ，様々な集団活動に自主的，実践的に取り組み，互いのよさや可能性を発揮しながら集団や自己の生活上の課題を解決することを通して，次のとおり資質・能力を育成することを目指す。
> (1)　多様な他者と協働する様々な集団活動の意義や活動を行う上で必要となることについて理解し，ア行動の仕方を身に付けるようにする。
> (2)　集団や自己の生活，人間関係の課題を見いだし，解決するためにイ話し合い，合意形成を図ったり，ウ意思決定したりすることができるようにする。
> (3)　自主的，実践的な集団活動を通して身に付けたことを生かして，集団や社会における生活及び人間関係をよりよく形成するとともに，自己の〈人間としての〉生き方についての考えを深め，エ日常生活の向上を図ろうとする態度を養う。

※ ～～～ の表記は小学校学習指導要領
※〈　　〉の表記は中学校学習指導要領

	ア	イ	ウ	エ
①	○	○	○	×
②	×	○	×	○
③	○	×	○	○
④	×	×	○	○
⑤	○	○	×	×

(☆☆☆◎◎◎)

【5】次の文は，小学校〈中学校〉学習指導要領(平成29年3月告示)「第5章〈第4章〉総合的な学習の時間」「第1　目標」を抜粋したものである。文中の(　ア　)～(　エ　)に当てはまる語句の正しい組合せを選びなさい。

探究的な見方・考え方を働かせ，(　ア　)な学習を行うことを通して，よりよく課題を解決し，自己の生き方を考えていくための資質・能力を次のとおり育成することを目指す。
(1)　探究的な学習の過程において，課題の解決に必要な知識及び技能を身に付け，課題に関わる概念を(　イ　)し，探究的な学習のよさを理解するようにする。
(2)　実社会や実生活の中から問いを見いだし，自分で(　ウ　)，情報を集め，整理・分析して，まとめ・表現することができるようにする。
(3)　探究的な学習に主体的・協働的に取り組むとともに，互いのよさを生かしながら，積極的に(　エ　)しようとする態度を養う。

※ ～～～～ の表記は小学校学習指導要領
※〈　　〉の表記は中学校学習指導要領

	ア	イ	ウ	エ
①	合科的・関連的	活用	計画を立て	社会に参画
②	横断的・総合的	形成	課題を立て	社会に参画
③	合科的・関連的	形成	計画を立て	課題解決
④	横断的・総合的	形成	課題を立て	課題解決
⑤	横断的・総合的	活用	計画を立て	課題解決

(☆☆☆◎◎◎)

【高等学校】

【1】次の文は，高等学校学習指導要領解説総則編(平成30年文部科学省)「第6章　生徒の発達の支援」「第2節　特別な配慮を必要とする生徒への指導」「2　海外から帰国した生徒や外国人の生徒の指導」の一部を抜粋したものである。文中の下線部ア～エについて，正しいものを○，誤っているものを×としたとき，正しい組合せを選びなさい。

生徒にとって学習や学校生活の基盤であるホームルームにおける指導に当たっては，一人一人の生徒の日本語の能力などに応じ，

①授業において使われている日本語や学習内容を認識できるようにするための支援，②学習したことを構造化して理解・定着できるようにするための支援，③理解したことをア適切に表現できるようにするための支援，④自ら学習を自律的に行うことができるようにするための支援，⑤学習や生活に必要な心理的安定のためのイ技能面の支援といった側面からの支援が求められる。このため，指導に当たっては，例えば，ゆっくりはっきり話す，生徒のウ日本語による発話を促すなどの配慮，絵や図などの視覚的支援の活用，学習目的や流れがわかるワークシートの活用などの教材の工夫，生徒の日本語習得状況や学習理解度の把握に基づいたエ指導計画の作成など，生徒の状況に応じた支援を行うことが考えられる。

	ア	イ	ウ	エ
①	○	×	×	×
②	×	×	○	○
③	○	×	○	○
④	○	○	○	×
⑤	×	○	×	×

(☆☆☆◎◎◎)

【2】次の文は，「高等学校学習指導要領」(平成30年3月告示)「第4章　総合的な探究の時間」「第3　指導計画の作成と内容の取扱い」の一部を抜粋したものである。文中の(　ア　)～(　エ　)に当てはまる語句の正しい組合せを選びなさい。

1　指導計画の作成に当たっては，次の事項に配慮するものとする。

(2)　全体計画及び年間指導計画の作成に当たっては，学校における全教育活動との関連の下に，目標及び内容，(　ア　)，指導方法や指導体制，学習の評価の計画などを示すこと。

(3)　目標を実現するにふさわしい探究課題を設定するに当たっ

ては，生徒の(　イ　)課題に対する意識を生かすことができるよう配慮すること。

(4)　他教科等及び総合的な探究の時間で身に付けた資質・能力を相互に関連付け，学習や生活において生かし，それらが総合的に働くようにすること。その際，言語能力，(　ウ　)能力など全ての学習の(　エ　)となる資質・能力を重視すること。

	ア	イ	ウ	エ
①	生徒の実態	個別の	情報活用	原動力
②	生徒の実態	個別の	情報処理	基盤
③	学習活動	多様な	情報活用	基盤
④	学習活動	多様な	情報処理	原動力
⑤	学習活動	個別の	情報活用	原動力

(☆☆☆◎◎◎)

【3】次の文は，高等学校学習指導要領(平成30年3月告示)「第5章　特別活動」「第3　指導計画の作成と内容の取扱い」の一部を抜粋したものである。文中の下線部a～eについて，正しいものを○，誤っているものを×としたとき，正しい組合せを選びなさい。

1　指導計画の作成に当たっては，次の事項に配慮するものとする。

(2)　各学校においては，次の事項を踏まえて特別活動の全体計画や各活動及び$_{a}$学校行事の年間指導計画を作成すること。

ウ　家庭や$_{b}$地域の人々との連携，社会教育施設等の活用などを工夫すること。その際，ボランティア活動などの$_{c}$社会奉仕の精神を養う体験的な活動や就業体験活動などの勤労に関わる体験的な活動の機会をできるだけ取り入れること。

2　内容の取扱いに当たっては，次の事項に配慮するものとする。

(1)　ホームルーム活動及び生徒会活動の指導については，指導内容の特質に応じて，d学校の教育目標の下に，生徒のe自主的・実践的な活動が効果的に展開されるようにすること。その際，よりよい生活を築くために自分たちできまりをつくって守る活動などを充実するよう工夫すること。

	a	b	c	d	e
①	○	○	○	×	×
②	×	○	×	○	○
③	○	×	×	×	×
④	×	×	○	○	×
⑤	○	○	×	○	○

(☆☆☆◎◎◎)

【4】次の文は,「今後の学校におけるキャリア教育・職業教育の在り方について(答申)」(平成23年1月中央教育審議会)「第1章　キャリア教育・職業教育の課題と基本的方向性」「2. キャリア教育・職業教育の基本的方向性」の一部を抜粋したものである。文中の(　ア　)～(　エ　)に当てはまる語句の正しい組合せを選びなさい。ただし，同じ記号には同じ語句が入る。

○　キャリア教育は，キャリアが子ども・若者の発達の段階やその発達課題の達成と深くかかわりながら段階を追って発達していくことを踏まえ，幼児期の教育から高等教育に至るまで体系的に進めることが必要である。その中心として，後述する「(　ア　)」を，子どもたちに確実に育成していくことが求められる。また，社会・職業との関連を重視し，実践的・体験的な活動を充実していくことが必要である。

○　このようなキャリア教育の意義・効果として，次の3つが挙げられる。

●　第一に，キャリア教育は，一人一人のキャリア発達や個人としての(　イ　)を促す視点から，学校教育を構成していくための理念と方向性を示すものである。各学校がこの視点に立って教育の在り方を幅広く見直すことにより，教職員に教育の理念と進むべき方向が共有されるとともに，(　ウ　)の改善が促進される。

● 第二に，キャリア教育は，将来，社会人・職業人として(　イ　)していくために発達させるべき能力や態度があるという前提に立って，各学校段階で取り組むべき発達課題を明らかにし，日々の教育活動を通して達成させることを目指すものである。このような視点に立って教育活動を展開することにより，学校教育が目指す全人的成長・発達を促すことができる。

● 第三に，キャリア教育を実践し，学校生活と社会生活や職業生活を結び，関連付け，将来の夢と(　エ　)を結び付けることにより，生徒・学生等の学習意欲を喚起することの大切さが確認できる。このような取組を進めることを通じて，学校教育が抱える様々な課題への対処に活路を開くことにもつながるものと考えられる。

	ア	イ	ウ	エ
①	社会人基礎力	自律	進路指導	学業
②	基礎的・汎用的能力	自立	教育課程	学業
③	社会人基礎力	自立	進路指導	自己の能力
④	基礎的・汎用的能力	自立	教育課程	自己の能力
⑤	社会人基礎力	自律	教育課程	学業

(☆☆☆◎◎◎)

【5】次の文は，「生徒指導提要」(令和4年12月文部科学省)「第5章　暴力行為」「5.2　学校の組織体制と計画」の一部を抜粋したものである。文中の(　ア　)～(　エ　)に当てはまる語句の正しい組合せを選びなさい。

児童生徒の起こす暴力行為の背景には，その児童生徒を取り巻く家庭，学校，社会環境などの様々な要因があります。したがって，それらの要因を多面的かつ客観的に理解した上で指導を行わなければなりません。また，むやみに指導を行うのではなく，児童生徒の(　ア　)を育て，児童生徒が自らの行為を反省し，以後同様な行為を繰り返さないような視点に立った(　イ　)を行うことが重要です。

このような(　ウ　)生徒指導を進めていくためには，一人一人の教職員に深い児童生徒理解力が求められるとともに，学校全体で育成を目指す児童生徒像や指導の考え方を共有し，関係機関との適切な連携の下，(　エ　)指導体制を構築することが必要です。

	ア	イ	ウ	エ
①	自己有用感	教育相談	課題予防的	全校的な
②	自己有用感	働きかけ	課題予防的	全校的な
③	自己指導能力	働きかけ	発達支持的	全校的な
④	自己指導能力	教育相談	課題予防的	包括的な
⑤	自己指導能力	働きかけ	発達支持的	包括的な

(☆☆☆◎◎◎)

解答・解説

【共通問題】

【１】④

〈解説〉ア　aは「無為自然」，bは「武陵桃源」が該当する。　イ　bは「前代未聞」，cは「唯我独尊」が該当する。　ウ　aは「不即不離」，cは「以心伝心」が該当する。　エ　bは「七転八倒」が該当する。aについては，教訓とすべき先人の失敗から学び，後人の戒めとするという意味の「前車覆轍」がある。　オ　aは「大言壮語」，cは「曲学阿世」が該当する。

【2】③

〈解説〉「水を向ける」は，相手の関心や話題を自分の思う方向へと誘導することと。巫女が生霊や死霊を呼び出すときに，水を手向けたことが語源とされる。

【3】⑤

〈解説〉$\frac{3\times5^2-3\times2^2}{5-2}=\frac{3(5^2-2^2)}{5-2}=\frac{3\times(5+2)(5-2)}{5-2}=3(5+2)=21$より，転がり始めて2秒後から5秒後までの平均の速さは21m/秒である。

【4】④

〈解説〉それぞれ手がかりになる部分をつかむことが大切である。

(1)「自分が設定する」が手がかりである。フレックスタイムは，一定の期間で定められた総労働時間の中で，働く時間帯や長さを労働者自身が自由に決めることができる制度である。変形労働時間は，一定期間内での労働時間を柔軟に調整する制度のことで，繁忙期と閑散期の調整などに使われている。　(2)「残業時間の上限規制」「有給休暇取得義務」とあることから，働き方に関連した法令であることが分かる。　(3)「ビデオ会議などを使って自宅などで勤務」から，「テレワーク」と分かる。「ディーセント・ワーク」は，働きがいのある人間らしい仕事のことで，SDGsや働き方改革と深い関係のある言葉である。

(4)「一人あたりの労働時間を減らし」がヒントとなる。ワークシェアリングは，1人当たりの労働時間を減らして新たな雇用を生み出すことである。ワーキングプアとは，働いているにもかかわらず，貧困状態にある人を指す。

【5】④

〈解説〉平成28(2016)年にノーベル生理学賞・医学賞を受賞したのは，日本の細胞生物学者である大隅良典氏である。大隅氏は，オートファジー

(autophagy)と呼ばれる生体の重要なメカニズムに関する研究を行った。オートファジーは，細胞が老廃物や損傷した細胞構成物を分解し，その成分を再利用するプロセスであり，大隅氏は，酵母を用いた研究を通じて，オートファジーの分子メカニズムを明らかにし，その生物学的重要性を示した。この研究によって，細胞が自己でリサイクルし，維持するための基本的なプロセスであるオートファジーが理解され，その後の医学や細胞生物学の研究に大きな影響を与えた。

【6】③

〈解説〉会話文穴埋め問題。　ア　空欄の直後にBが自身の故郷の話をしているので，故郷について尋ねているbが適切。　イ　故郷のまちの良いところを聞かれ，空欄の後，まちにある様々な施設を挙げていることから，cの「やることがたくさんある」が適切。　ウ　どんな種類の食事もできると言われているので，aが適切。　エ 「丘や山がないので」に続くので，cの「鹿やリスなどの動物を見ることができない」が適切。

【7】③

〈解説〉(1)　奴隷的拘束及び苦役の禁止を定めた日本国憲法第18条である。「意に反する苦役」とは，本人の意思に反して強制される労役のことを表しており，単なる労働とは異なる。　(2)　家族関係における個人の尊厳と両性の平等を定めた日本国憲法第24条である。この条文は，家族関係において夫婦の権利は同等であることを定めている。(3)　すべての国民に対して，その保護する子に普通教育を受けさせる義務を課した日本国憲法第26条第2項である。この条文を受けて定められた，教育基本法第5条や学校教育法第16条等の条文についても，確認しておきたい。　(4)　刑事補償を定めた日本国憲法第40条である。抑留や拘禁されていた人が，裁判で無罪と判決されたときは，国に補償を求めることができるという趣旨である。　(5)　国際法規の遵守を定めた日本国憲法第98条第2項である。「遵守」は「守る」という意味で,「批准」は「承認を与えること」という意味である。

【8】③

〈解説〉「学校教育情報化推進計画」は,学校教育の情報化の推進に関する法律に基づき,学校教育の情報化の推進に関する施策の方向性やロードマップを示すもので,令和4(2022)年に策定された。 ア 予測が難しい社会において,情報を主体的に捉えて考えながら,見出した情報を活用して他者と協働し,新たな価値の創造に挑んでいくためには,情報活用能力の育成が重要となる。 イ ICTの活用における格差の要因には,年齢,年収,都市規模などが挙げられる。この中の,都市規模による格差を縮小させようという取組である。 ウ 空欄の後の「1人1台端末や高速大容量ネットワークが整備された」から,GIGAスクール構想と分かる。STEAM教育とは,STEMという理数教育に,芸術,文化,生活,経済等を含め広い範囲で定義されたAを加えた教育概念である。 エ 空欄の前に「端末の持ち帰り」とあることから,「家庭学習」と分かる。 オ ICTの利活用が,労働生産性の向上に寄与することが期待されているが,学校現場においても,ICTの活用によって,教職員の校務の効率化が図られ,働き方改革を推進するものとして期待されている。

【9】③

〈解説〉「令和4年版 環境・循環型社会・生物多様性白書」「令和4年度 生物の多様性の保全及び持続可能な利用に関する施策」「第6章 第5節 地域づくり・人づくりの推進」「3 環境教育・環境学習等の推進と各主体をつなぐネットワークの構築・強化」からの引用出題。あらゆる年齢階層に対するあらゆる場,機会を通じた環境教育・環境学習等の推進について解説した内容である。 ア～オ 持続可能な社会づくりの取組には,気候変動を抑制する取組の一つとして脱炭素社会への移行の取組がある。また,学校教育において資質・能力を育成する上で基となるものは学習指導要領であり,今回の改訂では資質・能力を教科等横断的な視点に基づいて育成するよう改善されている。ESDとは持続可能な開発のための教育のことで，文部科学省や日本ユネスコ国内委員会事務局が，ESDの大切さや，学校でのESDの具体的な実践方法等を伝える研修や学校全体の取組を進めるため「ESD(持続可能な開発のための教育)推進の手引」を平成28(2016)年に作成し，令和3(2021)年に改訂している。　福岡県では，毎年のように同白書から出題されるので，最新のものに目を通しておくこと。

【10】⑤

〈解説〉消費者教育の推進に関する法律は，消費者教育を総合的・一体的に推進することを目的として平成24(2012)年に成立した法律で，同法第2条は法律用語の定義，第3条は基本理念を定めている。同法においては，消費者教育を総合的・一体的に推進するため，国や地方及び事業者等の責務などを定めるとともに，従来のような消費者被害の予防と対処だけでなく，消費者の自覚を促している。

【11】⑤

〈解説〉教育基本法第2条は，教育の目標を定めている。平成18(2006)年の教育基本法改正においては，教育の目的及び目標について，「人格の完成」等に加え，「公共の精神」や「伝統と文化の尊重」など，今日重要と考えられる事柄が新たに規定された。学習指導要領は，教育基本法に定める教育の目的や目標の達成のため，学校教育法に基づき国が定める教育課程の基準であり，今回改訂の学習指導要領において，学校教育の「不易」として，教育基本法第1条及び第2条に示された教育の目的及び目標がその前文に明記された。

【12】②

〈解説〉(1)　教育公務員特例法第22条は，研修の機会について定めている。公立学校教員の場合，本属長は校長である。　(2)　学校保健安全法第5条は，学校保健計画の策定等について定めている。それまで学校保健安全計画として一体的に取り扱われていた保健計画・安全計画は，平成21(2009)年の学校保健法一部改正によって学校保健安全法に改称された際に，学校保健計画の策定(第5条)と学校安全計画の策定(第27条)をそれぞれ行うよう定められた。　(3)　児童虐待の防止等に関する法律第4条には，国及び地方公共団体の責務等について，8項にわたって規定されている。その8項の内訳は，国や地方公共団体に対して5項目，児童相談所所長に対して1項目，児童の親権者に対して1項目，そして家庭及び近隣社会の連帯に関する項目が1項目となっている。　(4)　地方公務員法第31条は，地方公務員に服務の宣誓を課している。この法律に基づき，各地方公共団体で「服務の宣誓に関する条例」が定められ，採用された者は採用時に定められた宣誓書に署名し，提出しなくてはならない。　(5)　いじめ防止対策推進法第23条は，いじめに対する措置を定めている。福岡県によると，福岡県内のいじめの認知件数は，令和4(2022)年度は16,587件となり，5年間で約7,600件増加している。

【13】③

〈解説〉(1)　ハロー効果は，評価する対象がもつ顕著な特徴の印象に引きずられて，他の特徴についての評価までゆがめられる心理現象のことである。ラベリング効果とは，先入観や思い込みで判断し人にラベルを貼ることであり，それによって対象者の行動・心象に影響を与える心理効果である。　(2)　寛大効果は，他者の望ましい側面はより強調され，望ましくない側面は寛大に評価されやすく，結果として実際よりも好意的に評価する心理現象である。新近効果とは，最後に与えられた情報が評価に影響を与えてしまうという評価バイアスである。(3)　バンデューラが提唱したのは，社会的学習理論(モデリング理論)である。自分自身の経験ではなく，他者(モデル)の行動の観察・模倣(モデリング)によっても学習するという理論である。記号形態(サイン・ゲシュタルト)説は，学習とは記号(サイン)を形態(ゲシュタルト)に結び付けるという認知活動であるという考えであり，アメリカの心理学者トールマンによって提唱された。 (4) オペラント条件づけは，報酬に対応して行動が強化され，行動の頻度を増やすようになるという理論で，スキナーはこのオペラント条件づけの理論を人間の教育に応用して，ティーチング・マシンによるプログラム学習などの教育法に発展させた。古典的条件づけは，パブロフが見出した条件反射のように，ある刺激を別の刺激と連合させる条件づけである。

【14】③

〈解説〉こども基本法は，こども家庭庁が所管するこども施策を社会全体で総合的かつ強力に推進していくための包括的な基本法として，令和5(2023)年4月に施行された。その第3条は，法律の基本理念を定めている。イは「教育基本法」，エは「最善の利益」である。目的を定めた第1条もしっかりと理解しておきたい。

【15】②

〈解説〉義務教育の段階における普通教育に相当する教育の機会の確保等に関する法律は，教育機会の確保等に関する施策を総合的に推進することを目的として，平成29(2017)年2月に施行された法律である。同法第3条は，基本理念を定めている。アは「安心して」，ウは「その能力に」である。同法には不登校児童生徒に対する教育機会の確保等に関する規定が盛り込まれており，この法律とも関連して，文部科学省は令和5(2023)年3月に「誰一人取り残されない学びの保障に向けた不登校対策」(COCOLOプラン)を取りまとめているので，確認しておきたい。

【16】④

〈解説〉「生徒指導提要」は生徒指導に関する学校・教職員向けの基本書で，令和4(2022)年12月に改訂されている。生徒指導の目的については，児童生徒の人格が尊重され，児童生徒自らが個性の発見，よさや可能性の伸長を図りながら，多様な社会的資質・能力を獲得し，自らの資質・能力を適切に行使して自己実現を果たすことを支えるものであるとしている。改訂された生徒指導提要については，生徒指導の定義と目的に関する出題が頻出であり，確実に押さえておきたい。

【17】③

〈解説〉文部科学省は令和3(2021)年6月，それまで就学手続き等に携わる人向けに作成された「教育支援資料」の内容を改訂するとともに，就学に係る一連のプロセスとそれを構成する一つ一つの取組の趣旨を，就学に関わる関係者の全てに理解してほしいことから，「障害のある子供の教育支援の手引」と名称を改定した。イは「学校教育」，ウは「体制面」である。合理的配慮は，平成18(2006)年に国連総会において採択された「障害者の権利に関する条約」において提唱された概念である。同条約が提唱したインクルーシブ教育システムの実現に当たり，確保するものの一つとして示された。

【18】⑤

〈解説〉学校保健安全法第29条は，危険等発生時対処要領の作成等について定めている。アは「具体的内容」，エは「訓練の実施」である。文部科学省はこの条文を受けて，平成30(2018)年に「学校の危機管理マニュアル作成の手引」を作成し，各学校独自の危機管理マニュアルの作成・見直しを求めている。

【19】①

〈解説〉ア～ウ　「人権教育の指導方法等の在り方について[第三次とりまとめ]」は，文部科学省が設置した調査研究会議がとりまとめたものであり，人権教育とは何かということをわかりやすく示すとともに，学校教育における指導の改善・充実に向けた視点を人権教育の実践事例とともに示したものである。問題文は，「第1章　学校教育における人権教育の改善・充実の基本的考え方」「1　(2)人権教育とは」及び「2　(2)学校における人権教育の取組の視点」，「第2章　学校における人権教育の指導方法等の改善・充実」「第3節　2　学校における研修の取組」の，3箇所からの引用出題である。「人権教育・啓発に関する基本計画」にも，「学校の教育活動全体を通じ，幼児児童生徒，学生の発達段階に応じて，人権尊重の意識を高める教育を行っていく」ことが示されている。　エ・オ 「福岡県部落差別の解消の推進に関する条例」は，部落差別の解消の推進に関する法律の施行により地方公共団体はその地域の実情に応じた施策を講ずるよう努めるものと規定されたことを受け，平成7(1995)年制定の「福岡県部落差別事象の発生の防止に関する条例」を改正し，部落差別の解消の推進に関する法律に定められた基本理念や相談体制を充実するとともに，教育・啓発の推進などの規定を新たに加え平成31(2019)年3月に制定された。同条例第1条は同条例の目的を定めている。

【20】④

〈解説〉ア～ウ 「人権教育・啓発に関する基本計画」は，人権教育及び人権啓発の推進に関する法律第7条の規定に基づき，法務省及び文部科学省が中心となって，平成14(2002)年に策定されたもので，国の人権教育・啓発の総合的かつ計画的な推進施策についての指針が示されている。なお平成23(2011)年にその一部が変更され，人権課題に対する取組に，北朝鮮当局による拉致問題等が付け加えられた。　エ　部落差別の解消の推進に関する法律は平成28(2016)年施行の法律で，部落差別の解消を推進し，部落差別のない社会を実現することを目的としている。その第5条第1項は，国に対して部落差別を解消するための教育及び啓発を求めている。

【中学校・養護・栄養】

【1】④

〈解説〉平成27(2015)年3月に学校教育法施行規則が改正され，従来の「道徳の時間」が「特別の教科　道徳」と位置付けられた。「特別の教科」とされたため，評価が必須となった。引用部分にある「指導と評価の一体化」とは，指導と評価とは別物ではなく，評価の結果によって後の指導を改善し，さらに新しい指導の成果を再度評価するという，指導に生かす評価を充実させることである。なお「特別の教科　道徳」の評価については，平成28(2016)年に道徳教育に係る評価等の在り方に関する専門家会議が「『特別の教科　道徳』の指導方法・評価等について(報告)」をとりまとめている。

【2】⑤

〈解説〉出題の中央教育審議会答申(令和4年12月)は，令和3(2021)年1月に中央教育審議会が答申した「『令和の日本型学校教育』の構築を目指して～全ての子供たちの可能性を引き出す，個別最適な学びと，協働的な学びの実現～」において，「令和の日本型学校教育」の在り方が「全ての子供たちの可能性を引き出す，個別最適な学びと，協働的な学びの実現」と定義されたこと，また，「GIGAスクール構想により整備されるICT環境の活用と，少人数によるきめ細かな指導体制の整備を両輪として進め，個別最適な学びと協働的な学びによる『令和の日本型学校教育』を実現するための，教職員の養成・採用・研修等の在り方」が今後更に検討を要する事項として整理されたこと等を受け，答申されたものである。「新たな教師の学びの姿」は，「『令和の日本型学校教育』を担う新たな教師の学びの姿の実現に向けて　審議まとめ」(令和3年11月　中央教育審議会「令和の日本型学校教育」を担う教師の在り方特別部会)から，抽出して示されている。イは「探究心」，ウは「継続的な」である。審議まとめでは，「時代の変化が大きくなる中で常に学び続けていくこと」と表されていたものを，出題の答申では「継続的な学び」という表現に置き換えて示している。

【3】②

〈解説〉文部科学省は令和5(2023)年2月，「いじめ問題への的確な対応に向けた警察との連携等の徹底について(通知)」を各都道府県の教育委員会等へ通知し，児童生徒の生命や安全を守ることを最優先に，犯罪に当たる重大な事案については，直ちに相談・通報を行い，適切な援助を求めるよう要請した。　ア　正しくは「日常的に」である。学校と警察の連携は，いじめの事案が発生した都度ではなく，日常的な連携体制が求められる。　エ　正しくは「アセスメント」である。いじめを認知した際には，単なる情報共有ではなく，適切なアセスメント(客観的な評価)を行い，二次的な問題発生の防止や，心のケアにつなげていくことが大切である。　オ　正しくは「保護者等」である。いじめの問題について，保護者と学校が連携して対応することが必要である。

【4】①

〈解説〉平成29年改訂の小学校(中学校)学習指導要領の特別活動において，育成を目指す資質・能力や，それらを育成するための学習過程の在り方を整理するに当たっては，「人間関係形成」，「社会参画」，「自己実現」の三つの視点で整理して示されている。エは「自己実現」である。自己実現は，特別活動においては，集団の中で自己の生活の課題を発見し，よりよく改善しようとする視点であり，自己実現を図ろうとすることは，自分自身の在り方や生き方と深く関わるものであるとしている。

【5】②

〈解説〉総合的な学習の時間の目標として，まず冒頭に探究的な見方・考え方を働かせることが示されているのは，探究的な学習の過程が総合的な学習の時間の本質と捉え，中心に据えることを意味したものである。その上で，対象や領域が特定の教科等に留まらず，横断的・総合的でなければならないという総合的な学習の時間の特質を表す言葉が続いている。学びに向かう力，人間性等については，自分自身に関すること及び他者や社会との関わりに関することの両方の視点を含むことが求められている。目標(3)では，他者や社会との関わりとして，課題の解決に向けた他者との協働を通して，積極的に社会に参画しようとする態度を養うことが示されている。

【高等学校】

【1】③

〈解説〉高等学校学習指導要領(平成30年告示)総則「第5款　生徒の発達の支援」「2　(2)海外から帰国した生徒などの学校生活への適応や，日本語の習得に困難のある生徒に対する日本語指導」「イ　日本語の習得に困難のある生徒については，個々の生徒の実態に応じた指導内容や指導方法の工夫を組織的かつ計画的に行うものとする」についての解説の一部である。イは「情意面」である。下線部の直前に，「心理的安定のための」とあることから，「技能面」ではなく心理分野の用語であることが推定できる。

【2】③

〈解説〉今回の学習指導要領改訂において，各学校は総合的な探究の時間の目標を実現するにふさわしい探究課題を設定するとともに，探究課題の解決を通して育成を目指す具体的な資質・能力を設定するよう改善された。　ア　総合的な探究の時間の目標を実現するためには，全教育活動における総合的な探究の時間の位置付けを明確にすることが重要であり，それぞれが適切に実施され，相互に関連し合うことで教育課程は機能を果たすこととなる。　イ　学校が探究課題を設定するに当たっては，とりわけ，多様な広がりをもつ生徒の課題に対する意識を生かすことが求められる。　ウ・エ　総合的な探究の時間は，教科・科目等を越えた全ての学習の基盤となる資質・能力を育むとともに，各教科・科目等で身に付けた資質・能力を相互に関連付け，学習や生活に生かし，それらが総合的に働くようにするものであるとしている。

【3】①

〈解説〉問題文の2(1)は，内容の取扱いに当たっての配慮事項のうちの，生徒会活動の内容の取扱いに関する事項である。dは「教師の適切な指導」，eは「自発的，自治的」である。適切な指導とは，生徒を中心に置き，生徒の自主的な活動を側面から援助し，受容的な態度で根気よく継続して指導することによって，生徒の自発的，自治的な活動を支え，後押しする指導であるとしている。

【4】②

〈解説〉「今後の学校におけるキャリア教育・職業教育の在り方について(答申)」は，平成23(2011)年に中央教育審議会が答申したもの。その中で，キャリア教育とは「一人一人の社会的・職業的自立に向け，必要な基盤となる能力や態度を育てることを通して，キャリア発達を促す教育」で，職業教育は「一定又は特定の職業に従事するために必要な知識，技能，能力や態度を育てる教育」と定義している。基礎的・汎用的能力は，社会的・職業的自立に向けて必要な基盤となるもので，それを構成するものとして，「人間関係形成・社会形成能力」，「キャリアプランニング能力」，「課題対応能力」，「自己理解・自己管理能力」の4つの能力が示されている。平成30年改訂の高等学校学習指導要領総則「第5款　生徒の発達の支援」には，特別活動を要としてキャリア教育の充実を図ることが示されている。

【5】③

〈解説〉ア・イ　「生徒指導提要」(令和4年12月)「第1章　1.1.1　生徒指導の定義と目的」には，生徒指導の目的を達成するためには，児童生徒一人一人が自己指導能力を身に付けることが重要であることが記載されている。自己有用感については，「第1章　1.1.2　生徒指導の実践上の視点」「(1)自己存在感の感受」等に，その育成の重要性等が記載されている。　ウ・エ　問題文は，「全校的な指導体制の必要性」に関する内容である。生徒指導の構造は，児童生徒の課題への対応を時間軸や対象，課題性の高低という観点から，2軸3類4層で構成されている。そのうちの「発達支持的生徒指導」は，全ての児童生徒を対象に全ての教育活動において進められる生徒指導の基盤となるもので，課題性が最も低い分類にあたる。課題予防的生徒指導は，課題の未然防止教育と，課題の前兆行動が見られる一部の児童生徒を対象とした課題の早期発見と対応を含む分類で，3類の中の中間の分類に当たる。

2023年度　実施問題

【共通問題】

【1】次のア～オの三字熟語又は四字熟語の意味を選んだとき，正しい組合せを選びなさい。

ア　夜郎自大

a　独り立ちして，自らの道を行くこと。

b　周囲を顧みず，勝手にふるまうこと。

c　自分の力量を分からず，いばること。

イ　短兵急

a　行動が突然である様子のこと。

b　中途半端で未熟な様子のこと。

c　主張に根拠がない様子のこと。

ウ　起死回生

a　絶望状態にあるものを立て直すこと。

b　きっぱりと物事の処置をつけること。

c　事情が急に変わり一度に解決すること。

エ　長広舌

a　言ってはいけないことをつい話すこと。

b　よどみなく長々としゃべり続けること。

c　大きなことを言って大ぼらを吹くこと。

オ　百家争鳴

a　実際の場では役に立たない理論のこと。

b　労力をかけても少しも効果がないこと。

c　いろいろな立場の人が論争しあうこと。

	ア	イ	ウ	エ	オ
①	a	b	a	a	b
②	a	b	c	c	a
③	b	c	b	a	a
④	c	a	a	b	c
⑤	c	c	c	b	c

(☆☆☆◎◎◎)

【2】次のことわざ・慣用句とその意味の組合せとして，誤っているものを選びなさい。

	ことわざ・慣用句	意味
①	腹をくくる	どんな結果になってもいいと覚悟を決めること。
②	豆腐にかすがい	手応えや効きめが何もないこと。
③	愁眉を開く	心配がなくなり安心すること。
④	横車を押す	道理に反したことを無理に押し通そうとすること。
⑤	琴線に触れる	目上に当たる人を激しく怒らせること。

(☆☆☆◎◎◎)

【3】白玉が1個，赤玉が3個，青玉が4個ある。それぞれの玉には中心を通って穴が開いているとする。これらの全ての玉にひもを通し輪を作るとき，完成する輪の玉の並び方は何通りあるか求め，正しい答えを選びなさい。ただし，回転または裏返して一致するものは同じものとみなす。

① 16通り　② 18通り　③ 19通り　④ 32通り
⑤ 35通り

(☆☆☆◎◎◎)

【4】次の(1)～(4)の各文は，世界の政治制度に関するものである。文中の(　ア　)～(　エ　)に当てはまる語句の正しい組合せを選びなさい。

(1)　イギリスの議会は上院と下院からなり，首相には下院で多数を占める政党の党首が選出され，首相によって内閣が組織される。下院では，二大政党が政権獲得をめざしており，野党となった政党は，(　ア　)を組織し，政権交代に備えている。

(2)　アメリカ合衆国では，大統領も議会と同様，国民の選挙によって選ばれるので，たがいに強い独立性をもつ。大統領は議会への法案提出権や解散権をもたないが，議会に政策を示す(　イ　)を送る権限などをもつ。

(3)　フランスでは，大統領が国民の直接選挙で選ばれ，強い権限をもつが，行政権は首相を長とする内閣に属し，内閣は議会に対して責任を負う。このような制度を(　ウ　)とよぶ。

(4)　中国では，民主的権力集中制をとっており，国政全体に対して共産党の強力な指導がおこなわれている。国家の最高機関は，(　エ　)である。

	ア	イ	ウ	エ
①	シャドーキャビネット	教書	半大統領制	最高人民法院
②	オンブズ - パーソン	教書	議院内閣制	全国人民代表大会
③	オンブズ - パーソン	党議	議院内閣制	最高人民法院
④	シャドーキャビネット	党議	議院内閣制	全国人民代表大会
⑤	シャドーキャビネット	教書	半大統領制	全国人民代表大会

(☆☆☆◎◎◎)

【5】次のア～オの惑星のうち，地球の公転軌道より内側を公転している惑星はどれか。正しい組合せを選びなさい。

ア　火星　　イ　水星　　ウ　木星　　エ　金星　　オ　土星

①　アとイ　　②　アとエ　　③　イとウ　　④　イとエ

⑤　ウとオ

(☆☆☆◎◎◎)

【6】次の対話文は，友人AとBの会話である。文中の(　ア　)～(　エ　)に入る適当なものをそれぞれa～cから選んだとき，正しい組合せを選びなさい。

A : Hi, (　ア　)?

B : It was wonderful! I did some volunteering.

A : Really? What did you do for that?

B : (　イ　). I showed them around my city.

A : Where did you take them?

B : I took them to a Japanese garden.

A : Sounds good. A lot of foreign people like to see traditional Japanese things.

B : (　ウ　).

A : What did you eat for lunch?

B : They said that they wanted to eat Japanese food, so (　エ　).

A : Did you eat *sushi*?

B : No, they enjoyed Japanese *udon* and *soba* noodles. I had a good time with them.

ア	a. how far is it from here to your town b. what time does our train come c. how was your day off
イ	a. I made friends with a boy from Canada b. I guided three tourists from Canada c. I was very nervous at first
ウ	a. Sorry, I don't think so b. I am glad to hear that c. Thank you for helping me with my activity
エ	a. we visited a Japanese restaurant b. I took them to a museum c. we talked about it and then said goodbye

	ア	イ	ウ	エ
①	a	b	c	a
②	b	c	a	c
③	a	c	a	b
④	c	b	b	a
⑤	c	a	b	c

(☆☆☆◎◎◎)

【7】次の(1)～(4)の各文は，「日本国憲法」の条文の一部を抜粋したものである。文中の(　ア　)～(　オ　)に当てはまる語句の正しい組合せを選びなさい。

(1)　何人も，損害の救済，公務員の罷免，法律，命令又は規則の制定，廃止又は改正その他の事項に関し，平穏に請願する権利を有し，何人も，かかる請願をしたためにいかなる(　ア　)待遇も受けない。
(2)　思想及び(　イ　)の自由は，これを侵してはならない。
(3)　財産権の内容は，(　ウ　)に適合するやうに，法律でこれを定める。
(4)　この憲法が日本国民に保障する基本的人権は，人類の多年にわたる(　エ　)の努力の成果であつて，これらの権利は，過去幾多の試錬に堪へ，現在及び将来の国民に対し，侵すことのできない(　オ　)として信託されたものである。

	ア	イ	ウ	エ	オ
①	不利な	良心	公共の福祉	自由獲得	特別な権利
②	不利な	良心	社会福祉	不断	永久の権利
③	差別	信条	社会福祉	自由獲得	永久の権利
④	不利な	信条	公共の福祉	不断	特別な権利
⑤	差別	良心	公共の福祉	自由獲得	永久の権利

(☆☆☆◎◎◎)

【8】次の文は,「新しい時代の学びを実現する学校施設の在り方について」最終報告(令和4年3月学校施設の在り方に関する調査研究協力者会議)の一部を抜粋したものである。文中の(ア)~(エ)に当てはまる語句の正しい組合せを選びなさい。

(学びのスタイルの変容への対応)
○ 1人1台端末環境のもと,個別最適な学びと協働的な学びの一体的な充実により,学級単位で一つの空間で一斉に黒板を向いて授業を受けるスタイルだけでなく,(ア)等を活用し,教師と子供,子供同士がつながり,(イ)を片手に教室内外で個に応じた学習を行う,(ウ)を確保しながら多目的スペース等を活用してグループ学習を行う,校内外の他者との協働により(エ)探究学習を行うなど,学びのスタイルが多様に変容していく可能性が広がっている。

	ア	イ	ウ	エ
①	デジタル教材	パソコン	身体的距離	計画的な
②	クラウド	タブレット	身体的距離	創造的な
③	デジタル教材	タブレット	教育の機会	計画的な
④	デジタル教材	タブレット	身体的距離	創造的な
⑤	クラウド	パソコン	教育の機会	創造的な

(☆☆☆◎◎◎)

【9】次の文は,「令和3年版 環境白書・循環型社会白書・生物多様性白書」(環境省)の一部を抜粋したものである。文中の(ア)~(オ)に当てはまる語句の正しい組合せを選びなさい。ただし,同じ記号には同じ語句が入る。

持続可能な開発目標(SDGs)やG7富山物質循環フレームワークに基づき,(ア)や廃棄物について,ライフサイクルを通じて適正に管理することで大気,水,土壌等の保全や環境の(イ)に努めるとともに，環境保全を前提とした循環型社会の形成を推進すべく，(　ウ　)・3R(リデュース，リユース，リサイクル)と(　エ　)，有害物質，自然環境保全等の課題に関する政策を包括的に統合し，促進します。

リサイクルに加えて2R(リデュース，リユース)を促進することで(　ウ　)の向上と脱炭素化の同時達成を図ることや，地域特性等に応じて廃棄物処理施設を自立・分散型の地域のエネルギーセンターや災害時の防災拠点として位置付けることにより，資源循環と脱炭素化や国土の強靱化との同時達成を図ることなど，環境・(　オ　)・社会的課題の統合解決に向けて，循環型社会形成を推進します。

環境的側面・(　オ　)的側面・社会的側面を統合的に向上させるため，国民，国，地方公共団体，NPO・NGO，事業者等が連携を更に進めるとともに，各主体の取組をフォローアップし，推進します。

	ア	イ	ウ	エ	オ
①	放射性物質	整備	利益追求性	大気汚染	経済
②	放射性物質	再生	資源効率性	気候変動	科学
③	化学物質	再生	利益追求性	大気汚染	経済
④	化学物質	再生	資源効率性	気候変動	経済
⑤	化学物質	整備	資源効率性	大気汚染	科学

(☆☆☆◎◎◎◎)

【10】次の各文は，「消費者教育の推進に関する法律」(平成24年法律第61号)の条文を一部抜粋したものである。文中の(　ア　)～(　エ　)に当てはまる語句の正しい組合せを選びなさい。

第3条

5　消費者教育は，消費者の消費生活に関する行動が現在及び将来の世代にわたって内外の社会経済情勢及び(　ア　)に与える影響に関する情報その他の多角的な視点に立った情報を提供することを旨として行われなければならない。
第11条
3　国及び地方公共団体は，(　イ　)において実践的な消費者教育が行われるよう，その内外を問わず，消費者教育に関する知識，経験等を有する(　ウ　)の活用を推進するものとする。
第18条
2　国は，消費生活における被害の防止を図るため，(　エ　)，障害の有無その他の消費者の特性を勘案して，その収集した消費生活に関する情報が消費者教育の内容に的確かつ迅速に反映されるよう努めなければならない。

	ア	イ	ウ	エ
①	金融情勢	学校	人材	国籍
②	金融情勢	職域	外部機関	国籍
③	地球環境	職域	人材	国籍
④	地球環境	職域	外部機関	年齢
⑤	地球環境	学校	人材	年齢

(☆☆☆◎◎◎◎)

【11】次の各文は，「学校教育法」(昭和22年法律第26号)の条文の一部を抜粋したものである。文中の(　ア　)～(　オ　)に当てはまる語句の正しい組合せを選びなさい。

第11条
　校長及び教員は，(　ア　)必要があると認めるときは，文部科学大臣の定めるところにより，児童，生徒及び学生に懲戒を加えることができる。ただし，(　イ　)を加えることはできない。
第12条
　学校においては，別に法律で定めるところにより，幼児，児童，生徒及び学生並びに職員の(　ウ　)を図るため，健康診断を行い，その他その(　エ　)に必要な措置を講じなければならない。
第16条
保護者(子に対して親権を行う者(親権を行う者のないときは，未成年後見人)をいう。以下同じ。)は，次条に定めるところにより，子に9年の(　オ　)を負う。

	ア	イ	ウ	エ	オ
①	指導上	体罰	健康への意識向上	保健	普通教育を受けさせる義務
②	教育上	暴力	健康の保持増進	安全	義務教育を受けさせる責任
③	指導上	体罰	健康への意識向上	安全	普通教育を受けさせる責任
④	指導上	暴力	健康の保持増進	安全	義務教育を受けさせる責任
⑤	教育上	体罰	健康の保持増進	保健	普通教育を受けさせる義務

(☆☆☆◎◎◎)

【12】次の(1)～(4)の各文は，法律の条文の一部を抜粋したものである。文中の(　ア　)～(　エ　)に当てはまる語句の正しい組合せを選びなさい。

(1)　学校の設置者及びその設置する学校は，児童等の豊かな情操と(　ア　)を培い，心の通う対人交流の能力の素地を養うことがいじめの防止に資することを踏まえ，全ての教育活動を通じた道徳教育及び体験活動等の充実を図らなければならない。
【いじめ防止対策推進法第15条第1項】

(2)　学校には，学校図書館の専門的職務を掌らせるため，(　イ　)を置かなければならない。　【学校図書館法第5条第1項】

(3)　個人情報は，個人の(　ウ　)の理念の下に慎重に取り扱われるべきものであることにかんがみ，その適正な取扱いが図られなければならない。　【個人情報の保護に関する法律第3条】

(4)　職員は，その職務を遂行するに当つて，法令，条例，地方公共団体の規則及び地方公共団体の機関の定める規程に従い，且つ，上司の職務上の(　エ　)に忠実に従わなければならない。
【地方公務員法第32条】

	ア	イ	ウ	エ
①	道徳心	学校司書	人権保護	命令
②	自尊心	司書教諭	人権保護	命令
③	道徳心	司書教諭	人格尊重	命令
④	道徳心	学校司書	人格尊重	指導
⑤	自尊心	司書教諭	人権保護	指導

(☆☆☆◎◎◎◎)

【13】次の(1)～(4)の各文は，学習及び発達について述べたものである。文中の(　ア　)～(　エ　)に当てはまる語句の正しい組合せを選びなさい。

(1) マスロー[Maslow, A. H.]は，要求には階層性があり，生理的要求が満たされると安全を求める要求が出現し，それが満たされると所属と愛への要求が現われ，ついで承認への要求が現れることを示唆した。それらの要求がかなりの程度充足されるならば自己の才能・能力・可能性を十分に使用し開発し，自らを完成し，なしうる最善を尽くそうとする(　ア　)の要求が出現してくるとした。

(2) オースベル[Ausubel, D. Z.]は，教材が有効に機能する(受容される)のはそれが子供の既存の認知構造に関連する(有意味な)時であるとした。彼は，中心になる概念(　イ　)を与えるか否かが学習効果を左右すると主張する。

(3) 新しい学習を効果的に行うための必要条件として，学習者に学習を行うための心身の発達が準備されている状態をレディネスという。レディネスの整わないうちに学習させても，その効果は期待できないといわれている。例えば，読みのレディネスは知能年齢6歳半まで待たなければ備わらないとされていた。しかし，今日では，レディネスの成立は成熟によるのみでなく，ヴィゴツキー[Vygotsky, L. S.]の説えた(　ウ　)にみられるように，適切な学習経験，教材，教授法，あるいは動機づけなどを与えることによって積極的に形成することができるとみなされている。

(4)　ローゼンサールとヤコブソン[Rosenthal, R. & Jacobson, L.]は，教師が児童に対してあらかじめ持つ期待が，児童の成績などに影響することを示している。もし，教師が生徒の学業が伸びるというような期待を持つと，教師はその生徒に対して期待に沿った行動をとる。次にこの教師の行動によって，生徒も教師の期待と一致するような行動をとるようになる。この一連の行動連鎖は(　エ　)と呼ばれている。

	ア	イ	ウ	エ
①	他者承認	学習内容の要約	最近接領域	モデリング
②	自己実現	学習内容の要約	環境優位	ピグマリオン効果
③	自己実現	先行オーガナイザー	最近接領域	ピグマリオン効果
④	他者承認	先行オーガナイザー	環境優位	ピグマリオン効果
⑤	自己実現	学習内容の要約	最近接領域	モデリング

(☆☆◎◎◎)

【14】次の文は，「『令和の日本型学校教育』の構築を目指して(答申)」(令和3年1月中央教育審議会)「第Ⅱ部　各論」「2．9年間を見通した新時代の義務教育の在り方について」の一部を抜粋したものである。文中の下線部ア～オについて正しいものを○，誤っているものを×としたとき，正しい組合せを選びなさい。

(4)　義務教育を全ての児童生徒等に実質的に保障するための方策
①不登校児童生徒への対応

○　小中学校における不登校児童生徒数は平成24(2012)年度以降ア高止まりの傾向にあり，令和元(2019)年度には181,272人，このうち90日以上欠席している児童生徒数は100,857人と不登校児童生徒数の約56％を占めるに至っている。

○　不登校を減らすためには，学校が児童生徒にとって安心感，充実感が得られる活動の場となり，いじめや暴力行為，体罰等を許さず，学習指導の充実により学習内容を確実に身に付けることができるなど，児童生徒が安心して教育を受けられる魅力あるものとなることが必要である。

○　また，現に不登校となっている児童生徒に対しては，個々の状況に応じた適切な支援を行うことにより，イ登校刺激を与えることも必要である。

○　このため，スクールカウンセラー・スクールソーシャルワーカーの配置時間等の充実による相談体制の整備，アウトリーチ型支援の実施を含む不登校支援の中核となるウ教育支援センターの機能強化，不登校特例校の設置促進，公と民との連携による施設の設置・運営など教育委員会・学校と多様な教育機会を提供しているエフリースクール等の民間の団体とが連携し，相互に協力・補完し合いながら不登校児童生徒に対する支援を行う取組の充実，自宅等でのICTの活用等多様な教育機会の確保など，子供たちが学校で安心して教育が受けられるよう，学校内外において，オ教育課程に応じた段階的な支援策を講じるとともに，更に効果的な対策を講じるため，スクリーニングの実施による児童生徒の支援ニーズの早期把握や校内の別室における相談・指導体制の充実等の調査研究を進めていくことが必要である。

	ア	イ	ウ	エ	オ
①	○	○	○	×	×
②	×	×	○	○	×
③	×	○	×	×	○
④	○	×	○	×	○
⑤	×	×	×	○	○

(☆☆☆◎◎◎)

【15】次の文は，「いじめ防止対策推進法等に基づくいじめに関する対応について」(令和3年9月21日文部科学省)の一部を抜粋したものである。文中の(　ア　)～(　エ　)に当てはまる語句の正しい組合せを選びなさい。

○　いじめを積極的に認知することは，いじめへの対応の第一歩であり，いじめ防止対策推進法が(　ア　)するための大前提でもあります。また，いじめの認知と(　イ　)が適切に行われなかったために，重大な結果を招いた事案が発生し得るということを真摯に受け止めることが重要です。

○　いじめの早期発見・認知にあたっては，いじめの防止等のための基本的な方針における「別添2：学校における「いじめの防止」「早期発見」「いじめに対する措置」のポイント」の「(2)早期発見①基本的考え方」及び「②いじめの早期発見のための措置」等を参照しながら，些細な兆候であっても，いじめではないかとの疑いを持って，早い段階から複数の教職員で的確に関わり，いじめを軽視したりすることなく，組織的な対応を行うことが求められます。

(略)

○　学校は，いじめにより重大な被害が生じた疑いがあると認めるときは，速やかに(　ウ　)を通じて，地方公共団体の長等まで重大事態が発生した旨を報告する必要があります。

○　重大事態の調査組織については，(　エ　)が確保された組織が客観的な事実認定を行うことができるよう構成することが重要です。

	ア	イ	ウ	エ
①	機能	関係者との連携	学校の設置者	秘密を守る体制
②	浸透	初動対応	警察	公平性・中立性
③	浸透	初動対応	学校の設置者	秘密を守る体制
④	機能	初動対応	学校の設置者	公平性・中立性
⑤	機能	関係者との連携	警察	秘密を守る体制

(☆☆☆◎◎◎)

【16】次の文は，「学校・教育委員会等向け虐待対応の手引き」(文部科学省令和2年6月改訂版)の一部を抜粋したものである。文中の下線部ア～オについて正しいものを○，誤っているものを×としたとき，正しい組合せを選びなさい。

○　虐待は，子供の心身の成長及び<u>ア家族関係</u>に重大な影響を与えるとともに，次の世代に引き継がれるおそれもあり，子供に対する最も重大な権利侵害です。

(略)

○　学校が保護者から威圧的な要求や暴力の行使等を受ける可能性がある場合は，即座に<u>イ設置者</u>に連絡すると同時に，設置者と連携して速やかに<u>ウ児童相談所</u>，警察等の関係機関，弁護士等の専門家と情報共有し，対応を検討すること等が重要です。

(略)

○　管理職は個々の教職員から虐待が疑われる事案についての報告を受けたら，速やかに学年主任や<u>エ養護教諭</u>，スクールカウンセラー，スクールソーシャルワーカーなど可能な範囲で関係職員を集め，それぞれがもつ情報を収集し，事実関係を整理することが重要です。

この場合，必要に応じて<u>オ民生委員</u>に助言や協力を求めることも有効です。

	ア	イ	ウ	エ	オ
①	×	○	○	○	×
②	○	×	○	×	○
③	×	×	×	○	○
④	○	○	×	×	×
⑤	×	○	○	×	×

(☆☆☆◎◎◎)

【17】次の文は，「『令和の日本型学校教育』の構築を目指して(答申)」(令和3年1月中央教育審議会)「第Ⅰ部　総論」「3．2020年代を通じて実現すべき『令和の日本型学校教育』の姿」の一部を抜粋したものである。文中の(　ア　)～(　エ　)に当てはまる語句の正しい組合せを選びなさい。

> ④　特別支援教育
>
> ○　幼児教育，義務教育，高等学校教育の全ての教育段階において，(　ア　)に基づくインクルーシブ教育システムの理念を構築することを旨として行われ，また，障害を理由とする差別の解消の推進に関する法律(障害者差別解消法)や，今般の高齢者，障害者等の移動等の円滑化の促進に関する法律(バリアフリー法)の改正も踏まえ，(　イ　)たちが適切な教育を受けられる環境を整備することが重要である。
>
> ○　こうした重要性に鑑み，障害のある子供と障害のない子供が可能な限り(　ウ　)教育を受けられる条件整備が行われており，また，障害のある子供の自立と(　エ　)を見据え，一人一人の教育的ニーズに最も的確に応える指導を提供できるよう，通常の学級，通級による指導，特別支援学級，特別支援学校といった，連続性のある多様な学びの場の一層の充実・整備がなされている。

	ア	イ	ウ	エ
①	障害者の権利に関する条約	支援の必要な子供	共に	社会貢献
②	障害者の権利に関する条約	全ての子供	共に	社会参加
③	障害者基本法	支援の必要な子供	同じような	社会貢献
④	障害者の権利に関する条約	支援の必要な子供	同じような	社会参加
⑤	障害者基本法	全ての子供	共に	社会貢献

(☆☆☆◎◎◎)

【18】次の文は,「第3次学校安全の推進に関する計画」(令和4年3月25日閣議決定)の一部を抜粋したものである。文中の下線部ア～オについて,正しいものを○,誤っているものを×としたとき,正しい組合せを選びなさい。

> 3. 学校における安全に関する教育の充実
> 　学校における安全教育の目標は,ア学校生活全般における安全確保のために必要な事項をイ実践的に理解し,自他の生命尊重を基盤として,生涯を通じて安全な生活を送る基礎を培うとともに,進んで安全で安心な社会づくりに参加し貢献できるような資質・能力を育成することを目指すものである。
> 　各学校では,新学習指導要領において重視しているウクライシス・マネジメントの考え方を生かしながら,児童生徒等や学校,地域の実態及び児童生徒等の発達の段階を考慮して,エ学校の特色を生かした安全教育の目標や指導の重点を設定し,教育課程を編成・実施していくことが重要であり,各学校においてオ管理職や教職員の共通理解を図りながら,安全教育を積極的に推進するべきである。

	ア	イ	ウ	エ	オ
①	○	×	○	○	×
②	×	○	○	×	○
③	×	×	×	○	×
④	×	○	×	○	○
⑤	○	×	×	×	○

(☆☆☆◎◎◎)

【19】次の各文は,「人権教育の指導方法等の在り方について[第三次とりまとめ]」(平成20年3月人権教育の指導方法等に関する調査研究会議)及び「部落差別の解消の推進に関する法律」(平成28年法律第109号)の一部を抜粋したものである。文中の(　ア　)～(　オ　)に当てはまる語

句の正しい組合せを選びなさい。

「人権教育の指導方法等の在り方について[第三次とりまとめ]」

○　各学校において人権教育に実際に取り組むに際しては，まず，人権に関わる概念や人権教育が目指すものについて明確にし，教職員がこれを十分に理解した上で，(　ア　)に取組を進めることが肝要である。

(略)

○　学校においては，的確な児童生徒理解の下，学校生活全体において人権が尊重されるような(　イ　)づくりを進めていく必要がある。

そのために，教職員においては，例えば，児童生徒の意見をきちんと受けとめて聞く，明るく丁寧な言葉で声かけを行うことなどは当然であるほか，個々の児童生徒の大切さを改めて強く自覚し，一人の人間として接していかなければならない。

(略)

○　各教科等の学習において個別の人権課題に関わりのある内容を取り扱う際にも，当該教科等の目標やねらいを踏まえつつ，児童生徒一人一人がその人権課題を自分の問題としてとらえ，自己の生き方を考える(　ウ　)となるような指導を行っていくことが望ましい。

「部落差別の解消の推進に関する法律」

第1条

この法律は，現在もなお部落差別が存在するとともに，情報化の進展に伴って部落差別に関する状況の変化が生じていることを踏まえ，全ての国民に基本的人権の享有を保障する日本国憲法の理念にのっとり，部落差別は許されないものであるとの認識の下にこれを解消することが重要な課題であることに鑑み，部落差別の解消に関し，(　エ　)を定め，並びに国及び地方公共団体の(　オ　)を明らかにするとともに，相談体制の充実等について定めることにより，部落差別の解消を推進し，もって部落差別のない社会を実現することを目的とする。

	ア	イ	ウ	エ	オ
①	系統的・継続的	環境	契機	基本理念	役割
②	組織的・計画的	人間関係	契機	定義	責務
③	組織的・計画的	環境	契機	基本理念	責務
④	系統的・継続的	人間関係	場面	基本理念	役割
⑤	組織的・計画的	環境	場面	定義	役割

(☆☆☆◎◎◎)

【20】次の各文は，「人権教育及び人権啓発の推進に関する法律」(平成12年法律第147号)及び「福岡県部落差別の解消の推進に関する条例」(平成31年福岡県条例第6号)の一部を抜粋したものである。文中の(　ア　)～(　エ　)に当てはまる語句の正しい組合せを選びなさい。

「人権教育及び人権啓発の推進に関する法律」
第2条
　この法律において，人権教育とは，人権尊重の精神の(　ア　)を目的とする教育活動をいい，人権啓発とは，国民の間に人権尊重の理念を普及させ，及びそれに対する国民の理解を深めることを目的とする広報その他の啓発活動(人権教育を除く。)をいう。
第3条
　国及び地方公共団体が行う人権教育及び人権啓発は，学校，地域，家庭，職域その他の様々な場を通じて，国民が，その(　イ　)に応じ，人権尊重の理念に対する理解を深め，これを体得することができるよう，多様な機会の提供，効果的な手法の採用，国民の(　ウ　)の尊重及び実施機関の中立性の確保を旨として行われなければならない。

「福岡県部落差別の解消の推進に関する条例」
第2条
　部落差別の解消に関する(　エ　)は，全ての県民が等しく基本的人権を享有するかけがえのない個人として尊重されるものであるとの理念にのっとり，部落差別を解消する必要性に対する県民一人一人の理解を深めるよう努めることにより，部落差別のない社会を実現することを旨として，行われなければならない。

	ア	イ	ウ	エ
①	育成	発達段階	自主性	教育・啓発
②	涵養	立場	権利	施策
③	涵養	発達段階	権利	教育・啓発
④	涵養	発達段階	自主性	施策
⑤	育成	立場	自主性	教育・啓発

(☆☆☆◎◎◎)

【中学校・養護・栄養】

【1】次の文は，小学校〈中学校〉学習指導要領解説特別の教科　道徳編(平成29年文部科学省)「第4章　指導計画の作成と内容の取扱い」「第2節　道徳科の指導」「3　学習指導の多様な展開」の一部を抜粋したものである。文中の(　ア　)～(　オ　)に当てはまる語句の正しい組合せを選びなさい。ただし，同じ記号には同じ語句が入る。

(4)　道徳科に生かす指導方法の工夫
　道徳科に生かす指導方法には多様なものがある。(　ア　)を達成するには，児童〈生徒〉の(　イ　)や知的な興味などに訴え，児童〈生徒〉が(　ウ　)をもち，主体的に考え，話し合うことができるように，(　ア　)，児童〈生徒〉の実態，(　エ　)や学習指導過程などに応じて，最も適切な指導方法を選択し，工夫して生かしていくことが必要である。

そのためには，教師自らが多様な指導方法を理解したり，コンピュータを含む多様な〈情報〉機器の活用方法などを身に付けたりしておくとともに，〈指導に際しては，〉児童〈生徒〉の(オ)などを捉え，指導方法を吟味した上で生かすことが重要である。

※　　　　の表記は小学校学習指導要領
※〈　　〉の表記は中学校学習指導要領

	ア	イ	ウ	エ	オ
①	目標	内面	問題意識	教材	性格や特徴
②	ねらい	感性	問題意識	教材	発達の段階
③	ねらい	内面	道徳的実践意欲	資料	発達の段階
④	ねらい	感性	道徳的実践意欲	資料	性格や特徴
⑤	目標	内面	道徳的実践意欲	教材	発達の段階

(☆☆☆◎◎◎)

【2】次の文は，「『令和の日本型学校教育』の構築を目指して(答申)」(令和3年1月中央教育審議会)「第Ⅱ部　各論」「2．9年間を見通した新時代の義務教育の在り方について」の一部を抜粋したものである。文中の(ア)～(オ)に当てはまる語句の正しい組合せを選びなさい。

○　義務教育は，憲法や教育基本法に基づき，全ての児童生徒に対し，各個人の有する能力を伸ばしつつ社会において(ア)に生きる基礎や，国家や社会の形成者として必要とされる基本的な資質を養うことを目的とするものである。

(略)

○　また，児童生徒が多様化し学校が様々な課題を抱える中にあっても，義務教育において決して(イ)，ということを徹底する必要がある。このため，一人一人の能力，適性等に応じ，その意欲を高めやりたいことを深められる教育を実現するとともに，学校を安全・安心な居場所として保障し，様々な事情を抱える多様な児童生徒が，実態として学校教育の外に置かれてしまわないように取り組むことが必要である。また，多様性を尊重する態度や互いのよさを生かして協働する力，持続可能な社会づくりに向けた態度，リーダーシップやチームワーク，感性，優しさや思いやりなどの人間性等を育むことも重要である。こうした観点からも，特別支援学校に在籍する児童生徒が居住する地域の学校に副次的な籍を置く取組を進めるなど，義務教育段階における特別支援教育のより一層の充実を図ることが重要である。

(略)

○　また，新学習指導要領では，児童生徒の発達の段階を考慮し，言語能力，(　ウ　)能力，(　エ　)能力等の学習の基盤となる資質・能力を育成していくことができるよう，各教科等の特質を生かし，教科等横断的な視点から教育課程の編成を図るものとされており，その充実を図ることが必要である。

(略)

○　また，発達の段階にかかわらず，児童生徒の実態を適切に捉え，その可能性を伸ばすことができるよう環境を整えていくことも重要である。例えば，児童生徒の学習意欲を向上する観点からは，教科等を学ぶ(　オ　)や学習状況を児童生徒に伝えること等が重要となる。

	ア	イ	ウ	エ	オ
①	自立的	誰一人取り残さない	情報処理	コミュニケーション	楽しさ
②	創造的	指導を諦めない	情報活用	コミュニケーション	本質的な意義
③	創造的	誰一人取り残さない	情報活用	コミュニケーション	楽しさ
④	自立的	指導を諦めない	情報処理	問題発見・解決	本質的な意義
⑤	自立的	誰一人取り残さない	情報活用	問題発見・解決	本質的な意義

(☆☆☆◎◎◎)

【3】次の文は,「生徒指導提要」(平成22年文部科学省)「第7章　生徒指導に関する法制度等」「第1節　校則」の一部を抜粋したものである。文中の(　ア　)~(　オ　)に当てはまる語句の正しい組合せを選びなさい。

> 学校を取り巻く社会環境や児童生徒の状況は変化するため,校則の内容は,児童生徒の実情,(　ア　),地域の状況,社会の常識,時代の進展などを踏まえたものになっているか,絶えず積極的に見直さなければなりません。
>
> 校則の内容の見直しは,最終的には教育に責任を負う(　イ　)の権限ですが,見直しについて,児童生徒が話し合う機会を設けたり,PTAにアンケートをしたりするなど,児童生徒や保護者が何らかの形で参加する例もあります。校則の見直しに当たって,児童会・生徒会,学級会などの場を通じて児童生徒に主体的に考えさせる機会を設けた結果として,児童生徒が自主的に校則を守るようになった事例,その取組が児童生徒に自信を与える契機となり,自主的・自発的な行動につながり,学習面や部活動で成果を上げるようなった事例などがあります。校則の見直しを(　ウ　)に活かした取組といえます。
>
> このように,校則の見直しは,校則に対する(　エ　),校則を自分たちのものとして守っていこうとする態度を養うことにつながり,児童生徒の(　オ　)を培う機会にもなります。

	ア	イ	ウ	エ	オ
①	学校の実態	校長	人間関係づくり	理解を深め	社会性
②	学校の実態	校長	人間関係づくり	考え方を広げ	主体性
③	保護者の考え方	校長	学校づくり	理解を深め	主体性
④	保護者の考え方	学校の設置者	人間関係づくり	考え方を広げ	社会性
⑤	保護者の考え方	学校の設置者	学校づくり	考え方を広げ	主体性

(☆☆☆◎◎◎)

【4】次の文は，小学校〈中学校〉学習指導要領解説特別活動編(平成29年文部科学省)「第2章　特別活動の目標」「第1節　特別活動の目標」「3　特別活動における『主体的・対話的で深い学び』〈の実現〉」の一部を抜粋したものである。文中の(　ア　)～(　オ　)に当てはまる語句の正しい組合せを選びなさい。

> また，対話的な学びは，学級など(　ア　)の児童〈生徒〉同士の話合いにとどまるものではない。異年齢の児童生徒や障害のある幼児児童生徒等，多様な他者と対話しながら(　イ　)ことや地域の人との交流を通して自分の考えを広げたり，自分のよさやがんばり〈努力〉に気付き(　ウ　)を高めたりすること，自然体験活動を通して自然と向き合い，学校生活では得られない体験から新たな気付きを得ること，〈職場体験活動を通して働く人の思いに触れて自分の勤労観・職業感を高めること，〉(　エ　)に関する自分自身の意思決定の過程において，他者や教師との対話を通して自己の考えを発展させることなど，様々な関わりを通して感性を豊かにし〈感性や思考力，実践力を豊かにし〉，よりよい(　オ　)や意思決定ができるような資質・能力を育成する〈になる〉ことも，特別活動における対話的な学びとして重要である。

※　　　　の表記は小学校学習指導要領
※〈　　〉の表記は中学校学習指導要領

	ア	イ	ウ	エ	オ
①	同一集団	分かり合う	自己効力感	自己実現	合意形成
②	同一集団	協働する	自己肯定感	キャリア形成	合意形成
③	同一集団	協働する	自己効力感	キャリア形成	人間関係形成
④	同年齢	分かり合う	自己肯定感	自己実現	人間関係形成
⑤	同年齢	協働する	自己効力感	自己実現	合意形成

(☆☆☆◎◎◎)

【5】次の文は，小学校〈中学校〉学習指導要領解説総合的な学習の時間編(平成29年文部科学省)「第6章　総合的な学習の時間の年間指導計画及び単元計画の作成」「第2節　年間指導計画の作成」の一部を抜粋したものである。文中の(　ア　)～(　オ　)に当てはまる語句の正しい組合せを選びなさい。

> 総合的な学習の時間を効果的に実践するには，保護者や地域の人，専門家などの多様な人々の協力，社会教育施設や社会教育団体等の施設・設備など，様々な教育資源を活用することが大切である。このことは，第3の2の(6)〈(7)〉に示した通り〈とおり〉である。年間指導計画の中に児童〈生徒〉の学習感動を支援してくれる(　ア　)を想定し，学習活動の深まり具合に合わせていつでも連携・協力を求められるよう日ごろ〈頃〉から(　イ　)をしておくことが望まれる。学校外の教育資源の活用は，この時間の学習活動を一層充実したものにしてくれるからである。
>
> また，総合的な学習の時間の年間指導計画の中に，幼稚園や〈，認定こども園,〉保育所，中〈小〉学校や〈高等学校,〉特別支援学校等との連携や，幼児・児童・生徒が直接的な交流を行う単元を構成することも考えられる。異校種との連携や交流活動を行う際には，児童〈生徒〉にとって交流を行う(　ウ　)があること，交流を行う相手にも教育的な価値のある互恵的な関係であること，などに十分配慮しなければならない。教師，保育者が互いに目的をもって(　エ　)に進めることが大切である。
>
> なお，学校外の多様な人々の協力を得たり，異校種との連携や交流活動を位置付けたりして学習活動を充実させるには，(　オ　)を行うことが不可欠である。そのための適切な時間や機会の確保は，充実した学習活動を実施する上で配慮すべき事項である。

※ 〰〰〰 の表記は小学校学習指導要領
※〈　　〉の表記は中学校学習指導要領

	ア	イ	ウ	エ	オ
①	地域の人材	関係づくり	必要感や必然性	協働的	綿密な打合せ
②	地域の人材	情報提供	目的や内容	協働的	綿密な打合せ
③	団体や個人	関係づくり	必要感や必然性	計画的・組織的	綿密な打合せ
④	団体や個人	情報提供	必要感や必然性	計画的・組織的	連絡・調整
⑤	地域の人材	情報提供	目的や内容	計画的・組織的	連絡・調整

(☆☆☆◎◎◎)

【高等学校】

【1】次の文は，高等学校学習指導要領(平成30年3月告示)「第1章　総則」「第2款　教育課程の編成」「2　教科等横断的な視点に立った資質・能力の育成」を抜粋したものである。文中の(　ア　)～(　エ　)に当てはまる語句の正しい組合せを選びなさい。

(1)　各学校においては，生徒の発達の段階を考慮し，言語能力，(　ア　)能力(情報モラルを含む。)，(　イ　)能力等の学習の基盤となる資質・能力を育成していくことができるよう，各教科・科目等の特質を生かし，教科等横断的な視点から教育課程の編成を図るものとする。

(2)　各学校においては，生徒や学校，地域の実態及び生徒の発達の段階を考慮し，(　ウ　)の実現や災害等を乗り越えて(　エ　)を形成することに向けた現代的な諸課題に対応して求められる資質・能力を，教科等横断的な視点で育成していくことができるよう，各学校の特色を生かした教育課程の編成を図るものとする。

	ア	イ	ウ	エ
①	情報処理	問題発見・解決	自己の目標	次代の社会
②	情報処理	コミュニケーション	豊かな人生	将来の自己
③	情報活用	問題発見・解決	豊かな人生	次代の社会
④	情報活用	コミュニケーション	自己の目標	将来の自己
⑤	情報処理	コミュニケーション	豊かな人生	次代の社会

(☆☆☆◎◎◎)

【2】次の文は・高等学校学習指導要領(平成30年3月告示)「第4章　総合的な探究の時間」「第2　各学校において定める目標及び内容」の一部を抜粋したものである。文中の(　ア　)～(　エ　)に当てはまる語句の正しい組合せを選びなさい。

> 3　各学校において定める目標及び内容の取扱い
> (略)
> (3)　各学校において定める目標及び内容については，(　ア　)との関わりを重視すること。
> (4)　各学校において定める内容については，目標を実現するにふさわしい探究課題，探究課題の解決を通して育成を目指す具体的な(　イ　)を示すこと。
> (5)　目標を実現するにふさわしい探究課題については，地域や学校の(　ウ　)，生徒の特性等に応じて，例えば，国際理解，情報，環境，福祉・健康などの現代的な諸課題に対応する横断的・総合的な課題，地域や学校の特色に応じた課題，生徒の(　エ　)に基づく課題，職業や自己の進路に関する課題などを踏まえて設定すること。

	ア	イ	ウ	エ
①	外部機関	方針	実態	興味・関心
②	外部機関	資質・能力	教育資源	問題意識
③	地域や社会	資質・能力	教育資源	興味・関心
④	地域や社会	方針	教育資源	問題意識
⑤	地域や社会	資質・能力	実態	興味・関心

(☆☆☆◎◎◎)

【3】次の文は，高等学校学習指導要領(平成30年3月告示)「第5章　特別活動」「第3　指導計画の作成と内容の取扱い」の一部を抜粋したものである。文中の(　ア　)～(　オ　)に当てはまる語句の正しい組合せを選びなさい。

1　指導計画の作成に当たっては，次の事項に配慮するものとする。

(略)

(3)　ホームルーム活動における生徒の自発的，自治的な活動を中心として，各活動と学校行事を相互に関連付けながら，個々の生徒についての理解を深め，教師と生徒，生徒相互の信頼関係を育み，ホームルーム経営の充実を図ること。その際，特に，(　ア　)の未然防止等を含めた生徒指導との関連を図るようにすること。

(4)　障害のある生徒などについては，学習活動を行う場合に生じる(　イ　)に応じた指導内容や指導方法の工夫を計画的，組織的に行うこと。

(略)

2　内容の取扱いに当たっては，次の事項に配慮するものとする。

(略)

(3)　学校生活への適応や人間関係の形成，教科・科目や進路の選択などについては，主に集団の場面で必要な指導や援助を行うガイダンスと，個々の生徒の多様な実態を踏まえ，一人一人が抱える課題に個別に対応した指導を行うカウンセリング(教育相談を含む。)の双方の趣旨を踏まえて指導を行うこと。特に(　ウ　)においては，個々の生徒が学校生活に適応するとともに，希望や目標をもって生活をできるよう工夫すること。あわせて，(　エ　)との連絡を密にすること。

(4)　(　オ　)による交流を重視するとともに，幼児，高齢者，障害のある人々などとの交流や対話，障害のある幼児児童生徒との交流及び共同学習の機会を通して，協働することや，他者の役に立ったり社会に貢献したりすることの喜びを得られる活動を充実すること。

	ア	イ	ウ	エ	オ
①	いじめ	個人差	進級時	生徒の家庭	学年全体
②	いじめ	困難さ	入学当初	生徒の家庭	異年齢集団
③	問題行動	個人差	進級時	中学校	学年全体
④	いじめ	困難さ	入学当初	中学校	学年全体
⑤	問題行動	困難さ	進級時	生徒の家庭	異年齢集団

(☆☆☆◎◎◎)

【4】次の文は,「今後の学校におけるキャリア教育・職業教育の在り方について(答申)」(平成23年1月中央教育審議会)「第1章　キャリア教育・職業教育の課題と基本的方向性」「1. キャリア教育・職業教育の内容と課題」の一部を抜粋したものである。文中の(　ア　)~(　エ　)に当てはまる語句の正しい組合せを選びなさい。

○　人は,専門性を身に付け,仕事を持つことによって,社会とかかわり,社会的な責任を果たし,(　ア　)を維持するとともに,自らの(　イ　)を発揮し,誇りを持ち,自己を実現することができる。(略)

○　職業教育を考える際に留意しなければならないことは,専門的な知識・技能の育成は学校教育のみで完成するものではなく,(　ウ　)の観点を踏まえた教育の在り方を考える必要があるということである。(略)

○　また,社会が大さく変化する時代においては,特定の専門的な知識・技能の育成とともに,多様な職業に対応し得る,社会的・(　エ　)自立に向けて必要な基盤となる能力や態度の育成も重要である。(略)

	ア	イ	ウ	エ
①	生計	才能	生涯教育	職業的
②	家計	才能	生涯学習	経済的
③	生計	個性	生涯学習	職業的
④	家計	個性	生涯教育	経済的
⑤	生計	個性	生涯教育	経済的

(☆☆☆◎◎◎)

【5】次の文は，「生徒指導提要」(平成22年文部科学省)「第3章　児童生徒の心理と児童生徒理解」「第1節　児童生徒理解の基本」の一部を抜粋したものである。文中の(　ア　)～(　オ　)に当てはまる語句の正しい組合せを選びなさい。

> 生徒指導は，既に明らかにしてきたように，一人一人の児童生徒の健全な成長を促し，児童生徒自ら現在及び将来における(　ア　)を図っていくための(　イ　)の育成を目指すものです。これは児童生徒の(　ウ　)を尊重し，個性の伸長を図りながら，(　エ　)や行動力を高めるように指導，援助するものでなければなりません。
> 実際の指導においては複数の児童生徒や集団を対象にすることも多いのですが，最終のねらいはそこに含まれる個人の育成にあります。また実際の指導では問題行動などに直接対応する指導が多いのですが，最終のねらいは(　オ　)にあります。

	ア	イ	ウ	エ	オ
①	自己理解	自己管理能力	価値観	社会的資質	知性の段階的形成
②	自己理解	自己指導能力	価値観	判断力	人格の発達的形成
③	自己実現	自己指導能力	人格	社会的資質	人格の発達的形成
④	自己実現	自己管理能力	価値観	判断力	知性の段階的形成
⑤	自己実現	自己管理能力	人格	判断力	人格の発達的形成

(☆☆☆◎◎◎)

解答・解説

【共通問題】

【1】④

〈解説〉アの「夜郎」とは，漢代に中国南西にいた民族の一つ。夜郎の王が漢の巨大さを知らず使者と接したことが「夜郎自大」の語源と言われている。イの「兵」は兵士ではなく「武器」を意味し，「短兵」で刀剣類をはじめとする長さが短い武器を意味する。オの「百家争鳴」は，中国の春秋戦国時代に多くの思想家が様々な主張を唱えたことから来たといわれる。

【2】⑤

〈解説〉「琴線に触れる」は，よいものや素晴らしいものに触れて感動すること。目上に当たる人を激しく怒らせることを意味するのは「逆鱗に触れる」である。

【3】③

〈解説〉白玉1個，赤玉3個，青玉4個を輪に並べる並び方は，白玉を固定して考えると，$\frac{7!}{3!4!}=35$〔通り〕。このうち，対称に並ぶ並び方は，白玉と赤玉が向かい合う並び方だから，$\frac{3!}{2!}=3$〔通り〕…①
これより，非対称に並ぶ並び方は，$35-3=32$〔通り〕。非対称に並ぶ並び方のうち，裏返すと同じになる並び方を考慮すると，結局，非対称に並ぶ並び方は，$\frac{32}{2}=16$〔通り〕…②　①，②より完成する輪の玉の並び方は$3+16=19$〔通り〕ある。

【4】⑤

〈解説〉(1)　イギリスでは，野党第一党が内閣を構成する大臣に対応した大臣候補を決めて組織する。これをシャドーキャビネット(影の内閣)という。シャドーキャビネットは与党の政策に責任ある批判を行い，政権交代に備え政策の協議を進めている。　(2)　アメリカ大統領は，教書による議会への立法措置勧告，法案・議会の決議に対する成立拒否権を持つ。　(3)　フランスでは，大統領と首相の二元代表制がとられ，議院内閣制と大統領制を折衷した制度がとられている。これを半大統領制という。　(4)　全国人民代表大会は憲法改正，憲法の施行の監督，刑事法・民事法・国家機構及びその他の基本的法律の制定，中華人民共和国主席・副主席の選出および罷免などの機能がある中国最高の権力機関である。

【5】④

〈解説〉太陽系の惑星は，太陽から近い順に水星，金星，地球，火星，木星，土星，天王星，海王星である。地球の内側を公転するのは地球より太陽から近い惑星なので，水星と金星が該当する。

【6】④

〈解説〉ア　直後の回答で，ボランティア活動をしていたと答えていることから，休日をどう過ごしたかを尋ねるcが適切である。 イ　ボランティア活動の内容を聞かれているので，bの「カナダからの3人の旅行者のガイドをしました」が適切である。 ウ　旅行者を連れて行った場所の選択について，肯定的な意見をもらえたところなので，bが適切である。 エ　日本の食べ物が食べたいと言われたことを受けているので，aの和食のレストランへ行った，が適切である。

【7】⑤

〈解説〉(1)は第16条，(2)は第19条，(3)は憲法第29条第2項，(4)は第97条である。基本的人権については第97条のほか，第11～12条でも示されており，エの誤肢「不断」は第12条にある語であり，混同しやすいと思われるので注意したい。

【8】②

〈解説〉本資料では「令和の日本型学校教育」を踏まえ,「学校」という場がどのような機能を果たすかについてまとめられたもの。もともと学校には「学習機会と学力を保障する」だけでなく,「児童生徒にとって安全・安心な居場所を提供するという福祉的機能」「児童生徒の社会性・人間性を育む社会的機能」を有する場として認識されていたが,学びが多様化する中で,子供たちがともに集い,学び,遊び,生活する学校施設という実空間の価値を捉え直す必要があるとしている。学校という「施設」が抱える諸問題や現代教育で求められるもの等を踏まえて,学習するとよいだろう。

【9】④

〈解説〉問題にある「G7富山物質循環フレームワーク」とは,今後人口増加に伴う資源の消費増加と廃棄物の発生増加が予想されることを踏まえ,3Rのさらなる推進や資源の効率的な使用等を示したもの。G7の共通ビジョンの一つに「我々の共通の目標は,関連する概念やアプローチを尊重しつつ,地球の環境容量内に収まるように天然資源の消費を削減し,再生材や再生可能資源の利用を促進することにより,ライフサイクル全体にわたりストック資源を含む資源が効率的かつ持続的に使われる社会を実現すること」があげられる。

【10】⑤

〈解説〉第3条は基本理念,第11条は学校における消費者教育の推進,第18条は情報の収集及び提供等を定めている。本法成立前の消費者教育は被害の未然防止,実際に被害にあったときの対応が中心であったが,消費者教育は社会,経済,環境といった幅広い視点から考える必要性が唱えられてきた。そこで,購入だけでなく,使用,廃棄,再生といった社会的な面も含めて消費者教育を組織的に行うという観点から整備されたのが本法である。福岡県では消費に関する法律からの出題が続いているため,ぜひおさえておきたい。

【11】⑤
〈解説〉オの普通教育とは「全国民に共通の一般的・基礎的な，職業的・専門的でない教育」であり，義務教育は教育基本法や学校教育法などで保護者に課せられている期間内における普通教育のことを指す。使い分けに注意したい。

【12】③
〈解説〉司書教諭とは，学校図書館資料の選択・収集・提供や子どもの読書活動に対する指導，学校図書館の利用指導計画を立案し実施の中心となるなど，学校図書館の運営・活用について中心的な役割を担う教諭のことである。なお，事務職員として採用されたものが学校図書館に勤務する場合は「学校司書」と呼ばれる。司書教諭は小学校等の教諭の免許状を取得するとともに，所定の機関で司書教諭講習を受講し，司書教諭の資格を取得したものがなることができる。

【13】③
〈解説〉ア　問題文の「承認への要求が現れる」が「他者承認」のことである。「それらの要求がかなり充足されるならば」とあるので，要求の階層性の最上位に位置する自己実現の要求が該当する。　イ　問題文の「教材が有効に機能する(受容される)のはそれが子どもの既存の認知構造に関連する(有意味な)時である」とは，「新聞記事のリードのような，学習材料を包括的に示す情報を先に提示すると既存の知識が活性化され，学習が容易になる」ということである。学習材料に先行して提示され，既存の知識をオーガナイズするという意味で，「中心となる概念」を「先行オーガナイザー」という。　ウ　ヴィゴツキーは，学習を行うための心のはたらき(認知機能)について，学習者と周囲の大人等の他者とのかかわりに注目した。学習者がひとりだけで取り組んだ時と他者と一緒に取り組んだ時に達成できるレベルの差を「最近接領域」と称した。なお，環境優位は，レディネスは環境によって優位に準備されるという考え方である。　エ　なお，モデリング

は，自分自身の経験ではなく，他者の行動とその結果(他者の経験)を観察する，つまり他者をモデルとすることで，自分自身の行動変容が起きるという学習である。

【14】②
〈解説〉アは「増加の一途を辿っており」，イは「学習環境の確保を図る」，オは「個々の状況に応じた」が正しい。なお，「アウトリーチ型支援」とは「積極的に対象者の居る場所に出向いて働きかけて支援を行う」ことである。

【15】④
〈解説〉いじめに関して，まず，対処はいじめを受けていると「思われる」段階で行うこと，つまり児童虐待と同様，早期発見・早期対応を原則とすることをおさえておきたい。早期発見対策としては，「定期的な調査」をすることとしており(いじめ防止対策推進法第16条第1項)，一般的な方法としてはアンケート調査があげられている。

【16】①
〈解説〉アは「人格の形成」，オは「学校医や学校歯科医」が正しい。なお，令和3年度における児童相談所での児童虐待相談対応件数をみると，件数は年々増加していること，最も多いのは心理的虐待であり，身体的虐待，ネグレクト，性的虐待と続くことはおさえておきたい。それぞれの具体例なども学習しておくとよいだろう。

【17】②
〈解説〉わが国の特別支援教育は「障害者の権利に関する条約」に基づくものであり，共生社会の形成を目的として，インクルーシブ教育が行われるというものである。「共生社会」とはこれまで必ずしも十分に社会参加できるような環境になかった障害者等が，積極的に参加・貢献していくことができる社会であり，誰もが相互に人格と個性を尊重

し支え合い，人々の多様な在り方を相互に認め合える全員参加型の社会としている。したがって，共生社会とインクルーシブ教育はセットで学習するとよいだろう。

【18】④

〈解説〉アは「日常生活全般」，ウは「カリキュラム・マネジメント」が正しい。なお，「カリキュラム・マネジメント」とは「学校教育に関わる様々な取組を，教育課程を中心に据えながら組織的かつ計画的に実施し，教育活動の質の向上につなげていくこと」であり，カリキュラム・マネジメントを実現することで学校教育の改善・充実の好循環を実現しようとするものである。

【19】③

〈解説〉部落差別(同和問題)は日本の歴史的過程で作られた身分差別を引きずり，かつて低い身分の家だった人を，今でも経済的，社会的，文化的に低くみること。当然，日本国憲法の法の下の平等などに抵触するため禁じられているが，一部の地方では根強く残っているといわれる。なお，「人権教育の指導方法等の在り方について[第三次とりまとめ]」については，2021年3月に補足資料が公表されているので，こちらも学習しておくこと。

【20】④

〈解説〉「福岡県部落差別の解消の推進に関する条例」は，部落差別の解消の推進に関する法律第3条第2項を踏まえ，1995年制定の「福岡県部落差別事象の発生の防止に関する条例」を改正したもの。部落差別の解消の推進に関する法律に定められた基本理念や相談体制の充実，教育・啓発の推進などの規定を新たに加えたものである。福岡県では人権問題を条例等から出題することが多いので，必ず学習しておくこと。

【中学校・養護・栄養】

【1】②

〈解説〉本資料では指導方法の工夫の具体例として,「教材を提示する工夫」「発問の工夫」「話合いの工夫」「書く活動の工夫」「動作化,役割演技等の表現活動の工夫」「板書を生かす工夫」「説話の工夫」をあげ,ポイントなどを示している。

【2】⑤

〈解説〉9年間を見通した義務教育については,教育基本法改正により義務教育の目的が定められたこと,続く学校教育法改正により小・中学校共通の目標として義務教育の目標規定が新設されたこと,さらに小中一貫教育制度が整備され,各地域において小中一貫教育の取組みが進展しつつあること等が背景としてあげられる。新学習指導要領の着実な実施による義務教育の目的・目標を達成する観点から,小学校と中学校を分断するのではなく,9年間を通した教育課程,指導体制,教師の養成等の在り方について一体的に検討を進める必要がある,としている。

【3】③

〈解説〉本資料では校則の教育意義について,「児童生徒が心身の発達の過程にあること,学校が集団生活の場であること等から,学校には一定のきまりが必要」「学校教育において,社会規範の遵守について適切な指導を行うことは極めて重要」としている。なお,校則の制定権は学校運営の責任者である校長にあるとされており,「学校が教育目的を達成するために必要かつ合理的範囲内において校則を制定し,児童生徒の行動などに一定の制限を課することができ」るとしている。

【4】②

〈解説〉今回の学習指導要領改訂では「学習の質を一層高める授業改善の取組を活性化していくことが必要」としており,そのため「主体的・

対話的で深い学び」の実現に向けた授業改善(アクティブ・ラーニングの視点に立った授業改善)の推進を重視している。具体例として「主体的」については授業の導入における「課題設定」「見通し」と終末における「振り返り」を改善すること，「対話的」については異なる多様な他者との「学び合い」を重視すること，「深い学び」については，学習のプロセス」を意識すること，があげられる。

【5】③

〈解説〉総合的な学習の時間を効果的に実践するには外部の教育資源を有効に活用することが不可欠である。そのためには，校内に外部連携を効率的・継続的に行うためのシステムが必要であり，具体策について小学校学習指導要領解説総合的な学習の時間編では日常的な関わり，担当者や組織の設置，外部教育資源のリスト化，適切な打合わせ，学習成果の発信等が示されている。

【高等学校】

【1】③

〈解説〉ここでは頻出である「情報モラル」についてもおさえておきたい。学習指導要領解説総則編では「『情報社会で適正な活動を行うための基になる考え方と態度』であり，具体的には，他者への影響を考え，人権，知的財産権など自他の権利を尊重し情報社会での行動に責任をもつことや，犯罪被害含む危険の回避など情報を正しく安全に利用できること，コンピュータなどの情報機器の使用による健康との関わりを理解することなどである」としている。

【2】⑤

〈解説〉総合的な探究の時間では各学校で目標・学習内容を決定できるが，ある程度の方向性が学習指導要領などで示されている。目標については，①「探究の見方・考え方を働かせ，横断的・総合的な学習を行うことを通して」，「自己の在り方生き方を考えながら，よりよく課題を発見し解決していくための資質・能力を育成することを目指す」という，目標に示された2つの基本的な考え方を踏まえること。②育成を目指す資質・能力については，育成すべき資質・能力の3つの柱である「知識及び技能」「思考力，判断力，表現力等」「学びに向かう力，人間性等」の3つのそれぞれについて，第1の目標の趣旨を踏まえること，が求められている。

【3】②

〈解説〉ここでは，特にガイダンスとカウンセリングについて注意したい。学習指導要領解説特別活動編では「あらかじめ適切な時期・場面において，主に集団の場面で，必要とされる同質的な指導を，全員に行うガイダンスと，個々の生徒が抱える課題に対して，その課題を受け止めながら，主に個別指導により，個々の生徒の必要度に応じて行うカウンセリングを，それぞれ充実させていくという視点が必要である。ガイダンスとカウンセリングは，課題解決のための指導の両輪である。教師には，特別活動のいずれの内容においても双方の趣旨を踏まえて指導を行うことが求められる。」としている。

【4】③

〈解説〉まず，キャリア教育と職業教育の使い分けに注意したい。キャリア教育とは「一人一人の社会的・職業的自立に向け，必要な基盤となる能力や態度を育てることを通して，キャリア発達を促す教育」で，職業教育は「一定又は特定の職業に従事するために必要な知識，技能，能力や態度を育てる教育」と定義している。つまり，職業教育はキャリア教育の一部にすぎないといえる。当然，学校における職業教育だけで専門的な知識・技能をすべて習得することは難しく，実習などを踏まえ，徐々に身につけるという意識も求められるだろう。

【5】③
〈解説〉本資料では問題文の内容を受け，教員に求められるものとして「一人一人の児童生徒をどのように理解し，指導に当たるか」「一人一人を理解する上で，特に欠かすことのできない人格の発達についての一般的な傾向とその特徴についての客観的・専門的な知識を持つこと」の2つをあげている。特に前者は生徒指導において重要とされている児童生徒理解であり，本資料では「児童生徒の持つそれぞれの特徴や傾向をよく理解し，把握すること」としている。

2022年度　実施問題

【共通問題】

【1】次のア～オの四字熟語の意味を選んだとき，正しい組合せを選びなさい。

ア　緊褌一番
a　あることをきっかけに気持ちを入れ替えること。
b　意気込みが盛んで，元気に満ちあふれていること。
c　気持ちを引き締めて，固い決意で事に当たること。

イ　行雲流水
a　物事に執着せず，自然の成り行きに任せること。
b　事が多くて，真実をつかむのが困難であること。
c　落ち着いていて，何に対しても動じないこと。

ウ　首鼠両端
a　どっちつかずで，決心がつかない状態のこと。
b　二つのものの間が，非常に近い状態のこと。
c　始めから終わりまで，変わらない状態のこと。

エ　韋編三絶
a　みんな同じで面白みがないこと。
b　書物を繰り返し熟読すること。
c　息も絶え絶えで苦しそうなこと。

オ　千載一遇
a　多くの人が一度に同じ場所に集まってくる状態のこと。
b　複数の人が最後まで行動や運命を共にする状態のこと。
c　千年に一度出会うほどのめったにない良い機会のこと。

	ア	イ	ウ	エ	オ
①	c	b	c	c	b
②	a	a	c	b	c
③	b	c	b	a	a
④	a	b	a	c	a
⑤	c	a	a	b	c

(☆☆☆◎◎◎◎◎)

【2】次のことわざ・慣用句とその意味の組合せとして，誤っているものを選びなさい。

	ことわざ・慣用句	意味
①	他山の石	自分を磨く助けとなる，他人の良くない言行や出来事。
②	河童の川流れ	名人や上手な人であっても，失敗を招くことがあること。
③	雨垂れ石をうがつ	小さな力でも根気よく続ければ，いつか必ず成功すること。
④	柳に雪折れなし	柔軟なものは，強剛なものよりもかえってよく事に耐えること。
⑤	気が置けない	気を許せず，油断ができないということ。

(☆☆☆◎◎◎◎◎)

【3】1日目は100円，2日目は200円，3日目は400円というように，前日の2倍の金額を全て貯金する。このとき，10日目に貯金する金額と10日目までの貯金総額の正しい組合せを選びなさい。

	10日目に貯金する金額	10日目までの貯金総額
①	51,200円	51,100円
②	51,200円	102,300円
③	51,200円	204,700円
④	102,400円	102,300円
⑤	102,400円	204,700円

(☆☆☆◎◎◎)

【4】次の(1)～(4)の各文は，現代経済のしくみと特質に関するものである。文中の(　ア　)～(　エ　)に当てはまる語句の正しい組合せを選びなさい。

(1) 景気の刺激のために拡張的財政政策と金融緩和を同時におこなうように，政策目標実現のために複数の政策手段を同時に用いることを(　ア　)という。

(2) 需要量と供給量が一致したときの価格を均衡価格といい，そのときの取り引き量を均衡取り引き量というが，このように価格の変化により市場における需要量と供給量が調整されていくことを，(　イ　)という。

(3) 規模の大きい企業ほど，財1単位あたりの生産費を低く抑えること(コストダウン)が可能となり，利潤が増大する。これを(　ウ　)という。

(4) 企業を，出資者や経営者だけでなくそこではたらく従業員をはじめ，消費者や地域住民など，直接間接に関わりのあるすべての利害関係者にとって意義ある存在とするために，企業の責任や義務のあり方，すなわち(　エ　)を問う声が高まっている。

	ア	イ	ウ	エ
①	量的緩和政策	価格の自動調節作用	価格の下方硬直性	企業の社会的責任
②	ポリシー・ミックス	資源配分の調整	価格の下方硬直性	コンプライアンス
③	ポリシー・ミックス	資源配分の調整	価格の下方硬直性	企業の社会的責任
④	量的緩和政策	資源配分の調整	規模の利益	コンプライアンス
⑤	ポリシー・ミックス	価格の自動調節作用	規模の利益	企業の社会的責任

(☆☆☆◎◎◎)

【5】次の①～⑤のうち，混合物を選びなさい。

①	塩素
②	空気
③	水
④	アンモニア
⑤	炭酸水素ナトリウム

(☆☆☆◎◎◎)

【6】次の対話文は，ある店でのA(店員)とB(客)の会話である。文中の(　ア　)～(　エ　)に入る適当なものをそれぞれa～cから選んだとき，

正しい組合せを選びなさい。

A : (　ア　)?

B : I'm looking for a computer bag.

A : Do you have any ideas about material?

B : Yes, I want one made of soft material, not metal.

A : I see. How about color?

B : Bright color is better. (　イ　), red and yellow.

A : We have these three. They are made of cloth but very tough.

B : (　ウ　). Let me see this orange one.

A : Of course. Here you are.

B : This is not bad. (　エ　)?

A : It's thirty dollars.

B : Wow, what a reasonable price! I'll take it.

ア	a. Do you have a computer b. May I help you c. What is your favorite
イ	a. By contrast b. Instead of it c. For example
ウ	a. It looks easy b. It sounds good c. It seems dangerous
エ	a. How many bags do you have b. How long is it c. How much is it

	ア	イ	ウ	エ
①	a	c	c	c
②	a	b	b	a
③	b	c	b	c
④	c	a	c	a
⑤	b	a	a	b

(☆☆☆◎◎◎◎◎)

【7】次の(1)～(4)の各文は，「日本国憲法」の条文の一部を抜粋したものである。文中の(　ア　)～(　オ　)に当てはまる語句の正しい組合せを選びなさい。

(1)　公務員を選定し，及びこれを(　ア　)することは，国民固有の権利である。
(2)　(　イ　)の自由は，これを保障する。
(3)　すべて国民は，(　ウ　)の定めるところにより，その能力に応じて，ひとしく教育を受ける権利を有する。
(4)　公金その他の公の(　エ　)は，宗教上の組織若しくは団体の使用，便益若しくは維持のため，又は公の(　オ　)に属しない慈善，教育若しくは博愛の事業に対し，これを支出し，又はその利用に供してはならない。

	ア	イ	ウ	エ	オ
①	罷免	学習	法律	財産	管理
②	弾劾	学習	憲法	資産	支配
③	罷免	学問	法律	財産	支配
④	弾劾	学問	憲法	資産	管理
⑤	罷免	学問	憲法	財産	管理

(☆☆☆◎◎◎)

【8】次の文は，「子供たち一人ひとりに個別最適化され，創造性を育む教育ICT環境の実現に向けて～令和時代のスタンダードとしての1人1台端末環境～」(令和元年12月19日文部科学大臣)の一部を抜粋したものである。文中の(　ア　)～(　オ　)に当てはまる語句の正しい組合せを選びなさい。

忘れてはならないことは，ICT環境の整備は(　ア　)であり(　イ　)ではないということです。子供たちが変化を前向きに受け止め，豊かな創造性を備え，(　ウ　)な社会の創り手として，予測不可能な未来社会を自立的に生き，社会の形成に参画するための資質・能力を一層確実に育成していくことが必要です。その際，子供たちがICTを適切・安全に使いこなすことができるよう(　エ　)などの(　オ　)を育成していくことも重要です。

	ア	イ	ウ	エ	オ
①	手段	目的	持続可能	情報技術	情報活用能力
②	手段	目的	主体的	ネットリテラシー	情報分析能力
③	目的	手段	主体的	情報技術	情報活用能力
④	目的	手段	持続可能	ネットリテラシー	情報分析能力
⑤	手段	目的	持続可能	ネットリテラシー	情報活用能力

(☆☆☆◎◎◎)

【9】次の文は，「令和2年版　環境白書・循環型社会白書・生物多様性白書」(環境省)「第1部　総合的な施策等に関する報告」「第2章　政府・自治体・企業等による社会変革に向けた取組」の一部を抜粋したものである。文中の(　ア　)～(　エ　)に当てはまる語句の正しい組合せを選びなさい。ただし，同じ記号には同じ語句が入る。

(　ア　)が進行することによって気象災害の発生のリスクが高まると予想され，既存の想定を上回る気象災害等が発生し，従来の対策が通用しなくなる深刻な問題も生じるおそれがあり，気候変動対策を強化していくことが急務です。今後は新たに，災害の多い我が国の知見を活かしつつ，気候変動という要素を防災に取り入れた「気候変動×防災」の視点に立った(　イ　)が求められます。また，近年急速に発展している(　ウ　)といった情報通信技術を気候変動対策に取り入れていくことで，より効果的な対策を行っていくことも重要です。気候変動×デジタルといった掛け合わせを行うことで先駆的な気候変動対策を進めることでの(　イ　)も期待できます。
(略)
　気候変動対策への各主体の取組に加え，相互に関連する経済・社会の問題を統合的に解決し，地域の人々の安全で豊かな暮らしを実現できるような自立・分散型の地域社会づくりが重要になります。そこで，気候変動等の環境問題に立ち向かい得る地域社会をつくっていくため，我が国発の脱炭素化・SDGs構想である「(　エ　)」の実現が必要です。

	ア	イ	ウ	エ
①	環境破壊	技術革新	ICT	地域循環共生圏
②	地球温暖化	社会変革	ICT	地域共生社会
③	地球温暖化	社会変革	AI・IoT	地域循環共生圏
④	地球温暖化	技術革新	ICT	地域循環共生圏
⑤	環境破壊	社会変革	AI・IoT	地域共生社会

(☆☆☆◎◎◎◎)

【10】次の文は，「消費者契約法」(平成12年法律第61号)の条文の一部を抜粋したものである。文中の(　ア　)～(　エ　)に当てはまる語句の正しい組合せを選びなさい。

(目的)
第1条　この法律は，消費者と事業者との間の情報の質及び量並びに交渉力の格差に鑑み，事業者の一定の行為により消費者が誤認し，又は困惑した場合等について契約の申込み又はその承諾の(　ア　)を取り消すことができることとするとともに，事業者の損害賠償の責任を免除する条項その他の消費者の利益を不当に害することとなる条項の全部又は一部を無効とするほか，消費者の被害の発生又は拡大を防止するため適格消費者団体が事業者等に対し差止請求をすることができることとすることにより，消費者の利益の擁護を図り，もって国民生活の安定向上と(　イ　)の健全な発展に寄与することを目的とする。

(略)

(事業者及び消費者の努力)

第3条　事業者は，次に掲げる措置を講ずるよう努めなければならない。

一　消費者契約の条項を定めるに当たっては，消費者の権利義務その他の消費者契約の内容が，その解釈について疑義が生じない(　ウ　)なもので，かつ，消費者にとって平易なものになるよう配慮すること。

二　消費者契約の締結について勧誘をするに際しては，消費者の理解を深めるために，物品，権利，役務その他の消費者契約の目的となるものの性質に応じ，個々の消費者の知識及び(　エ　)を考慮した上で，消費者の権利義務その他の消費者契約の内容についての必要な情報を提供すること。

	ア	イ	ウ	エ
①	意思表示	日本経済	的確	体験
②	意思表示	国民経済	明確	経験
③	意思表示	日本経済	明確	体験
④	意思決定	国民経済	的確	経験
⑤	意思決定	日本経済	明確	体験

(☆☆☆◎◎◎◎)

【11】次の文は，「教育基本法」(平成18年法律第120号)の条文の一部を抜粋したものである。文中の(　ア　)～(　オ　)に当てはまる語句の正しい組合せを選びなさい。

第1条
　教育は，人格の完成を目指し，平和で(　ア　)な国家及び社会の形成者として必要な資質を備えた心身ともに健康な国民の育成を期して行われなければならない。
(略)
第6条
　法律に定める学校は，(　イ　)を有するものであって，国，地方公共団体及び法律に定める法人のみが，これを設置することができる。
2　前項の学校においては，教育の目標が達成されるよう，教育を受ける者の(　ウ　)に応じて，体系的な教育が(　エ　)に行われなければならない。この場合において，教育を受ける者が，学校生活を営む上で必要な(　オ　)を重んずるとともに，自ら進んで学習に取り組む意欲を高めることを重視して行われなければならない。

	ア	イ	ウ	エ	オ
①	民主的	公の性質	心身の発達	日常的	規律
②	安全	公の価値	能力の伸長	日常的	規範
③	民主的	公の性質	心身の発達	組織的	規律
④	民主的	公の価値	能力の伸長	日常的	規範
⑤	安全	公の性質	能力の伸長	組織的	規範

(☆☆☆◎◎◎◎)

【12】次の(1)～(5)の各文は，法律の条文の一部を抜粋したものである。文中の(　ア　)～(　オ　)に当てはまる語句の正しい組合せを選びなさい。

(1)　すべて職員は，全体の奉仕者として(　ア　)の利益のために勤務し，且つ，職務の遂行に当つては，全力を挙げてこれに専念しなければならない。【地方公務員法第30条】

(2)　職員は，その職の(　イ　)を傷つけ，又は職員の職全体の不名誉となるような行為をしてはならない。

【地方公務員法第33条】

(3)　職員は，職務上知り得た(　ウ　)を漏らしてはならない。その職を退いた後も，また，同様とする。

【地方公務員法第34条第1項】

(4)　教育公務員は，その職責を遂行するために，絶えず(　エ　)と修養に努めなければならない。

【教育公務員特例法第21条第1項】

(5)　校長及び教員は，教育上必要があると認めるときは，文部科学大臣の定めるところにより，児童，生徒及び学生に(　オ　)を加えることができる。ただし，体罰を加えることはできない。【学校教育法第11条】

	ア	イ	ウ	エ	オ
①	公共	信用	秘密	研究	懲戒
②	公共	信頼	情報	研究	懲戒
③	社会	信頼	秘密	教育	指導
④	社会	信頼	情報	研究	指導
⑤	社会	信用	秘密	教育	懲戒

(☆☆☆◎◎◎◎)

【13】次の(1)～(4)の各文は，学習の原理について述べたものである。文中の(　ア　)～(　エ　)に当てはまる語句の正しい組合せを選びなさい。

(1)　ホワイト[White,R,W.]は，環境と効果的に相互交渉しようという傾向には，それを達成しようとする内発的動機付けの効果があることを強調した。有機体にとって，自分の活動の結果，環境に効果を生み出すことができたという効力感は，本来的に快であり，この効力感を追求しようとしているうちに次第に技能や活動が熟達していく。この効力感を追求する動機付けを(　ア　)の動機付けと呼んだ。

(2)　ピアジェ[Piaget,J.]は，学習を認識と行為の発達という枠組みの中でとらえ，既存のシェマ(行動様式)を外界に適用することによってそれを変容させ，新しいシェマを作り上げれば，生活体は均衡化のとれた状態になるという均衡化説を唱えている。学習は発達の一部を説明するものであり，(　イ　)の均衡化を通して獲得されるシェマの変容が学習の本質であるとする。

(3)　ケーラー[Köhler,W.]は，「学習は問題場面に含まれている本質的関係を理解し，発見すること，つまり(　ウ　)によって成立する」と主張した。

(4)　トルマン[Tolman,E.C.]は，「問題事態の認知を，学習にとってもっとも必要な条件である」と考える。彼は，学習の目標を「意味体」とよび，それを達成する手段になる対象を「記号」とよび，この両者の間の「手段－目的関係」を(　エ　)とよんで，学習とは，経験を積むことによって，「何をどうすればどうなるか」という形での環境についての認識が獲得されることであると考えている。

	ア	イ	ウ	エ
①	自己実現	記号と形態	偶然的結合	サイン・ゲシュタルト
②	自己実現	記号と形態	洞察	接近連合
③	自己実現	同化と調節	偶然的結合	接近連合
④	コンピテンス	同化と調節	洞察	サイン・ゲシュタルト
⑤	コンピテンス	記号と形態	偶然的結合	サイン・ゲシュタルト

(☆☆◎◎◎)

【14】次の各文は，「児童生徒の自殺予防について(通知)」(令和3年3月1日文部科学省)の内容について述べたものである。正しいものを○，誤っているものを×としたとき，正しい組合せを選びなさい。

ア　近年，自殺者全体の総数は減少傾向にあるものの，令和元年度「児童生徒の問題行動・不登校等生徒指導上の諸課題に関する調査」

によれば，自殺した児童生徒数は高止まりしている状況である。

イ　学校における早期発見に向けた取組として，学級担任のみで児童生徒の心の健康問題に適切に対応することが必要である。

ウ　自殺対策白書(厚生労働省)の資料でも指摘されているとおり，18歳以下の自殺は，学校の長期休業明けにかけて増加する傾向がある。

エ 「24時間子供SOSダイヤル」をはじめとする相談窓口の周知は，児童生徒からの相談があったときにのみ行う。

オ 「困難な事態，強い心理的負担を受けた場合等における対処の仕方を身に付ける等のための教育」を含めた自殺予防教育を実施する。

	ア	イ	ウ	エ	オ
①	×	×	×	○	×
②	○	×	○	×	○
③	○	○	×	×	○
④	○	×	○	○	×
⑤	×	○	×	×	○

(☆☆☆◎◎◎)

【15】次の文は，「学校における携帯電話の取扱い等について(通知)」(令和2年7月31日文部科学省)「4　学校や地域に対する働きかけについて」を抜粋したものである。文中の(　ア　)～(　オ　)に当てはまる語句の正しい組合せを選びなさい。ただし，同じ記号には同じ語句が入る。

「ネット上のいじめ」等は学校外でも行われており，学校だけでなく，家庭や地域における取組も重要である。携帯電話を児童生徒に持たせるかどうかについては，まずは保護者がその(　ア　)や危険性について十分に理解した上で，各家庭において(　イ　)を判断するとともに，携帯電話を持たせる場合には，家庭で携帯電話利用に関する(　ウ　)を行うなど，児童生徒の利用の状況を把握し，学校・家庭・地域が連携し，身近な大人が児童生徒を見守る体制づくりを行う必要があること。

学校及び教育委員会等は，児童生徒を「ネット上のいじめ」や(　エ　)から守るために，引き続き，保護者を始めとする関係者に対し，(　オ　)な説明の機会を捉えて携帯電話等を通じた有害情報の危険性や対応策についての啓発活動を積極的に行い，家庭における携帯電話利用に関する(　ウ　)やフィルタリングの利用促進に努めること。

	ア	イ	ウ	エ	オ
①	重要性	必要性	ルールづくり	トラブル	全体的
②	利便性	購入	ルールづくり	トラブル	効果的
③	利便性	必要性	ルールづくり	犯罪被害	効果的
④	利便性	必要性	日常的な指導	犯罪被害	全体的
⑤	重要性	購入	日常的な指導	トラブル	効果的

(☆☆☆◎◎◎)

【16】次の文は，「いじめの防止等のための基本的な方針」(最終改定　平成29年3月14日文部科学大臣決定)「第1　いじめの防止等のための対策の基本的な方向に関する事項」「7　いじめの防止等に関する基本的考え方」「(1)　いじめの防止」を抜粋したものである。文中の下線部ア～オについて，正しいものを○，誤っているものを×としたとき，正しい組合せを選びなさい。

いじめは，どの子供にも，どの学校でも起こりうることを踏まえ，より根本的ないじめの問題克服のためには，全ての児童生徒を対象としたいじめの未然防止の観点が重要であり，全ての児童生徒を，いじめに向かわせることなく，ア<u>心の通う</u>対人関係を構築できる社会性のある大人へと育み，いじめを生まない土壌をつくるために，関係者が一体となった継続的な取組が必要である。

このため，学校の教育活動全体を通じ，全ての児童生徒に「いじめは決して許されない」ことの理解を促し，児童生徒の豊かなイ情操や道徳心，自分の存在と他人の存在を等しく認め，お互いの人格を尊重し合える態度など，ア心の通う人間関係を構築するウ感性の素地を養うことが必要である。また，いじめの背景にあるストレス等の要因に着目し，その改善を図り，ストレスに適切に対処できる力を育む観点が必要である。加えて，全ての児童生徒が安心でき，自己有用感やエ充実感を感じられる学校生活づくりも未然防止の観点から重要である。

また，これらに加え，あわせて，いじめの問題への取組の重要性についてオ学校関係者に認識を広め，地域，家庭と一体となって取組を推進するための普及啓発が必要である。

	ア	イ	ウ	エ	オ
①	×	○	○	×	×
②	○	○	×	○	×
③	×	×	○	×	○
④	○	○	×	○	○
⑤	○	×	×	×	×

(☆☆☆◎◎◎)

【17】次の文は，「『令和の日本型学校教育』の構築を目指して(答申)」(令和3年1月中央教育審議会)「第Ⅱ部　各論」「4．新時代の特別支援教育の在り方について」の一部を抜粋したものである。文中の(　ア　)～(　エ　)に当てはまる語句の正しい組合せを選びなさい。ただし，同じ記号には同じ語句が入る。

(1)　基本的な考え方

○　特別支援教育は，障害のある子供の自立や社会参加に向けた主体的な取組を支援するという視点に立ち，子供一人一人の(　ア　)を把握し，その持てる力を高め，生活や学習上の困難を改善又は克服するため，適切な指導及び必要な支援を行うものである。また，特別支援教育は，(　イ　)障害のある子供も含めて，障害により特別な支援を必要とする子供が在籍する全ての(　ウ　)において実施されるものである。

(略)

(3)　特別支援教育を担う教師の専門性向上

①　全ての教師に求められる特別支援教育に関する専門性

○　全ての教師には，障害の特性等に関する理解と指導方法を工夫できる力や，個別の教育支援計画・個別の指導計画などの特別支援教育に関する基礎的な知識，(　エ　)に対する理解等が必要である。加えて，障害のある人や子供との触れ合いを通して，障害者が日常生活又は社会生活において受ける制限は障害により起因するものだけでなく，社会における様々な障壁と相対することによって生ずるものという考え方，いわゆる「社会モデル」の考え方を踏まえ，障害による学習上又は生活上の困難について本人の立場に立って捉え，それに対する必要な支援の内容を一緒に考えていくような経験や態度の育成が求められる。また，こうした経験や態度を，多様な(　ア　)のある子供がいることを前提とした学級経営・授業づくりに生かしていくことが必要である。

(略)

	ア	イ	ウ	エ
①	実態	知的	学校	生徒指導
②	教育的ニーズ	発達	学級	合理的配慮
③	実態	発達	学級	生徒指導
④	教育的ニーズ	発達	学校	合理的配慮
⑤	教育的ニーズ	知的	学校	合理的配慮

(☆☆☆◎◎◎)

【18】次の文は，「学校保健安全法」(平成27年法律第46号)の条文の一部を抜粋したものである。文中の下線部ア～オについて，正しいものを○，誤っているものを×としたとき，正しい組合せを選びなさい。

第3章　学校安全

第26条(学校安全に関する学校の設置者の責務)

学校の設置者は，児童生徒等の安全の確保を図るため，その設置する学校において，事故，加害行為，災害等(以下この条及び第29条第3項において「事故等」という。)により児童生徒等に生ずるア危険を防止し，及び事故等により児童生徒等に危険又は危害が現に生じた場合(同条第1項及び第2項において「危険等発生時」という。)において適切に対処することができるよう，当該学校の施設及び設備並びにイ地域との協働体制の整備充実その他の必要な措置を講ずるよう努めるものとする。

第27条(学校安全計画の策定等)

学校においては，児童生徒等の安全の確保を図るため，当該学校の施設及び設備のウ修繕，児童生徒等に対する通学を含めた学校生活その他の日常生活における安全に関する指導，エ職員の研修その他学校における安全に関する事項について計画を策定し，これをオ周知しなければならない。

	ア	イ	ウ	エ	オ
①	○	×	×	○	○
②	○	×	×	○	×
③	×	○	○	×	○
④	×	○	○	×	×
⑤	○	×	○	○	×

(☆☆☆◎◎◎)

【19】次の各文は，「人権教育の指導方法等の在り方について[第三次とりまとめ]」(平成20年3月人権教育の指導方法等に関する調査研究会議)及び「福岡県部落差別の解消の推進に関する条例」(平成31年福岡県条例第6号)の一部を抜粋したものである。文中の(　ア　)～(　オ　)に当

てはまる語句の正しい組合せを選びなさい。

「人権教育の指導方法等の在り方について[第三次とりまとめ]」

○　人権が持つ価値や重要性を(　ア　)に感受し，それを共感的に受けとめるような感性や感覚，すなわち人権感覚を育成することが併せて必要となる。

○　人権教育は，人権に関する知識の習得とともに，人権課題の解決を目指す主体的な態度，技能及び行動力を育てることを目的としている。このような指導を効果的に行うためには，児童生徒の(　イ　)を尊重し，指導が一方的なものにならないよう留意することが必要であり，課題意識を持って自ら考え，主体的に判断するような力や，実践的に行動するような力を育成することが目指される。

○　学校教育においては，様々な人権課題の中から，子どもの発達段階等に配慮しつつ，それぞれの(　ウ　)に応じて，より身近な課題，児童生徒が主体的に学習できる課題，児童生徒の心に響く課題を選び，時機を捉えて，効果的に学習を進めていくことが求められる。

「福岡県部落差別の解消の推進に関する条例」

第1条

この条例は，現在もなお差別落書きや差別につながる土地の調査などの部落差別が存在すること及びインターネットの普及をはじめとした(　エ　)に伴って部落差別に関する状況の変化が生じていることを踏まえ，全ての国民に基本的人権の享有を保障する日本国憲法及び部落差別の解消の推進に関する法律(平成28年法律第109号。以下「法」という。)の理念にのっとり，部落差別は許されないものであるとの認識の下にこれを解消することが重要な課題であることに鑑み，部落差別の解消に関し，基本理念を定め，県の責務を明らかにし，(　オ　)体制の充実，結婚及び就職に際しての部落差別事象の発生の防止等について必要な事項を定めることにより，部落差別の解消を推進し，もって部落差別のない社会を実現することを目的とする。

	ア	イ	ウ	エ	オ
①	直感的	自主性	教科等の特質	情報技術の発展	相談
②	受容的	個性	学校の実情	情報技術の発展	支援
③	受容的	自主性	教科等の特質	情報化の進展	支援
④	直感的	個性	学校の実情	情報化の進展	支援
⑤	直感的	自主性	学校の実情	情報化の進展	相談

(☆☆☆◎◎◎)

【20】次の各文は，「人権教育及び人権啓発の推進に関する法律」(平成12年法律第147号)，「人権教育・啓発に関する基本計画」(平成14年3月15日閣議決定(策定)平成23年4月1日閣議決定(変更))及び「部落差別の解消の推進に関する法律」(平成28年法律第109号)の一部を抜粋したものである。文中の(　ア　)～(　エ　)に当てはまる語句の正しい組合せを選びなさい。ただし，同じ記号には同じ語句が入る。

「人権教育及び人権啓発の推進に関する法律」
第1条
　この法律は，人権の尊重の緊要性に関する認識の高まり，(　ア　)，門地，人種，信条又は性別による不当な差別の発生等の人権侵害の現状その他(　イ　)に関する内外の情勢にかんがみ，人権教育及び人権啓発に関する施策の推進について，国，地方公共団体及び国民の責務を明らかにするとともに，必要な措置を定め，もって(　イ　)に資することを目的とする。
「人権教育・啓発に関する基本計画」
　人権とは，人間の尊厳に基づいて各人が持っている(　ウ　)であり，社会を構成するすべての人々が個人としての生存と自由を確保し，社会において幸福な生活を営むために欠かすことのできない権利である。

「部落差別の解消の推進に関する法律」
第2条
部落差別の解消に関する施策は，全ての国民が等しく基本的人権を享有するかけがえのない個人として(　エ　)ものであるとの理念にのっとり，部落差別を解消する必要性に対する国民一人一人の理解を深めるよう努めることにより，部落差別のない社会を実現することを旨として，行われなければならない。

	ア	イ	ウ	エ
①	社会的地位	人権の共存	個人の権利	認められる
②	社会的身分	人権の共存	個人の権利	尊重される
③	社会的身分	人権の擁護	固有の権利	尊重される
④	社会的身分	人権の共存	固有の権利	認められる
⑤	社会的地位	人権の擁護	個人の権利	認められる

(☆☆☆◎◎◎)

【小学校・中学校・養護・栄養】

【1】次の文は，小学校〈中学校〉学習指導要領解説特別の教科　道徳編」(平成29年文部科学省)「第4章　指導計画の作成と内容の取扱い」「第3節　指導の配慮事項」「6　情報モラルと現代的な課題に関する指導」の一部を抜粋したものである。文中の(　ア　)～(　オ　)に当てはまる語句の正しい組合せを選びなさい。

情報モラルへの配慮と道徳科
情報モラルに関する指導について，道徳科では，その特質を生かした指導の中での配慮が求められる。道徳科は道徳的価値に関わる学習を行う特質があることを踏まえた上で，指導に際しては，情報モラルに関わる題材を生かして話合いを深めたり，コンピュータによる(　ア　)体験を授業の一部に取り入れたりするなど，創意ある多様な工夫が生み出されることが期待される。
具体的には，例えば，相手の顔が見えないメールと顔を合わせての会話との違いを理解し，メールなどが相手に与える影響について考えるなど，インターネット等に起因する(　イ　)などを題材とした親切や思いやり，礼儀〈思いやり，感謝や礼儀〉に関わる指導が考えられる。また，インターネット上の法やきまりを守れずに引き起こされた出来事などを題材として規則の尊重に関わる授業を進めることも考えられる。その際，問題の根底にある他者への(　ウ　)や思いやり，法やきまりのもつ意味などについて，児童〈生徒〉が考えを深めることができるようにすることが重要になる。

なお，道徳科は，道徳的価値の理解を基に(　エ　)時間であるとの特質を踏まえ，例えば，情報機器の使い方やインターネットの操作，(　オ　)やその際の行動の具体的な練習を行うことにその主眼を置〈お〉くのではないことに留意する必要がある。

※～～～の表記は小学校学習指導要領解説
※〈　〉の表記は中学校学習指導要領解説

	ア	イ	ウ	エ	オ
①	間接	いじめ	尊敬	自己を見つめる	危機回避の方法
②	疑似	心のすれ違い	共感	自己を見つめる	危機回避の方法
③	疑似	心のすれ違い	尊敬	豊かな心を育てる	健康への配慮の仕方
④	間接	いじめ	尊敬	豊かな心を育てる	健康への配慮の仕方
⑤	疑似	心のすれ違い	共感	豊かな心を育てる	危機回避の方法

(☆☆☆◎◎◎)

【2】次の各文は，「『令和の日本型学校教育』の構築を目指して(答申)」(令和3年1月中央教育審議会)「第Ⅰ部　総論」「3．2020年代を通じて実現すべき『令和の日本型学校教育』の姿」の一部を抜粋したものである。文中の(　ア　)～(　オ　)に当てはまる語句の正しい組合せを選びなさい。

○　我が国ではこれまでも，学習指導要領において，子供の(　ア　)を生かした自主的，主体的な学習が促されるよう工夫することを求めるなど，「個に応じた指導」が重視されてきた。

○　全ての子供に基礎的・基本的な知識・技能を確実に習得させ，思考力・判断力・表現力等や，自ら学習を調整しながら粘り強く学習に取り組む態度等を育成するためには，教師が支援の必要な子供により重点的な指導を行うことなどで効果的な指導を実現することや，子供一人一人の特性や学習進度，学習到達度等に応じ，指導方法・教材や学習時間等の柔軟な提供・設定を行うことなどの「(　イ　)」が必要である。

○　基礎的・基本的な知識・技能等や言語能力，情報活用能力，問題発見・解決能力等の学習の基盤となる資質・能力等を土台として，幼児期からの様々な場を通じての体験活動から得た子供の興味・関心・キャリア形成の方向性等に応じ，探究において課題の設定，情報の収集，整理・分析，まとめ・表現を行う等，教師が子供一人一人に応じた学習活動や学習課題に取り組む機会を提供することで，子供自身が学習が最適となるよう調整する「(　ウ　)」も必要である。

○　これからの学校においては，子供が「(　エ　)」を進められるよう，教師が専門職としての知見を活用し，子供の実態に応じて，学習内容の確実な定着を図る観点や，その理解を深め，広げる学習を充実させる観点から，カリキュラム・マネジメントの充実・強化を図るとともに，これまで以上に子供の成長やつまづき，悩みなどの理解に努め，個々の興味・関心・意欲等を踏まえてきめ細かく指導・支援することや，子供が自らの学習の状況を把握し，主体的に学習を調整することができるよう促していくことが求められる。

○　その際，ICTの活用により，(　オ　)や生徒指導上のデータ，健康診断情報等を蓄積・分析・利活用することや，教師の負担を軽減することが重要である。また，データの取扱いに関し，配慮すべき事項等を含めて専門的な検討を進めていくことも必要である。

	ア	イ	ウ	エ	オ
①	興味・関心	学習の個性化	指導の個別化	個別最適な学び	学習評価
②	興味・関心	指導の個別化	学習の個性化	個別最適な学び	学習履歴（スタディ・ログ）
③	興味・関心	学習の個性化	指導の個別化	協働的な学び	学習履歴（スタディ・ログ）
④	経験	指導の個別化	学習の個性化	協働的な学び	学習評価
⑤	経験	学習の個性化	指導の個別化	個別最適な学び	学習評価

(☆☆☆◎◎◎)

【3】次の文は，「生徒指導提要」(平成22年文部科学省)「第1章　生徒指導の意義と原理」「第1節　生徒指導の意義と課題」「1　生徒指導の意義」の一部を抜粋したものである。文中の下線部ア～オについて，正しいものを○，誤っているものを×としたとき，正しい組合せを選びなさい。

生徒指導とは，一人一人の児童生徒の人格を尊重し，個性の伸長を図りながら，ア社会的資質やイ判断力を高めることを目指して行われる教育活動のことです。すなわち，生徒指導は，すべての児童生徒のそれぞれの人格のよりよき発達を目指すとともに，学校生活がすべての児童生徒にとって有意義で興味深く，充実したものになることを目指しています。生徒指導は学校の教育目標を達成する上で重要な機能を果たすものであり，学習指導と並んで学校教育において重要な意義を持つものと言えます。

各学校においては，生徒指導が，教育課程の内外において一人一人の児童生徒の健全な成長を促し，児童生徒自ら現在及び将来におけるウ自己実現を図っていくためのエ自己指導能力の育成を目指すという生徒指導の積極的な意義を踏まえ，学校の$_{オ}$各教科等の指導を通じ，その一層の充実を図っていくことが必要です。

	ア	イ	ウ	エ	オ
①	○	×	○	×	○
②	○	×	○	○	×
③	×	○	×	○	○
④	○	○	×	○	×
⑤	×	○	○	×	○

(☆☆☆◎◎◎)

【4】次の文は，小学校〈中学校〉学習指導要領解説特別活動編(平成29年文部科学省)「第2章　特別活動の目標」「第2節　特別活動の基本的な性格と教育活動全体における意義」「2　特別活動の教育活動全体における意義」「(2)　学級経営の充実と特別活動」の一部を抜粋したものである。文中の(　ア　)～(　オ　)に当てはまる語句の正しい組合せを選びなさい。

学級は，児童〈生徒〉にとって，学習や生活など学校生活の(　ア　)となるもの〈場〉である。児童〈生徒〉は，学校生活の多くの時間を学級で過ごすため，自己と学級の他の成員との個々の関係や自己と学級集団との関係は，学校生活そのものに大きな影響を与えることとなる。教師は，個々の児童〈生徒〉が，学級内でよりよい人間関係を築き，学級の生活に適応し，各教科等の学習や様々な活動の効果を高めたいと考え，学級内での個別指導や(　イ　)を工夫していく。学級経営の内容は多岐にわたるが，学級集団としての(　ウ　)を目指したり，教師と児童〈生徒〉，児童〈生徒〉相互のよりよい人間関係を形成〈構築〉しようとしたりすることは，その中心的な内容である。そのため，学級担任が学校の教育目標や学級の実態を踏まえて作成した学級経営の(　エ　)に即して，必要な諸条件の整備を行い(　オ　)されるものである。

※～～～の表記は小学校学習指導要領解説
※〈　〉の表記は中学校学習指導要領解説

	ア	イ	ウ	エ	オ
①	基盤	集団指導	質の高まり	目標・方針	運営・展開
②	基盤	集団指導	合意形成	指導計画	点検・評価
③	基盤	生徒指導	質の高まり	目標・方針	点検・評価
④	要	生徒指導	質の高まり	指導計画	運営・展開
⑤	要	集団指導	合意形成	指導計画	点検・評価

(☆☆☆◎◎◎)

【5】次の文は，小学校〈中学校〉学習指導要領解説総合的な学習の時間編(平成29年文部科学省)「第2章　総合的な学習の時間の目標」「第2節　目標の趣旨」「1　総合的な学習の時間の特質に応じた学習の在り方」の一部を抜粋したものである。文中の(　ア　)～(　エ　)に当てはまる語句の正しい組合せを選びなさい。ただし，同じ記号には同じ語句が入る。

(　ア　)な学習を行うというのは，この時間の学習の対象や領域が，特定の教科等に留まらず〈とどまらず〉，(　ア　)でなければならないことを表している。言い換えれば，この時間に行われる学習では，教科等の枠を超えて探究する価値のある課題について，各教科等で身に付けた資質・能力を(　イ　)しながら解決に向けて取り組んでいくことでもある。

総合的な学習の時間では，各学校が目標を実現するにふさわしい探究課題を設定することになる。それは，例えば，国際理解，情報，環境，福祉・健康などの現代的な諸課題に対応する課題，地域や学校の特色に応じた課題，児童〈生徒〉の(　ウ　)に基づく課題〈，職業や自己の将来に関する課題〉などである。具体的には，「身近な〈地域の〉(　エ　)とそこで起きている環境問題」，「地域の伝統や文化とその継承に力を注ぐ人々」，「実社会で働く人々の姿と自己の将来」〈，「ものづくりの面白さや工夫と生活の発展」，「職業の選択と社会への貢献」〉などを探究課題とすることが考えられる。

※～～～の表記は小学校学習指導要領解説
※〈　〉の表記は中学校学習指導要領解説

	ア	イ	ウ	エ
①	統合的・発展的	活用・発揮	実態	自然環境
②	横断的・総合的	活用・発揮	実態	自然災害
③	統合的・発展的	駆使	興味・関心	自然災害
④	横断的・総合的	活用・発揮	興味・関心	自然環境
⑤	横断的・総合的	駆使	興味・関心	自然環境

(☆☆☆◎◎◎)

【高等学校】

【1】次の文は，高等学校学習指導要領(平成30年3月告示)「第1章　総則」「第3款　教育課程の実施と学習評価」「2　学習評価の充実」の一部を抜粋したものである。文中の(　ア　)～(　エ　)に当てはまる語句の正しい組合せを選びなさい。

学習評価の実施に当たっては，次の事項に配慮するものとする。
(1)　生徒のよい点や進歩の状況などを積極的に評価し，学習したことの(　ア　)を実感できるようにすること。また，各教科・科目等の目標の実現に向けた学習状況を把握する観点から，単元や題材など内容や時間のまとまりを見通しながら評価の場面や方法を工夫して，学習の過程や成果を評価し，(　イ　)や学習意欲の向上を図り，資質・能力の育成に生かすようにすること。
(2)　創意工夫の中で学習評価の(　ウ　)が高められるよう，(　エ　)な取組を推進するとともに，学年や学校段階を越えて生徒の学習の成果が円滑に接続されるように工夫すること。

	ア	イ	ウ	エ
①	意義や価値	環境の整備	実行性や関連性	組織的かつ計画的
②	結果や成果	指導の改善	妥当性や信頼性	系統的かつ発展的
③	意義や価値	指導の改善	実行性や関連性	系統的かつ発展的
④	意義や価値	指導の改善	妥当性や信頼性	組織的かつ計画的
⑤	結果や成果	環境の整備	実行性や関連性	組織的かつ計画的

(☆☆☆◎◎◎)

【2】次の各文は，高等学校学習指導要領(平成30年3月告示)「第4章　総合的な探究の時間」「第3　指導計画の作成と内容の取扱い」の一部を抜粋したものである。文中の(　ア　)～(　エ　)に当てはまる語句の正しい組合せを選びなさい。

○　課題の設定においては，生徒が自分で課題を(　ア　)過程を重視すること。
○　探究の過程においては，他者と協働して課題を解決しようとする学習活動や，言語により分析し，まとめたり表現したりするなどの学習活動が行われるようにすること。その際，例えば，比較する，(　イ　)する，関連付けるなどの考えるための技法が自在に活用されるようにすること。
○　自然体験や就業体験活動，(　ウ　)などの社会体験，ものづくり，生産活動などの体験活動，観察・実験・実習，調査・研究，発表や(　エ　)などの学習活動を積極的に取り入れること。

	ア	イ	ウ	エ
①	発見する	整理	ボランティア活動	発信
②	発見する	整理	福祉活動	討論
③	決定する	整理	ボランティア活動	発信
④	決定する	分類	福祉活動	討論
⑤	発見する	分類	ボランティア活動	討論

(☆☆☆◎◎◎)

【3】次の文は，高等学校学習指導要領(平成30年3月告示)「第5章　特別活動」「第1　目標」を抜粋したものである。文中の(　ア　)~(　オ　)に当てはまる語句の正しい組合せを選びなさい。ただし，同じ記号には同じ語句が入る。

集団や社会の形成者としての見方・考え方を働かせ，様々な(　ア　)に自主的，実践的に取り組み，互いのよさや可能性を発揮しながら集団や自己の生活上の課題を解決することを通して，次のとおり資質・能力を育成することを目指す。

(1)　多様な他者と協働する様々な(　ア　)の意義や活動を行う上で必要となることについて理解し，行動の仕方を身に付けるようにする。

(2)　集団や自己の生活，(　イ　)の課題を見いだし，解決するために話し合い，合意形成を図ったり，(　ウ　)したりすることができるようにする。

(3)　自主的，実践的な(　ア　)を通して身に付けたことを生かして，(　エ　)に集団や社会に参画し，生活及び人間関係をよりよく形成するとともに，人間としての在り方生き方についての自覚を深め，(　オ　)を図ろうとする態度を養う。

	ア	イ	ウ	エ	オ
①	集団活動	人間関係	意思決定	積極的	個性の伸長
②	体験活動	学校生活	意思決定	積極的	個性の伸長
③	体験活動	人間関係	情報共有	積極的	自己実現
④	集団活動	学校生活	情報共有	主体的	自己実現
⑤	集団活動	人間関係	意思決定	主体的	自己実現

(☆☆☆◎◎◎)

【4】次の各文は，「高等学校キャリア教育の手引き」(平成23年11月文部科学省)「第2章　高等学校におけるキャリア教育の推進のために」「第6節　効果的なインターンシップの在り方(普通科に焦点を当てて)」の一部を抜粋したものである。文中の(　ア　)~(　エ　)に当てはまる語

句の正しい組合せを選びなさい。ただし，同じ記号には同じ語句が入る。

○　実際の職場では，(　ア　)，正確さ，創造性，服務規律など様々な面において，学校よりもはるかに厳しい姿勢が求められる。
○　高校におけるインターンシップは，生徒の将来の(　イ　)に応じた現実的な就業体験であることが望ましい。
○　インターンシップの体験を通し，その職業において必要な知識・技術・(　ウ　)を認識することができる。目指すべき人間像が明確になることもある。そのような中で，学ぶことの意味や重要性を認識することができ，教科の学習と職業において必要な知識・技術・(　ウ　)の関連性を理解することができる。そこから，学びへの興味・関心が高まり，学びが将来との関連性を持ったものになることや，進路選択に積極的になり，大学等への進学志望が高まることも期待される。
○　インターンシップは，生徒が自己の個性や職業適性を改めて考えたり，今まで気が付かなかった自己の特性や長所を見いだすことにもなったりするなど，「自己理解の深化」を図るまたとない機会である。また，インターンシップにおいては，実際の職業社会における様々なルールやマナーが求められる。それらに対応することで(　エ　)が養われる。

	ア	イ	ウ	エ
①	生産性	展望	技能	自己管理能力
②	生産性	目的	能力	課題解決能力
③	効率性	目的	技能	課題解決能力
④	効率性	展望	技能	課題解決能力
⑤	生産性	目的	能力	自己管理能力

(☆☆☆◎◎◎)

【5】次の文は，「生徒指導提要」(平成22年文部科学省)「第6章　生徒指導の進め方」「Ⅱ　個別の課題を抱える児童生徒への指導」「第10節　児童虐待への対応」の一部を抜粋したものである。文中の(　ア　)～(　オ　)に当てはまる語句の正しい組合せを選びなさい。ただし，同じ記号には同じ語句が入る。

> 「(　ア　)」では，学校，児童福祉施設，病院などの団体や，学校の教職員，児童福祉施設の職員，医師などは，児童虐待を発見しやすい立場にあることを自覚し，児童虐待の早期発見に努めなければならないと定めています。つまり，学校関係者は，児童虐待を早期に発見する義務を負っていると自覚し，努力することが求められています。
>
> また，虐待の疑いがある児童生徒を発見したら，速やかに市町村，都道府県の設置する福祉事務所若しくは(　イ　)に通告しなければならないと義務付けられています。なお，この通告は，(　ウ　)に仲介してもらってもよいとされています。「(　ア　)」は「児童虐待を受けたと思われる児童を発見した者」に通告義務を課しており，虐待があったと確証を得ることまで要求しているわけではありません。
>
> 通告を(　イ　)にするのか，市町村にするのかという判断は，法律上規定はありません。日常の連携や児童生徒の保護の必要性なども考慮しつつも，通告者が判断すればよいことになります。また，この通告は公務員などの(　エ　)に優先することが，法律上明記されています。なお，通告を受理した機関は，その通告した者を特定させるものを漏らしてはならない，と定められ，通告を行う(　オ　)する配慮がなされています。

	ア	イ	ウ	エ	オ
①	子ども保護法	児童相談所	地域運営組織	職務専念義務	危険から保護
②	子ども保護法	児童相談所	地域運営組織	守秘義務	抵抗感を減少
③	児童虐待防止法	教育委員会	地域運営組織	職務専念義務	抵抗感を減少
④	児童虐待防止法	児童相談所	児童委員（民生委員）	守秘義務	抵抗感を減少
⑤	児童虐待防止法	教育委員会	児童委員（民生委員）	職務専念義務	危険から保護

(☆☆☆◎◎◎)

解答・解説

【共通問題】

【１】⑤

〈解説〉緊褌一番は「きんこんいちばん」と読む。「緊褌」は褌(ふんどし)を引き締める意で，気持ちを引き締めて事にのぞむこと。行雲流水「こううんりゅうすい」は，空の雲と川を流れる水のように，執着することなく流れに従って行動すること。首鼠両端「しゅそりょうたん」は，穴から首だけ出したねずみが外をうかがって，両側をきょろきょろ見回している様子から，ぐずぐずして，どちらか一方に決めかねているたとえ。日和見主義。韋編三絶「いへんさんぜつ」とは繰り返し読んで，読書に熱中すること。孔子が晩年，易書を好んで熟読し読み返したので，その綴紐が三度も切れてしまったという故事に由来する。千載一遇「せんざいいちぐう」は滅多に訪れそうもない，二度と来ないかもしれないほど恵まれた状態。「千載」は「千年」，「一遇」は一度出会うという意味。

【２】⑤

〈解説〉「気が置けない」は，気遣いの必要がない，遠慮がいらないという意味。「気を許せない」とは反対語になるので注意。「河童の川流れ」

は，「猿も木から落ちる」や「弘法も筆の誤り」と同義。

【3】②

〈解説〉100円，200円，400円，・・・より，これは，初項100円，公比2の等比数列だから，10日目に貯金する金額は，$100\cdot2^{10-1}=51,200$〔円〕

10日目までの貯金総額は，$\frac{100(2^{10}-1)}{2-1}=102,300$〔円〕

【4】⑤

〈解説〉(1)　ポリシー・ミックスとは，複数の政策目標を達成するために，例えば財政政策と金融政策などのように複数の政策を組み合わせて同時に行うこと。量的緩和政策とは，日本銀行の行う金融緩和策で，世の中に出回るお金の総量を増やす政策である。　(2)　価格が需要量と供給量を調節し，均衡させる働きを，価格の自動調節作用という。資源配分の調整とは，市場における価格の変動で需要・供給が調整され，資源が効率的に配分されるしくみのことである。　(3)　規模の大きい企業の方が，規模の小さい企業よりも有利であることを，規模の利益(スケールメリット)という。価格の下方硬直性とは，独占価格の存在する市場では，価格が上がることはあっても下がることは難しいということを指す。　(4)　企業の社会的責任とは，企業の活動が社会全体に大きな影響を与えることに責任を負うべきであるという考え方。コンプライアンスとは，法令遵守という意味で，企業が法令・社会的規範・企業倫理を守ることを指す。

【5】②

〈解説〉混合物とは，単体の物質が複数混じり合ったものである。物理的な手段で単一の物質に分けることができる。空気は，酸素，窒素，アルゴン，二酸化炭素などの混合物である。

【6】③

〈解説〉ア　May I help you?は「いらっしゃいませ，何をお探しですか」

という表現で，採用試験でも頻出している。How may I help you? How can I help you?もほぼ同じ意味だが，相手からより詳しく聞きたい場合に使われる。　イ 「明るい色がいいな」，「赤とか黄色」と言っているので，その間に入るのはfor example「例えば」が適切。By contrastは「その反対に」，instead ofは「～の代わりに」の意味。　ウ　Aが「この3つがあります。布製ですが丈夫です」と言っているのに対する返事なので，It sounds good.「いいですね」が適切。　エ　Aが「30ドルです」と答えているので，この空欄には値段を尋ねる表現How much is it?を入れるのが適切。

【7】③

〈解説〉(1)　日本国憲法第15条第1項の条文である。公務員選定罷免権を規定したもの。　(2)　憲法第23条の条文である。学問の自由には，学問研究の自由，研究発表の自由，教授の自由が含まれるとされる。
(3)　憲法第26条第1項の条文である。出題の第1項では「ひとしく教育を受ける権利」，第2項では「普通教育を受けさせる義務」について定めている。　(4)　憲法第89条の条文である。国家と宗教は分離させるべきという政教分離の原則について定めたもの。政教分離の原則は憲法第20条第1項と第3項にも規定されているので参照されたい。

【8】⑤

〈解説〉「子供たち一人ひとりに個別最適化され，創造性を育む教育ICT環境の実現に向けて～令和時代のスタンダードとしての1人1台端末環境～」(令和元年12月　文部科学大臣)は，児童生徒向けの1人1台端末と，高速大容量の通信ネットワークを一体的に整備するための経費が令和元年度補正予算案に盛り込まれたことを受け，文部科学大臣から出されたメッセージである。文部科学省では現在，1人1台端末と，高速大容量の通信ネットワークを一体的に整備することで，多様な子供たちを誰一人取り残すことなく，公正に個別最適化され，資質・能力が一層確実に育成できる教育ICT環境の実現を目指すGIGAスクール構想を推進している。

【9】③

〈解説〉出題の「令和2年版　環境白書・循環型社会白書・生物多様性白書」は，令和2年6月12日に閣議決定され，国会に提出されたもの。この白書は「気候変動時代における私たちの役割」として，政府，自治体，企業，私たち個人による脱炭素型，自立分散型の社会づくりに向けた具体的な取組及び新型コロナウイルス感染症に対する環境行政の対応について記載している。「環境白書・循環型社会白書・生物多様性白書」については，最新のものに目を通しておくこと。なお，地域循環共生圏とは，各地域が美しい自然景観等の地域資源を最大限活用しながら自立・分散型の社会を形成しつつ，地域の特性に応じて資源を補完し支え合うことにより，地域の活力が最大限に発揮されることを目指す考え方である。

【10】②

〈解説〉消費者契約法は消費者保護を目的とした平成13年施行の法律。この法律により，事業者が契約の際，消費者の自由な意思決定を妨げた場合，消費者は事業者に対してその契約を取り消すことができ，また消費者の利益を一方的に害する契約条項は無効になる。平成18年の法改正により消費者団体訴訟制度が導入され，平成20年の法改正では，消費者団体訴訟制度の対象が景品表示法と特定商取引法に，平成25年の法改正では，食品表示法に拡大された。またその後，平成28年，平成30年には，取り消しうる不当な勧誘行為の追加，無効となる不当な契約条項の追加等の改正が行われた。

【11】③

〈解説〉教育基本法は，日本国憲法に基づき，教育の理念を定めた法律で，前文と18条の条文からなっており，特に平成18年の改正時に加筆された事項について出題されることが多い。出題の教育基本法第1条は教育の目的，第6条は学校教育について定めている。文部科学省は第6条第1項にある「公の性質」について，「広く解すれば，おおよそ学校の事業の性質が公のものであり，それが国家公共の福利のためにつくすことを目的とすべきものであって，私のために仕えてはならないという意味とする。狭く解すれば，法律に定める学校の事業の主体がもともと公のものであり，国家が学校教育の主体であるという意味とする」としている。

【12】①

〈解説〉地方公務員法は，一般職の地方公務員に関する基本法で，地方公共団体の人事機関や，地方公務員の一般職の任用・職階制・給与・勤務時間等について定めた法律である。同法第30条は服務の根本基準，同法第33条は信用失墜行為の禁止，同法第34条は秘密を守る義務について定めている。信用失墜行為の禁止と秘密を守る義務は，職務時間の内外を問わず公務員がその身分を有することによって守るべき身分上の義務である。教育公務員特例法は，教育公務員の職務とその責任の特殊性に基づき，その任免・分限・懲戒・服務などについて国家公務員法および地方公務員法に対する特例を規定する法律である。第21条は研修について定めている。学校教育法は，日本の学校教育制度について定めた法律で，第11条では校長及び教員に懲戒権を認めつつも，体罰を禁止している。

【13】④

〈解説〉(1)　問題文中の「自分の活動の結果，環境に効果を生み出すことが出来たという効力感」をコンピテンス(competence)とよぶ。

(2)　問題文中の「既存のシェマ(行動様式)を外界に適用することによってそれを変容させ」るとは，外界を既存のシェマの中に取り込み(＝同化)，既存のシェマを外界に合わせて変える(＝調節)ということである。　(3)　問題文中の「問題場面に含まれている本質的関係を理解し，発見すること」の例としてケーラーによるチンパンジーの実験が挙げられる。例えば檻の中のチンパンジーが，檻の外にあるバナナを取ろうとして，どのように手を伸ばしてもバナナに手が届かなかった。やがてそのチンパンジーは檻の中に最初からあった棒を利用することに気づき，バナナを取ることが出来た。このような，突然のひらめきによる問題解決を洞察とよぶ。　(4)　問題文中の「問題事態の認知を学習にとってもっとも必要な条件であると考える」とは，問題事態における学習目標(意味体)とその達成の手段になる記号(サイン)の関係を，要素に還元できない全体(ゲシュタルト)として認知することが学習にとって重要であるということである。この全体としての手段—目的関係をサイン・ゲシュタルトとよぶ。

【14】②

〈解説〉「児童生徒の自殺予防について(通知)」(令和3年3月1日　文部科学省)は，春休みから新学期に至る期間等，長期休業の開始前から長期休業明けにおける児童生徒の自殺予防に向けた取り組みを強化するために出された。　イ「学級担任や養護教諭等を中心としたきめ細やかな健康観察や健康相談の実施等により，児童生徒の状況を的確に把握し，スクールカウンセラー等による支援を行うなど，心の健康問題に適切に対応すること」と示されている。　エ「『24時間子供SOSダイヤル』をはじめとする相談窓口の周知を長期休業の開始前において積極的に行うこと」,「『24時間子供SOSダイヤル』をはじめとする電話相談窓口も保護者に対して周知しておくこと」と示されている。

【15】③

〈解説〉文部科学省は，平成20年の「児童生徒が利用する携帯電話等をめぐる問題への取組の徹底について(通知)」や平成21年の「学校における携帯電話の取扱い等について(通知)」により，児童生徒の学校における携帯電話の取扱いに関する方針等についての考え方を示していた。しかし昨今，児童生徒への携帯電話の普及が進んでいるとともに，災害時や児童生徒が犯罪に巻き込まれた時などに，携帯電話を緊急時の連絡手段として活用することへの期待が高まってきた。そのため文部科学省は「学校における携帯電話の取扱い等に関する有識者会議」を設置し，令和2年に新たな考え方をまとめ，各県教育委員会等に通知した。その中では，小学校は「原則持込み禁止とし，個別の状況に応じて，やむを得ない場合は例外的に認める」(平成21年の通知と同じ)，中学校は「原則持込み禁止とし，個別の状況に応じて，やむを得ない場合は例外的に認める」(平成21年の通知と同じ)，または「一定の条件を満たした上で，学校又は教育委員会を単位として持込みを認める」(今回の通知で新たに追加)，高等学校は「校内における使用を制限すべき」(平成21年の通知と同じ)，特別支援学校は「各学校及び教育委員会において判断」(今回の通知で明記)とされた。

【16】②
〈解説〉「いじめの防止等のための基本的な方針」(最終改定平成29年3月14日　文部科学大臣決定)は，いじめ防止対策推進法第11条(いじめ防止基本方針)第1項「文部科学大臣は，関係行政機関の長と連携協力して，いじめの防止等のための対策を総合的かつ効果的に推進するための基本的な方針を定めるものとする」に基づき策定されたもの。ウは「能力」，オは「国民全体」が正しい。

【17】④
〈解説〉中央教育審議会答申「『令和の日本型学校教育』の構築を目指して～全ての子供たちの可能性を引き出す，個別最適な学びと，協働的な学びの実現～(答申)」(令和3年1月26日)の中で述べられている特別支援教育についての考え方は，平成19年の学校教育法改正の際に出された文部科学省通知「特別支援教育の推進について(通知)」で示された考え方を踏襲したものである。今後文部科学省が進めようとしている新時代の特別支援教育の在り方については，新しい時代の特別支援教育の在り方に関する有識者会議にて取りまとめられた，「新しい時代の特別支援教育の在り方に関する有識者会議報告」(令和3年1月25日)

で示されているので，併せて目を通しておきたい。

【18】②

〈解説〉学校保健安全法は，学校教育法の規定により，学校の保健管理と安全管理に関して定めたもの。もとは昭和33(1958)年に制定された学校保健法であるが，平成20(2008)年に学校における安全管理の条項が加えられ，この改正とともに名称が学校保健安全法に改称された。イは「管理運営体制」が，ウは「安全点検」が，オは「実施」が正しい。

【19】⑤

〈解説〉「人権教育の指導方法等の在り方について[第三次とりまとめ]」は，文部科学省が設置した調査研究会議によるもので，人権教育とは何かということをわかりやすく示すとともに，学校教育における指導の改善・充実に向けた視点を人権教育の実践事例とともに示したものである。令和3年3月には，その後の社会情勢の変化を踏まえ，学校教育における人権教育調査研究協力者会議によって「人権教育を取り巻く諸情勢について～人権教育の指導方法等の在り方について[第三次とりまとめ]策定以降の補足資料～」が作成された。必ず両方に目を通しておきたい。また，平成28年に「部落差別の解消の推進に関する法律」が施行され，地方公共団体はその地域の実情に応じた施策を講ずるよう努めるものと規定された。これを受けて福岡県では，同法に定められた基本理念や相談体制の充実，教育・啓発の推進などの規定を，平成7年制定の「福岡県部落差別事象の発生の防止に関する条例」に新たに加えて改正し，「福岡県部落差別の解消の推進に関する条例」を制定した(平成31年3月)。

【20】③

〈解説〉人権教育及び人権啓発の推進に関する法律(人権教育・啓発推進法)は平成12年に施行された法律で，人権教育・啓発の推進に係る国，地方公共団体及び国民の責務を明らかにし，必要な措置を定めたものである。人権教育・啓発に関する基本計画は，人権教育及び人権啓発の推進に関する法律第7条(基本計画の策定)の規定に基づき平成14年に策定された。平成23年にはその一部が変更され，人権課題に対する取組に，「北朝鮮当局による拉致問題等」が付け加えられている。部落差別の解消の推進に関する法律は，部落差別のない社会を実現することを目的として平成28年に施行された。部落差別の解消に関して基本理念を定め，国及び地方公共団体の責務を明らかにし，相談体制の充実等について定められている。

【小学校・中学校・養護・栄養】

【1】②

〈解説〉情報モラルとは「情報社会で適正な活動を行うための基になる考え方と態度」のことである。その内容としては，情報社会の倫理，法の理解と遵守，安全への知恵，情報セキュリティ，公共的なネットワークがある。道徳科では，その特性から特に，情報社会の倫理，法の理解と遵守といった内容を中心に取り扱うことが考えられる。具体的には親切や思いやり，礼儀に関わる指導の際に，インターネット上の書き込みによる心のすれ違いなどについて触れたり，規則の尊重に関わる指導の際に，インターネット上のルールや著作権など法やきまりに触れたりすることがあげられる。

【2】②

〈解説〉中央教育審議会「『令和の日本型学校教育』の構築を目指して～全ての子供たちの可能性を引き出す，個別最適な学びと，協働的な学びの実現～(答申)」(令和3年1月26日)は，「各学校においては，教科等の特質に応じ，地域・学校や児童生徒の実情を踏まえながら，授業の中で『個別最適な学び』の成果を『協働的な学び』に生かし，更にその成果を『個別最適な学び』に還元するなど，『個別最適な学び』と『協働的な学び』を一体的に充実し，『主体的・対話的で深い学び』の実現に向けた授業改善につなげていくことが必要である」としている。

また，文部科学省は学校におけるICTの活用を推進しており，ICTを基盤とした先端技術や学習履歴などの教育ビッグデータの効果的な活用により，「誰一人取り残すことのない，公正に個別最適化された学び」を実現しようとしていることに留意しよう。出題は，同答申の「3 (1) 子供の学び」の項からである。

【3】②

〈解説〉「生徒指導提要」(平成22年)は発刊から10年以上が経過し，またいじめの重大事態や暴力行為の発生件数，不登校児童生徒数，児童生徒の自殺者数が増加傾向であること，また法制度や児童生徒を取り巻く環境等の社会環境が変化していることなどから，文部科学省は現在改訂作業を進めている。最新版が公表され次第改訂内容を確認されたい。イは「行動力」，オは「教育活動全体」が正しい。

【4】①

〈解説〉小学校の特別活動は学級活動，児童会活動，クラブ活動，学校行事，中学校の特別活動は学級活動，生徒会活動，学校行事で構成され，学級や学校の様々な集団づくりに重要な役割を果たしている。特に学級の集団づくりは，児童生徒一人一人のよさや可能性を生かすと同時に，他者の失敗や短所に寛容で共感的な学級の雰囲気を醸成し，こうした学級の雰囲気は，協力して活動に取り組んだり，話し合いで萎縮することなく自分の意見を発言し合ったり，安心して学習に取り組んだりすることを可能とする，学校生活や学習の基盤となるものである。

【5】④

〈解説〉総合的な学習の時間の目標は，「探究的な見方・考え方を働かせ，横断的・総合的な学習を行うことを通して，よりよく課題を解決し，自己の生き方を考えていくための資質・能力を育成することを目指す」ことである。また平成29年の小学校(中学校)学習指導要領改訂における，総合的な学習の時間の改訂についての基本的な考え方は，

「探究的な学習の過程を一層重視し，各教科等で育成する資質・能力を相互に関連付け，実社会・実生活において活用できるものとするとともに，各教科等を越えた学習の基盤となる資質・能力を育成する」ことである。

【高等学校】

【1】④

〈解説〉高等学校学習指導要領解説総則編(平成30年7月)は，出題の(1)の記述について，「評価に当たっては，いわゆる評価のための評価に終わることなく，教師が生徒のよい点や進歩の状況などを積極的に評価し，生徒が学習したことの意義や価値を実感できるようにすることで，自分自身の目標や課題をもって学習を進めていけるように，評価を行うことが大切である」と解説している。(2)の記述については「学習評価の実施に当たっては，評価結果が評価の対象である生徒の資質・能力を適切に反映しているものであるという学習評価の妥当性や信頼性が確保されていることが重要である」，「学習評価は生徒の学習状況の把握を通して，指導の改善に生かしていくことが重要であり，学習評価を授業改善や組織運営の改善に向けた学校教育全体の取組に位置付けて組織的かつ計画的に取り組むことが必要である」としており，カリキュラム・マネジメントの一環としての「指導と評価の一体化」の必要性を指摘している。

【2】⑤

〈解説〉高等学校学習指導要領解説総合的な探究の時間編(平成30年7月)では，出題の部分について，「自分で課題を発見するとは，生徒が自分自身の力で課題を見付け設定することのみならず，設定した課題と自分自身との関係が明らかになること，設定した課題と実社会や実生活との関係がはっきりすることを意味する」，「発見する過程を重視するとは，生徒の中に生まれた問いや問題意識が切実な課題として設定され，より明確な『質の高い課題』として洗練されていくプロセスや時間を重視することである」と説明しており，「『考えるための技法』とは，考える際に必要になる情報の処理方法を，例えば『比較する』，『分類する』，『関連付ける』など，技法のように様々な場面で具体的に使えるようにするものである」と解説している。また，自然体験や就業体験活動などについては，「体験的な学習を展開するに当たっては，生徒の発達の特性を踏まえ，目標や内容に沿って適切かつ効果的なものとなるよう工夫するとともに，生徒をはじめ教職員や外部の協力者などの安全確保，健康や衛生等の管理に十分配慮することが求められる」との留意事項を示している。

【3】⑤

〈解説〉高等学校における特別活動は，ホームルーム活動，生徒会活動及び学校行事から構成されている。平成30年の高等学校学習指導要領改訂において，特別活動の目標については「人間関係形成」，「社会参画」，「自己実現」の3つの視点に沿って，資質・能力の育成が具体的に示された。また，「様々な集団活動に自主的，実践的に取り組み，互いのよさや可能性を発揮しながら集団や自己の生活上の課題を解決することを通して」資質・能力の育成を目指すこととされた。

【4】①

〈解説〉「高等学校キャリア教育の手引き」(文部科学省　平成23年)は，中央教育審議会答申「今後の学校におけるキャリア教育・職業教育の在り方について(答申)」(平成23年)に基づき，キャリア教育の指導内容・指導方法の充実に役立てられるよう作成された。福岡県でも，平成27年策定の「福岡県学校教育振興プラン」や，「令和3年度教育施策実施計画」の施策21として「キャリア教育・職業教育の推進」が掲げられている。なおキャリア教育とは「一人一人の社会的・職業的自立に向け，必要な基盤となる能力や態度を育てることを通して，キャリア発達を促す教育」と定義され特別活動を要として学校教育全体で行われる。「一定又は特定の職業に従事するために必要な知識，技能，能力や態度を育てる教育」と定義される職業教育との違いに注意しておくこと。

【5】④

〈解説〉児童虐待の防止等に関する法律第5条において，学校，児童福祉施設，病院，都道府県警察，婦人相談所，教育委員会，配偶者暴力相談支援センターその他児童の福祉に業務上関係のある団体及び学校の教職員，児童福祉施設の職員，医師，歯科医師，保健師，助産師，看護師，弁護士，警察官，婦人相談員その他児童の福祉に職務上関係のある者に，児童虐待の早期発見等の努力義務を課している。また同法第6条において児童虐待に係る通告義務を，児童虐待を受けたと思われる児童を発見した者に課している。なお，令和元年の「児童虐待防止対策の強化を図るための児童福祉法等の一部を改正する法律」の成立により親権者等による体罰が禁止されたこと等を踏まえ，改訂された「学校・教育委員会等向け虐待対応の手引き」(令和元年5月策定　令和2年6月改訂　文部科学省)ついても出題の可能性があるので，目を通しておきたい。

2021年度　実施問題

【共通問題】

【1】次のア～オの四字熟語の意味を選んだとき，正しい組合せを選びなさい。

ア　竜頭蛇尾
　a　始めは勢いが盛んだが，最後は勢いが振るわないこと。
　b　見せかけばかりが立派であるが，実質が伴わないこと。
　c　いろいろな種類のものを，ひとまとめにして扱うこと。

イ　五里霧中
　a　何の手がかりもなく，方針や見込みが立たず思案に暮れること。
　b　何にも頼ることなく，自分の信じる道を一心に歩み続けること。
　c　何の手がかりもないまま，積極的に多くの打開策を試みること。

ウ　一日千秋
　a　一日の中での変化が激しいこと。
　b　集中して物事を成し遂げること。
　c　待ち焦がれる気持ちが強いこと。

エ　切歯扼腕
　a　非常に悔しく思うこと。
　b　力の限り努力すること。
　c　手際良く処理すること。

オ　牽強付会
　a　強い者を，何とか自分の味方につけようとすること。
　b　自分に都合が良いように，無理やりこじつけること。
　c　仲の悪い者同士が，同じ場所で会う羽目になること。

	ア	イ	ウ	エ	オ
①	a	c	b	a	a
②	c	b	a	c	b
③	a	a	c	a	b
④	b	a	b	b	c
⑤	b	c	c	c	a

(☆☆◎◎◎)

【2】次のことわざ・慣用句とその意味の組合せとして，誤っているものを一つ選びなさい。

	ことわざ・慣用句	意　味
①	泡を食う	驚き慌てること。
②	顔が立つ	広く世に知られること。
③	尻馬に乗る	無批判に人の言動に便乗すること。
④	胸がすく	気分がすっきりすること。
⑤	立て板に水	弁舌がすらすらとよどみないこと。

(☆☆◎◎◎)

【3】次の(1)〜(4)の各文は，日本や世界の政治に関して述べたものである。文中の(　ア　)〜(　エ　)に当てはまる語句の正しい組合せを選びなさい。

(1)　イギリスでは，17世紀の市民革命期に国王と市民との裁判を担当した裁判官である(　ア　)が，国王も中世以来の慣習法であるコモン＝ローに従うべきであるという「法の支配」の考え方を主張した。

(2)　地球規模のさまざまな問題に取り組む非営利的な自発的民間団体である(　イ　)は，医療支援に携わる国境なき医師団，環境保護団体のグリーンピースなど，世界中に多数存在する。

(3)　高度に政治的な事件については，政治部門である国会や内閣の判断，終局的には主権者である国民の判断にゆだねられるべきで，裁判所の違憲審査権は及ばないとする考え方を(　ウ　)という。

(4)　日本の(　エ　)議員選挙の制度は，長い間，中選挙区制をとってきたが，1994年政治改革の一環として小選挙区と11ブロック単位の比例代表制とを組み合わせた小選挙区比例代表並立制が導入された。

	ア	イ	ウ	エ
①	モンテスキュー	BRICS	文民統制の原則	参議院
②	モンテスキュー	NGO	文民統制の原則	衆議院
③	モンテスキュー	BRICS	統治行為論	衆議院
④	エドワード＝クック	NGO	統治行為論	参議院
⑤	エドワード＝クック	NGO	統治行為論	衆議院

(☆☆☆◎◎◎)

【4】3枚のコインを同時に投げるとき，少なくとも1枚裏が出る確率を求め，正しい答えを選びなさい。

① $\frac{1}{8}$　② $\frac{1}{4}$　③ $\frac{5}{8}$　④ $\frac{3}{4}$　⑤ $\frac{7}{8}$

(☆☆☆◎◎◎)

【5】福岡県のある地点で，午後6時に月を観察すると上弦の月が見られた。次の図は，その観察記録である。この観察を行った日から15日後，同じ地点で南中した月を観察した場合，見えた月の形とその時刻の組合せとして，最も適切なものはどれか選びなさい。

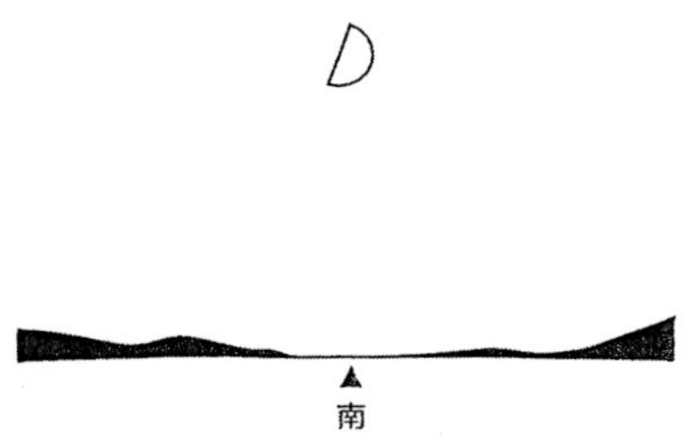

	月の形	時刻
①		午前6時ごろ
②		午後6時ごろ
③		午後6時ごろ
④		午後7時ごろ
⑤		午前0時ごろ

(☆☆☆◎◎◎)

【6】次の対話文は，友人AとBの会話である。文中の(　ア　)～(　エ　)に入る最も適当なものをそれぞれa～cから選んだとき，正しい組合せを選びなさい。

A : You don’t look so good. Are you OK?

B : (　ア　).

A : Did you go to the hospital?

B : No, I didn’t. I was (　イ　).

A : Then, did you take any medicine for it?

B : No, but I have been trying to get some rest and drink water.

A : Oh, I see. I have medicine if you need some.

B : (　ウ　). If I get worse, I will go to the hospital.

A : (　エ　) if you need my help.

B : OK, I will.

ア	a. I am having a good time c. I enjoy playing games	b. I have a terrible cold
イ	a. too busy to see a doctor c. lucky to have it	b. easy to go to another hospital
ウ	a. You're welcome c. Thank you	b. Say hello to your mother
エ	a. Please contact me c. I'll phone you	b. I am busy

	ア	イ	ウ	エ
①	a	b	a	a
②	a	c	c	c
③	b	b	b	c
④	b	a	c	a
⑤	c	a	a	b

(☆☆☆◎◎◎)

【7】(1)～(3)の各文は，日本国憲法の条文の一部を抜粋したものである。文中の(　ア　)～(　エ　)に当てはまる語句の正しい組合せを選びなさい。

(1)　国民は，すべての基本的人権の享有を妨げられない。この憲法が国民に保障する基本的人権は，侵すことのできない(　ア　)として，現在及び将来の国民に与へられる。

(2)　すべて国民は，個人として尊重される。生命，自由及び幸福追求に対する国民の権利については，(　イ　)に反しない限り，立法その他の国政の上で，最大の尊重を必要とする。

(3)　この憲法の改正は，各議院の総議員の(　ウ　)の賛成で，国会が，これを発議し，国民に提案してその承認を経なければならない。この承認には，特別の国民投票又は国会の定める選挙の際行はれる投票において，その(　エ　)の賛成を必要とする。

	ア	イ	ウ	エ
①	永久の権利	公共の福祉	三分の二以上	過半数
②	固有の財産	公共の福祉	過半数	三分の二以上
③	永久の権利	人権尊重の精神	三分の二以上	過半数
④	永久の権利	人権尊重の精神	過半数	三分の二以上
⑤	固有の財産	人権尊重の精神	三分の二以上	過半数

(☆☆☆◎◎◎)

【8】次の文は，「新時代の学びを支える先端技術活用推進方策(最終まとめ)」(令和元年6月文部科学省)の一部を抜粋したものである。文中の(　ア　)〜(　エ　)に当てはまる語句の正しい組合せを選びなさい。ただし，同じ記号には同じ語句が入る。

AI等の技術革新が進んでいく新たな時代においては，人間ならではの強み，すなわち，(　ア　)をもちつつ，技術革新と価値創造の源となる飛躍的な知の発見・創造など新たな社会を牽引する能力が求められる。また，そのような能力の前提として，文章の意味を正確に理解する読解力，計算力や(　イ　)などの基盤的な学力の確実な習得も必要である。

そのためには，

① 膨大な情報から何が重要かを(　ウ　)に判断し，自ら問いを立ててその解決を目指し，他者と協働しながら新たな価値を創造できる資質・能力の育成

② ①を前提として，これからの時代を生きていく上で基盤となる言語能力や(　エ　)，AI活用の前提となる(　イ　)をはじめとした資質・能力の育成につながる教育が必要不可欠である。

	ア	イ	ウ	エ
①	高い志	数学的思考力	総合的	情報分析能力
②	高い志	数学的思考力	主体的	情報活用能力
③	未来への展望	課題解決能力	総合的	情報活用能力
④	高い志	課題解決能力	主体的	情報分析能力
⑤	未来への展望	数学的思考力	総合的	情報活用能力

(☆☆☆◎◎◎)

【9】次の各文は,「令和元年度版　環境白書・循環型社会白書・生物多様性白書」(環境省)の一部を抜粋したものである。文中の(　ア　)～(　エ　)に当てはまる語句の正しい組合せを選びなさい。

○　近年,気温の上昇,大雨の頻度の増加や,農作物の品質低下,動植物の分布域の変化,(　ア　)リスクの増加など,気候変動及びその影響が全国各地で現れており,さらに今後,長期にわたり拡大するおそれがあります。地球温暖化その他の気候変動に対処し,国民の生命・財産を長期にわたって守り,経済・社会の(　イ　)な発展を図るためには,緩和策((　ウ　)の排出削減等対策)に全力で取り組むことはもちろんのこと,現在生じており,また将来予測される被害の回避・軽減を図る適応策にも取り組む必要があります。

○　プラスチックは,その機能の高度化を通じて(　エ　)の削減やエネルギー効率の改善等に寄与し,例えば,我が国の産業界もその技術開発等に率先して取り組むなど,こうした社会的課題の解決に貢献してきました。一方で,金属等の他素材と比べて有効利用される割合は,我が国では一定の水準に達しているものの,世界全体では未だ低く,また,不適正な処理のため世界全体で年間数百万トンを超える陸上から海洋へのプラスチックごみの流出があると推計され,地球規模での環境汚染が懸念されています。

	ア	イ	ウ	エ
①	感染症	統合的	バイオマス	オゾン
②	感染症	持続可能	温室効果ガス	オゾン
③	熱中症	持続可能	温室効果ガス	食品ロス
④	熱中症	持続可能	バイオマス	食品ロス
⑤	熱中症	統合的	温室効果ガス	オゾン

(☆☆☆◎◎◎)

【10】次の各文は,「消費者教育の推進に関する法律」(平成24年法律第61号)の条文の一部を抜粋したものである。文中の(　ア　)～(　エ　)に当てはまる語句の正しい組合せを選びなさい。

第1条

この法律は，消費者教育が，消費者と事業者との間の情報の質及び量並びに(　ア　)の格差等に起因する消費者被害を防止するとともに，消費者が自らの利益の擁護及び増進のため自主的かつ(　イ　)に行動することができるようその自立を支援する上で重要であることに鑑み，消費者教育の機会が提供されることが消費者の権利であることを踏まえ，消費者教育に関し，基本理念を定め，並びに国及び地方公共団体の責務等を明らかにするとともに，基本方針の策定その他の消費者教育の推進に関し必要な事項を定めることにより，消費者教育を総合的かつ一体的に推進し，もって国民の消費生活の安定及び向上に寄与することを目的とする。

第2条第1項

この法律において「消費者教育」とは，消費者の自立を支援するために行われる消費生活に関する教育(消費者が主体的に消費者市民社会の形成に参画することの重要性について理解及び関心を深めるための教育を含む。)及びこれに準ずる(　ウ　)活動をいう。

第3条第1項

消費者教育は，消費生活に関する知識を修得し，これを適切な行動に結び付けることができる(　エ　)な能力が育まれることを旨として行われなければならない。

	ア	イ	ウ	エ
①	交渉力	合理的	啓発	実践的
②	判断力	合理的	学習	総合的
③	交渉力	経済的	啓発	実践的
④	判断力	経済的	啓発	総合的
⑤	交渉力	経済的	学習	実践的

(☆☆☆◎◎◎)

【11】次の各文は，「教育基本法」(平成18年法律第120号)の条文の一部を抜粋したものである。文中の(　ア　)～(　オ　)に当てはまる語句の正しい組合せを選びなさい。

第5条第2項

義務教育として行われる普通教育は，各個人の有する(　ア　)を伸ばしつつ社会において(　イ　)に生きる基礎を培い，また，国家及び社会の形成者として必要とされる基本的な資質を養うことを目的として行われるものとする。

第10条第2項

国及び地方公共団体は，家庭教育の自主性を尊重しつつ，保護者に対する学習の機会及び情報の提供その他の家庭教育を(　ウ　)するために必要な施策を講ずるよう努めなければならない。

第13条

学校，家庭及び地域住民その他の関係者は，教育におけるそれぞれの(　エ　)を自覚するとともに，相互の(　オ　)に努めるものとする。

	ア	イ	ウ	エ	オ
①	個性	主体的	支援	役割と責任	理解及び連携
②	能力	自立的	支援	立場と影響	理解及び連携
③	能力	自立的	支援	役割と責任	連携及び協力
④	個性	主体的	援助	立場と影響	連携及び協力
⑤	能力	主体的	援助	役割と責任	連携及び協力

(☆☆☆◎◎◎)

【12】次の各文は，「学校保健安全法」(昭和33年法律第56号)の条文の一部を抜粋したものである。文中の(　ア　)～(　エ　)に当てはまる語句の正しい組合せを選びなさい。

第8条

学校においては，児童生徒等の心身の健康に関し，(　ア　)を行うものとする。

第13条第1項

学校においては，毎学年定期に，児童生徒等(通信による教育を受ける学生を除く。)の(　イ　)を行わなければならない。

第19条

(　ウ　)は，感染症にかかつており，かかつている疑いがあり，又はかかるおそれのある児童生徒等があるときは，政令で定めるところにより，出席を停止させることができる。
第20条
　(　エ　)は，感染症の予防上必要があるときは，臨時に，学校の全部又は一部の休業を行うことができる。

	ア	イ	ウ	エ
①	健康相談	健康診断	校長	学校の設置者
②	健康相談	保健指導	学校医	学校の設置者
③	健康相談	健康診断	学校医	保健所
④	保健指導	健康相談	校長	学校の設置者
⑤	保健指導	健康診断	学校医	保健所

(☆☆☆◎◎◎)

【13】次の(1)～(4)の各文は，発達について述べたものである。文中の(　ア　)～(　エ　)に当てはまる語句の正しい組合せを選びなさい。

(1)　ピアジェ(Piaget,J.)は，生物，無生物を問わず，事物や事象に生命と意識を認める幼児の心理的特徴である(　ア　)などの世界観や，幼児が自分自身を他者の立場においたり，他者の視点に立ったりすることができないという認知上の限界性を示す自己中心性などについて研究した。

(2)　ハヴィガースト(Havighurst,R.J.)は，個人の生涯を乳幼児期，児童期，青年期，壮年初期，中年期，老年期と大きく6つの段階に分け，それぞれの段階において，解決しておくべき(　イ　)をまとめた。例えば，児童期においては，「競技に必要な身体的技能の習得」，「同年齢の友人と仲良くできる」などを挙げている。

(3)　(　ウ　)とは，本来は経済学用語であり，債務等の支払いを猶予すること，あるいはその猶予期間を意味するものである。エリクソン(Erikson,E.H.)は，人格形成のために社会的な責任や義務を猶予される青年期を表すものとして，この言葉を用いた。

(4)　ボウルビー(Bowlby,J.)は，生理的満足の源として，母親に依存するという考えに基づいて用いられた依存という概念を避け，特定の対象との間に形成する情緒的な結びつきを，(　エ　)という新たな概念で提唱した。

	ア	イ	ウ	エ
①	アニミズム	発達課題	リビドー	刷り込み
②	アニミズム	発達課題	モラトリアム	愛着
③	アニミズム	レディネス	リビドー	愛着
④	実在論	レディネス	モラトリアム	刷り込み
⑤	実在論	発達課題	リビドー	刷り込み

(☆◎◎◎◎◎)

【14】次の各文は，「いじめ防止対策推進法」(平成25年法律第71号)の条文の一部を抜粋したものである。文中の下線部ア～オについて正しいものを○，誤っているものを×としたとき，正しい組合せを選びなさい。

学校の設置者又はその設置する学校は，次に掲げる場合には，その事態(以下「重大事態」という。)に対処し，及び当該重大事態と同種の事態の$_{ア}$発生の防止に資するため，速やかに，当該学校の設置者又はその設置する学校の下に組織を設け，$_{イ}$質問票の使用その他の適切な方法により当該重大事態に係る$_{ウ}$因果関係を明確にするための調査を行うものとする。

一　いじめにより当該学校に在籍する児童等の生命，$_{エ}$心身又は財産に重大な被害が生じた疑いがあると認めるとき。

二　いじめにより当該学校に在籍する児童等が$_{オ}$15日以上学校を欠席することを余儀なくされている疑いがあると認めるとき。

	ア	イ	ウ	エ	オ
①	○	○	×	×	×
②	×	×	○	○	○
③	○	×	○	×	○
④	○	○	×	○	×
⑤	×	○	○	×	×

(☆☆☆◎◎◎)

【15】次の文は，「不登校児童生徒への支援に関する最終報告～一人一人の多様な課題に対応した切れ目のない組織的な支援の推進～」(平成28年7月不登校に関する調査研究協力者会議)の一部を抜粋したものである。文中の(　ア　)～(　オ　)に当てはまる語句の正しい組合せを選びなさい。

不登校については，児童生徒本人に起因する特有の事情によって起こるものとして全てを捉えるのではなく，取り巻く環境によっては，どの児童生徒にも起こり得ることとして捉える必要がある。また，不登校という状況が継続し，結果として十分な支援が受けられない状態が続くことは，(　ア　)の低下を招くなど，本人の(　イ　)や社会的自立のために望ましいことではないことから，支援を行う重要性についても十分に認識する必要がある。豊かな人間性や社会性，生涯を通じた学びの基礎となる学力を身に付けるなど，すべての児童生徒がそれぞれの(　ウ　)を図り，社会の構成員として必要な(　エ　)の育成を図ることは喫緊の課題であって，早急に不登校に関する具体的な支援策を講じる必要がある。

不登校の要因や背景としては，本人・家庭・学校に関わる様々な要因が複雑に絡み合っている場合が多く，更にその背後には，社会における「学びの場」としての学校の相対的な位置付けの低下，学校に対する保護者・児童生徒自身の意識の変化等，社会全体の変化の影響が少なからず存在している。

そのため，不登校を教育の観点のみで捉えて対応することには限界があるが義務教育段階の児童生徒に対して教育が果たす役割が大きいことを考えると，不登校に向き合って懸命に努力し，成果を上げてきた関係者の実践事例等を参考に，不登校に対する取組の改善を図り，学校や教育関係者が一層充実した指導や家庭への働き掛け等を行うことで，学校教育としての(　オ　)が果たされることが望まれる。

	ア	イ	ウ	エ	オ
①	学習意欲	進路	自己実現	実践力	責務
②	自己肯定感	学校（学級）復帰	個性の伸長	実践力	目的
③	自己肯定感	進路	自己実現	資質・能力	責務
④	学習意欲	学校（学級）復帰	自己実現	実践力	目的
⑤	自己肯定感	進路	個性の伸長	資質・能力	目的

(☆☆☆◎◎◎)

【16】次の各文は，「不登校児童生徒への支援の在り方について(通知)」(令和元年10月文部科学省初等中等教育局長)「2　学校等の取組の充実」「(3)不登校児童生徒に対する効果的な支援の充実」について述べたものである。正しいものを○，誤っているものを×としたとき，正しい組合せを選びなさい。

ア　校長のリーダーシップの下，教員だけでなく，様々な専門スタッフと連携協力し，組織的な支援体制を整えることが必要であること。また，不登校児童生徒に対する適切な対応のために，各学校において中心的かつコーディネーター的な役割を果たす教員を明確に位置付けることが必要であること。

イ　不登校児童生徒の支援においては，予兆への対応を含めた初期段階からの組織的・計画的な支援が必要であること。

ウ　不登校の要因や背景を的確に把握するため，学級担任の視点によるアセスメント(見立て)が有効であること。また，アセスメントにより策定された支援計画を実施するに当たっては，個人情報保護の観点から学校の教職員のみで支援計画を共有し，組織的・計画的な支援を行うことが重要であること。

エ　学校は，プライバシーに配慮しつつ，定期的に家庭訪問を実施して，児童生徒の理解に努める必要があること。また，家庭訪問を行う際は，常に安否確認を目的とし，適切な家庭訪問を行う必要があること。なお，家庭訪問や電話連絡を繰り返しても児童生徒の安否が確認できない等の場合は，直ちに家庭裁判所への通告を行うほか，警察等に情報提供を行うなど，適切な対処が必要であること。

オ　不登校児童生徒が登校してきた場合は，温かい雰囲気で迎え入れられるよう配慮するとともに，保健室，相談室及び学校図書館等を活用しつつ，徐々に学校生活への適応を図っていけるような指導上の工夫が重要であること。

	ア	イ	ウ	エ	オ
①	×	○	×	○	×
②	×	×	○	○	○
③	○	×	×	○	×
④	○	○	○	×	×
⑤	○	○	×	×	○

(☆☆☆◎◎◎)

【17】次の文は，「障害者基本法」(平成25年法律第65号)の条文の一部を抜粋したものである。文中の(　ア　)~(　エ　)に当てはまる語句の正しい組合せを選びなさい。

第16条

国及び地方公共団体は，障害者が，その年齢及び(　ア　)に応じ，かつ，その特性を踏まえた十分な教育が受けられるようにするため，可能な限り障害者である児童及び生徒が障害者でない児童及び生徒と共に教育を受けられるよう配慮しつつ，教育の内容及び方法の改善及び充実を図る等必要な施策を講じなければならない。

2　(略)

3　国及び地方公共団体は，障害者である児童及び生徒と障害者でない児童及び生徒との(　イ　)及び共同学習を積極的に進めることによつて，その(　ウ　)を促進しなければならない。

4　国及び地方公共団体は，障害者の教育に関し，調査及び研究並びに人材の確保及び(　エ　)，適切な教材等の提供，学校施設の整備その他の環境の整備を促進しなければならない。

	ア	イ	ウ	エ
①	障害種別	交流	相互理解	配置
②	能力	協働	社会参加	配置
③	障害種別	協働	相互理解	配置
④	障害種別	交流	社会参加	資質の向上
⑤	能力	交流	相互理解	資質の向上

(☆☆☆◎◎◎)

【18】次の各文は，「学校事故対応に関する指針」(平成28年3月文部科学省)「2　事故発生後の取組」の一部を抜粋したものである。文中の下線部ア～エについて正しいものを○，誤っているものを×としたとき，正しい組合せを選びなさい。

○　事故が発生した場合には，第一発見者は，被害児童生徒等の症状を確認し，近くにいる管理職や教職員，ア児童生徒等に応援の要請を行うとともに，被害児童生徒等の症状に応じて，速やかに止血，心肺蘇生などの応急手当を行い，症状が重篤にならないようにする。

○　被害児童生徒等の生命に関わる緊急事案については，イ救命処置よりも管理職への報告を優先させ迅速に対応する。

○　被害児童生徒等の保護者に対し，事故の発生(第1報)を可能な限り早く連絡する。なお，その際には，ウ事故の状況，けがの程度など，できる限り詳細な情報を整理した上で行う。

○　命にかかわるような状況に遭遇したり，それを目撃したりした場合などには，通常のストレスでは生じない精神症状と身体症状が現れることがあることを理解し，迅速にエ心身の健康状態の把握を行う。なお，それらの症状は，事件・事故の直後には現れず，しばらく経ってから現れる場合があることを念頭に置く必要がある。

	ア	イ	ウ	エ
①	○	×	×	○
②	○	○	○	×
③	×	×	○	○
④	×	×	○	×
⑤	×	○	×	×

(☆☆☆◎◎◎)

【19】次の各文は，「人権教育の指導方法等の在り方について[第三次とりまとめ]」(平成20年3月人権教育の指導方法等に関する調査研究会議)の一部を抜粋したものである。文中の(　ア　)～(　オ　)に当てはまる語句の正しい組合せを選びなさい。

○　人権感覚とは，人権の価値やその重要性にかんがみ，人権が擁護され，実現されている状態を感知して，これを望ましいものと感じ，反対に，これが侵害されている状態を感知して，それを許せないとするような，(　ア　)な感覚である。

○　人権教育を進める際には，教育内容や方法の在り方とともに，教育・学習の場そのものの在り方がきわめて大きな意味を持つ。このことは，教育一般についてもいえるが，とりわけ人権教育では，これが行われる場における(　イ　)や全体としての雰囲気などが，重要な基盤をなすのである。

○　学校において人権教育を進めていく際には，人権教育が目指す諸能力を総体的・構造的にとらえた上で，その指導内容を構成することが必要である。人権教育が育成を目指す資質・能力は，知識的側面，(　ウ　)側面及び技能的側面の3つの側面として捉えることができるが，学校全体における系統的な指導内容として，これらの側面の育成を(　エ　)に位置付けることが望ましい。

○　人権教育の手法については，人権一般の普遍的な視点からのアプローチと，具体的な(　オ　)に即した個別的視点からのアプローチとがあり，この両者があいまって人権尊重についての理解が深まっていくものと考えられる。

	ア	イ	ウ	エ	オ
①	未来志向的	人間関係	価値的・態度的	計画的	地域の実情
②	価値志向的	人間関係	価値的・態度的	総合的	人権課題
③	価値志向的	人間関係	実践的・行動的	計画的	人権課題
④	未来志向的	基本的人権	実践的・行動的	総合的	地域の実情
⑤	価値志向的	基本的人権	価値的・態度的	総合的	地域の実情

(☆☆☆◎◎◎)

【20】次の各文は,「人権教育・啓発に関する基本計画」(平成14年3月15日閣議決定(策定),平成23年4月1日閣議決定(変更))及び「部落差別の解消の推進に関する法律」(平成28年法律第109号)の一部を抜粋したものである。文中の(ア)～(エ)に当てはまる語句の正しい組合せを選びなさい。

「人権教育・啓発に関する基本計画」

学校教育については,教育活動全体を通じて,人権教育が推進されているが,(ア)にとどまり,人権感覚が十分身に付いていないなど指導方法の問題,(イ)に人権尊重の理念について十分な認識が必ずしもいきわたっていない等の問題も指摘されているところである。

「部落差別の解消の推進に関する法律」

第1条

この法律は,現在もなお部落差別が(ウ)するとともに,情報化の進展に伴って部落差別に関する状況の変化が生じていることを踏まえ,全ての国民に基本的人権の享有を保障する日本国憲法の理念にのっとり,部落差別は(エ)であるとの認識の下にこれを解消することが重要な課題であることに鑑み,部落差別の解消に関し,基本理念を定め,並びに国及び地方公共団体の責務を明らかにするとともに,相談体制の充実等について定めることにより,部落差別の解消を推進し,もって部落差別のない社会を実現することを目的とする。

	ア	イ	ウ	エ
①	知的理解	児童生徒	潜在化	許されないもの
②	知的理解	教職員	存在	人権の侵害
③	知的理解	教職員	存在	許されないもの
④	興味・関心	児童生徒	存在	人権の侵害
⑤	興味・関心	教職員	潜在化	人権の侵害

(☆☆☆◎◎◎)

【小学校・中学校・養護・栄養】

【1】次の文は，小学校〈中学校〉学習指導要領解説総則編(平成29年文部科学省)「第3章　教育課程の編成及び実施」「第2節　教育課程の編成」「2　教科等横断的な視点に立った資質・能力」「(1)　学習の基盤となる資質・能力」の一部を抜粋したものである。文中の(　A　)～(　D　)に当てはまる語句の正しい組合せを選びなさい。

イ　情報活用能力

情報活用能力は，世の中の様々な事象を情報とその(　A　)として捉え，情報及び情報技術を適切かつ効果的に活用して，問題を発見・解決したり自分の考えを形成したりしていくために必要な資質・能力である。将来の予測が難しい社会において，情報を主体的に捉えながら，何が重要かを主体的に考え，見いだした情報を活用しながら他者と協働し，新たな価値の創造に挑んでいくためには，情報活用能力の育成が重要となる。また，情報技術は人々の生活にますます身近なものとなっていくと考えられるが，そうした情報技術を手段として学習や日常生活に活用できるようにしていくことも重要となる。

情報活用能力をより具体的に捉えれば，学習活動において必要に応じてコンピュータ等の情報手段を適切に用いて情報を得たり，情報を整理・比較したり，得られた情報を分かりやすく発信・伝達したり，必要に応じて保存・(　B　)したりといったことができる力であり，さらに，このような学習活動を遂行する上で必要となる情報手段の基本的な操作の習得や，(　C　)，情報モラル，情報セキュリティ，統計等に関する資質・能力等も含むものである。こうした情報活用能力は，各教科等の学びを支える基盤であり，これを確実に育んでいくためには，各教科等の特質に応じて適切な(　D　)で育成を図ることが重要であるとともに，そうして育まれた情報活用能力を発揮させることにより，各教科等における主体的・対話的で深い学び〈「主体的・対話的で深い学び」〉へとつながっていくことが一層期待されるものである。

※～～～～の表記は小学校学習指導要領解説

※〈　　〉の表記は中学校学習指導要領解説

	A	B	C	D
①	関係性	共有	情報の科学的理解	学習場面
②	関係性	編集	プログラミング的思考	指導方法
③	結び付き	編集	情報の科学的理解	指導方法
④	関係性	編集	プログラミング的思考	学習場面
⑤	結び付き	共有	プログラミング的思考	学習場面

(☆☆☆◎◎◎)

【2】次の文は，小学校〈中学校〉学習指導要領解説特別の教科　道徳編(平成29年文部科学省)「第5章　道徳科の評価」「第2節　道徳科における児童〈生徒〉の学習状況及び成長の様子についての評価」「2　道徳科における評価」の一部を抜粋したものである。文中の(　ア　)～(　オ　)に当てはまる語句の正しい組合せを選びなさい。

(1)　道徳科に関する評価の基本的な考え方

道徳科の目標は，道徳的諸価値についての理解を基に，自己を見つめ，物事を〈広い視野から〉多面的・多角的に考え，自己の生き方〈人間としての生き方〉についての考えを深める学習を通して，道徳的な判断力，心情，実践意欲及び態度を育てることであるが，道徳性の諸様相である道徳的な判断力，心情，実践意欲と態度のそれぞれについて分節し，学習状況を分析的に捉える観点別評価を通じて見取ろうとすることは，児童〈生徒〉の(　ア　)そのものに働きかけ，道徳性を養うことを目標とする道徳科の評価としては妥当ではない。

授業において児童〈生徒〉に(　イ　)ことを明確にして，「道徳的諸価値についての理解を基に，自己を見つめ，物事を〈広い視野から〉多面的・多角的に考え，自己の生き方〈人間としての生き方〉についての考えを深める」という目標に掲げる学習活動における児童〈生徒〉の具体的な取組状況を，一定のまとまりの中で，児童〈生徒〉が学習の見通しを立てたり学習したことを振り返ったりする活動を適切に設定しつつ，(　ウ　)を通して見取ることが求められる。

その際，個々の内容項目ごとではなく，(　エ　)を踏まえた評価とすることや，他の児童〈生徒〉との比較による評価ではなく，児童〈生徒〉がいかに成長したかを積極的に受け止めて認め，励ます(　オ　)として記述式で行うことが求められる。

※～～～～の表記は小学校学習指導要領解説

※〈　　〉の表記は中学校学習指導要領解説

	ア	イ	ウ	エ	オ
①	人格	考えさせる	学習活動全体	大くくりなまとまり	個人内評価
②	行為	教える	教育活動全体	大くくりなまとまり	個人内評価
③	人格	考えさせる	教育活動全体	日常生活における様子	個人内評価
④	人格	教える	学習活動全体	日常生活における様子	絶対評価
⑤	行為	考えさせる	教育活動全体	大くくりなまとまり	絶対評価

(☆☆☆◎◎◎)

【3】次の各文は，「いじめの重大事態の調査に関するガイドライン」(平成29年3月文部科省)「第4　調査組織の設置」の一部を抜粋したものである。文中の(　ア　)～(　エ　)に当てはまる語句の正しい組合せを選びなさい。

○　調査組織については，(　ア　)が確保された組織が客観的な事実認定を行うことができるよう構成すること。このため，弁護士，精神科医，学識経験者，(　イ　)の専門家等の専門的知識及び経験を有するものであって，当該いじめの事案の関係者と直接の人間関係又は特別の利害関係を有しない者(第三者)について，(　ウ　)や大学，学会からの推薦等により参加を図るよう努めるものとする。

○　重大事態の調査主体は，学校が主体となるか，学校の設置者(教育委員会等)が主体となるかの判断を(　エ　)として行うこと。また，その際，第三者のみで構成する調査組織とするか，学校や設置者の職員を中心とした組織に第三者を加える体制とするかなど，調査組織の構成についても適切に判断すること。

	ア	イ	ウ	エ
①	公共性・自律性	心理・福祉	病院	学校
②	公平性・中立性	心理・福祉	職能団体	学校の設置者
③	公平性・中立性	教育	病院	学校の設置者
④	公共性・自律性	心理・福祉	病院	学校の設置者
⑤	公平性・中立性	教育	職能団体	学校

(☆☆☆◎◎◎)

【4】次の文は，小学校〈中学校〉学習指導要領解説特別活動編(平成29年文部科学省)「第3章　各活動・学校行事の目標及び〈と〉内容」「第1節　学級活動」「4　学級活動の内容の取扱い」の一部を抜粋したものである。文中の(　ア　)～(　オ　)に当てはまる語句の正しい組合せを選びなさい。ただし，同じ記号には同じ語句が入る。

キャリア教育は特別活動を(　ア　)としつつ学校教育全体で行うものである。日常の教科等の学習指導においても，学ぶことと自己の将来や社会づくり〈キャリア形成の方向性〉とを関連付けながら，見通しをもって(　イ　)に向けて基礎となる資質・能力を育成するなど，教育課程全体を通して〈通じて〉キャリア教育を推進する必要がある。特別活動の〈は,〉学校教育全体で行うキャリア教育の(　ア　)としての〈時間としての〉役割を明確にするため，また，小学校，中学校，〈小・中・〉高等学校を通してキャリア教育に計画的，系統的〈，発展的〉に取り組んでいくことを明確にするため，小学校も中学校〈高等学校〉も学級活動〈及びホームルーム活動〉において「(3)一人一人のキャリア形成と自己実現」が新たに設けられた。このことは〈本項の規定は〉，学級活動(3)の指導において，学校での教育活動全体や，家庭，地域での生活や様々な活動を含め，学習や生活の見通しを立て，学んだことを振り返りながら，新たな学習や生活への意欲につなげたり，(　ウ　)を考えたりする活動を行うことが必要である旨を示している。

「児童〈生徒〉が活動を記録し蓄積する教材等を活用する」とは，こうした活動を行うに当たっては，振り返って気付いたことや考えたことなどを，児童〈生徒〉が記述して蓄積する，いわゆる(　エ　)教材のようなものを活用することを示している。特別活動での実践や各教科等における学習〈の〉過程に関することはもとより，学校や家庭における日々の生活や，地域における様々な活動なども含めて，(　オ　)の下，児童〈生徒〉自らが記録と蓄積を行うとともに，それらを振り返りながら，新たな生活や学習への目標や，(　ウ　)などについて記録して〈行って〉いく教材である。

※～～～の表記は小学校学習指導要領解説
※〈　　〉の表記は中学校学習指導要領解説

	ア	イ	ウ	エ	オ
①	中心	職業的・社会的自立	進路	ポートフォリオ的な	家庭や地域からの支援
②	中心	目標の実現	将来の生き方	学習支援ツールとしての	家庭や地域からの支援
③	要	職業的・社会的自立	進路	学習支援ツールとしての	教師の適切な指導
④	要	職業的・社会的自立	将来の生き方	ポートフォリオ的な	教師の適切な指導
⑤	要	目標の実現	進路	ポートフォリオ的な	家庭や地域からの支援

(☆☆☆◎◎◎)

【5】次の文は，小学校〈中学校〉学習指導要領(平成29年3月告示)「第5〈4〉章　総合的な学習の時間」「第1　目標」を抜粋したものである。文中の(　ア　)～(　オ　)に当てはまる語句の正しい組合せを選びなさい。

探究的な見方・考え方を働かせ，(　ア　)な学習を行うことを通して，よりよく課題を解決し，自己の(　イ　)を考えていくための資質・能力を次のとおり育成することを目指す。

(1)　探究的な学習の過程において，課題の解決に必要な知識及び技能を身に付け，課題に関わる(　ウ　)を形成し，探究的な学習のよさを理解するようにする。

(2)　実社会や実生活の中から(　エ　)を見いだし，自分で課題を立て，情報を集め，整理・分析して，まとめ・表現することができるようにする。

(3)　探究的な学習に(　オ　)に取り組むとともに，互いのよさを生かしながら，積極的に社会に参画しようとする態度を養う。

※～～～～の表記は小学校学習指導要領

※〈　　〉の表記は中学校学習指導要領

	ア	イ	ウ	エ	オ
①	問題解決的	生き方	考え	価値	主体的・協働的
②	問題解決的	将来	概念	価値	主体的・対話的
③	横断的・総合的	将来	考え	問い	主体的・対話的
④	横断的・総合的	生き方	概念	問い	主体的・協働的
⑤	横断的・総合的	生き方	概念	価値	主体的・対話的

(☆☆☆◎◎◎)

【高等学校】

【1】次の文は，高等学校学習指導要領(平成30年3月告示)「第1章　総則」「第7款　道徳教育に関する配慮事項」の一部を抜粋したものである。文中の(　ア　)～(　エ　)に当てはまる語句の正しい組合せを選びなさい。

道徳教育を進めるに当たっては，中学校までの特別の教科である道徳の学習等を通じて深めた，主として自分自身，人との関わり，(　ア　)との関わり，生命や自然，崇高なものとの関わりに関する道徳的諸価値についての理解を基にしながら，様々な体験や(　イ　)の機会等を通して，人間としての在り方生き方についての考えを深めるよう留意すること。また，自立心や(　ウ　)を高め，規律ある生活をすること，生命を尊重する心を育てること，社会連帯の自覚を高め，

(　エ　)に社会の形成に参画する意欲と態度を養うこと，義務を果たし責任を重んずる態度及び人権を尊重し差別のないよりよい社会を実現しようとする態度を養うこと，伝統と文化を尊重し，それらを育んできた我が国と郷土を愛するとともに，他国を尊重すること，国際社会に生きる日本人としての自覚を身に付けることに関する指導が適切に行われるよう配慮すること。

	ア	イ	ウ	エ
①	集団や社会	探究	自律性	積極的
②	家族や学校	思索	自律性	積極的
③	集団や社会	思索	自尊感情	積極的
④	家族や学校	探究	自尊感情	主体的
⑤	集団や社会	思索	自律性	主体的

(☆☆☆◎◎◎)

【2】次の各文は，高等学校学習指導要領(平成30年3月告示)「第1章　総則」「第6款　学校運営上の留意事項」の一部を抜粋したものである。文中の(　ア　)～(　エ　)に当てはまる語句の正しい組合せを選びなさい。

○　各学校においては，校長の方針の下に，校務分掌に基づき教職員が適切に役割を分担しつつ，相互に連携しながら，各学校の(　ア　)を生かしたカリキュラム・マネジメントを行うよう努めるものとする。

○　教育課程外の学校教育活動と教育課程の関連が図られるように留意するものとする。特に，生徒の(　イ　)，自発的な参加により行われる部活動については，スポーツや文化，(　ウ　)等に親しませ，(　エ　)の向上や責任感，連帯感の涵養等，学校教育が目指す資質・能力の育成に資するものであり，学校教育の一環として，教育課程との関連が図られるよう留意すること。

	ア	イ	ウ	エ
①	特色	能動的	科学	学力
②	特色	積極的	芸術	学習意欲
③	伝統	積極的	芸術	体力
④	特色	自主的	科学	学習意欲
⑤	伝統	自主的	音楽	体力

(☆☆☆◎◎◎)

【3】次の各文は，高等学校学習指導要領(平成30年3月告示)「第1章　総則」「第5款　生徒の発達の支援」の一部を抜粋したものである。文中の(　ア　)～(　オ　)に当てはまる語句の正しい組合せを選びなさい。

(1)　学習や生活の基盤として，教師と生徒との信頼関係及び生徒相互のよりよい人間関係を育てるため，日頃から(　ア　)の充実を図ること。また，主に集団の場面で必要な指導や援助を行う(　イ　)と，個々の生徒の多様な実態を踏まえ，一人一人が抱える課題に個別に対応した指導を行う(　ウ　)の双方により，生徒の発達を支援すること。

(2)　生徒が，自己の存在感を実感しながら，よりよい人間関係を形成し，有意義で充実した学校生活を送る中で，現在及び将来における(　エ　)を図っていくことができるよう，生徒理解を深め，学習指導と関連付けながら，(　オ　)の充実を図ること。

	ア	イ	ウ	エ	オ
①	ホームルーム経営	カウンセリング	ガイダンス	キャリア形成	進路指導
②	ホームルーム経営	ガイダンス	カウンセリング	自己実現	生徒指導
③	道徳教育	ガイダンス	カウンセリング	自己実現	進路指導
④	ホームルーム経営	ガイダンス	カウンセリング	キャリア形成	生徒指導
⑤	道徳教育	カウンセリング	ガイダンス	キャリア形成	生徒指導

(☆☆☆◎◎◎)

【4】次の各文は,「高校学校キャリア教育の手引き」(平成23年11月文部科学省)「第1章　キャリア教育とは何か」「第1節　キャリア教育の必要性と意義」「2　キャリア教育の定義」の一部を抜粋したものである。文中の(　ア　)～(　エ　)に当てはまる語句の正しい組合せを選びなさい。ただし,同じ記号には同じ語句が入る。

○　「基礎的・(　ア　)能力」は,「人間関係形成・社会形成能力」「自己理解・自己管理能力」「課題対応能力」「キャリアプランニング能力」の4つの能力によって構成される。

○　「自己理解・自己管理能力」は,自分が「できること」「意義を感じること」「したいこと」について,社会との相互関係を保ちつつ,今後の自分自身の可能性を含めた(　イ　)な理解に基づき主体的に行動すると同時に,自らの思考や感情を律し,かつ,今後の成長のために進んで学ぼうとする力である。

○　「課題対応能力」は,仕事をする上での様々な課題を発見・(　ウ　)し,適切な計画を立ててその課題を処理し,解決することができる力である。

○　「キャリアプランニング能力」は,「(　エ　)こと」の意義を理解し,自らが果たすべき様々な立場や役割との関連を踏まえて「(　エ　)こと」を位置付け,多様な生き方に関する様々な情報を適切に取捨選択・活用しながら,自ら主体的に判断してキャリアを形成していく力である。

	ア	イ	ウ	エ
①	汎用的	肯定的	分析	働く
②	基盤的	肯定的	認識	働く
③	汎用的	現実的	認識	学ぶ
④	基盤的	現実的	分析	学ぶ
⑤	汎用的	肯定的	認識	学ぶ

(☆☆☆◎◎◎)

【5】次の文は,「生徒指導提要」(平成22年文部科学省)「第6章　生徒指導の進め方」「I　児童生徒全体への指導」「第6節　校内規律に関する指導の基本」の一部を抜粋したものである。文中の(　ア　)～(　エ　)に当てはまる語句の正しい組合せを選びなさい。

規範意識の醸成や校内規律に関する指導は，学級担任・ホームルーム担任だけでなく，全教職員の共通理解・(　ア　)に基づく協力体制を整えるとともに，外部の専門機関と連携した生徒指導体制の確立が求められています。

社会変化が著しい現代，家庭や地域社会においても「(　イ　)の多様化」が進行しています。学校において生徒指導の運営方針を考えるに当たっては，これらの社会の動向に目を向け，一般社会と乖離しないような校内規律とすることが重要です。そして,「社会で許されない行為は，学校においても許されない」という学校としての生徒指導の方針や姿勢を外部に積極的に発信することが必要です。また，すべての問題を学校内だけで解決しようとはせずに，家庭や地域社会に対して，児童生徒の(　ウ　)についての働きかけをすることが求められています。

生徒指導の運営方針などを外部に積極的に発信していくためには，各学校の教育理念に基づいた教職員間の合意形成と指導の(　エ　)が必要です。

	ア	イ	ウ	エ
①	情報共有	生活様式	情報収集	一貫性
②	共通行動	生活様式	健全育成	実効性
③	情報共有	価値観	情報収集	実効性
④	共通行動	価値観	健全育成	一貫性
⑤	情報共有	価値観	健全育成	実効性

(☆☆☆◎◎◎)

解答・解説

【共通問題】

【1】③

〈解説〉ウの「一日千秋」とは，短い時間が長い年月に思われるほど，待ち焦がれること。エの「切歯」「扼腕」はそれぞれ，歯を食いしばること，自分の腕を握りしめることをいう。いずれも残念がったり憤慨したりするときの動作を指す。オの「牽強」「付会」はともに，無理にこじつけることをいう。

【2】②

〈解説〉「顔が立つ」とは，名誉が保たれることをいう。広く世に知られていることは「顔が売れる」等が該当する。

【3】⑤

〈解説〉(1)　エドワード＝クック(コーク)は17世紀のイギリスの裁判官で，ブラクトンの言葉「国王は何人の下にも立つことはない。しかし，神と法の下には立たねばならない。」を引用し，「法の支配」の考え方を主張した。また，クックは権利章典の起草者でもある。　(2)　自発的民間団体を，NGO(Non-Governmental Organization)＝非政府組織という。　(3)　統治行為論が採られた判決の例として，1959年の砂川事件，1960年の苫米地訴訟があげられる。　(4)「1994年」「小選挙区比例代表並立制」から衆議院議員選挙とわかる。

【4】⑤

〈解説〉「少なくとも1枚は裏が出る」とは「3枚とも表にならない」場合なので，1－(3枚とも表になる確率)で計算する。3枚のコインを同時に投げるとき，表と裏の出方は全部で，2×2×2＝8通り。このうち，3枚とも表になるのは，(1枚目のコイン，2枚目のコイン，3枚目のコイン)＝(表，表，表)の1通りだから，求める確率は$1-\frac{1}{8}=\frac{7}{8}$である。

【5】①

〈解説〉月の満ち欠けの周期は約29.5日である。0日目に新月が見られたとするとその約7日後に上弦の月，さらに約7日後に満月，さらに約7日後に下弦の月が見られる。そしてその約7日後に再び新月となる。よって，上弦の月の15日後には左半分が輝いた下弦の月が見られる。下弦の月は明け方南中する。

【6】④

〈解説〉ア　調子が悪そうなBにAが話しかけている。Bの返答としては「ひどい風邪をひいてしまった」となるbが適切。　イ　病院にいっていない理由なので，aの「忙しすぎて医者にかかれなかった」が適切。ウ　Aが必要なら風邪薬をくれるといっているので，お礼を言うcが適切。　エ「私の助けが必要な時は, 私に連絡をとってください」となるaが適切。

【7】①

〈解説〉(1)は第11条で，国民の基本的人権の享有，基本的人権の永久不可侵性が記されている。(2)は第13条で，個人の尊重が記されている。(3)は第96条で，憲法改正の手続と公布が記されている。憲法改正の条文では割合の混同に注意したい。

【8】②

〈解説〉文部科学省は，これから到来するSociety5.0時代を見据え，教師，ひいては学校教育の質を高めるツールとして先端技術を積極的に取り入れる等を検討し，ICTを基盤とした先端技術を効果的に活用するための方策を本資料でまとめたという経緯がある。なおSociety5.0とは，サイバー空間(仮想空間)とフィジカル空間(現実空間)を高度に融合させたシステムにより，経済発展と社会的課題の解決を両立する人間中心の社会のことで，狩猟社会(Society1.0)，農耕社会(Society2.0)，工業社会(Society3.0)，情報社会(Society4.0)に続く，新たな社会を意味する。

【9】③
〈解説〉熱中症は自身の体温がコントロールできない状況のこと。具体的には身体の熱が蓄積され，高熱になる症状を指す。そして，温室効果ガスの増加よる地球温暖化が，熱中症患者増加の一因になっているという指摘がある。また，プラスチックの機能の高度化によって，食品保存技術も高度化し，食品ロスの削減につながったとされている。

【10】①
〈解説〉「消費者教育の推進に関する法律」は，消費者教育を総合的・一体的に推進することを目的とした法律で，同法に基づき消費者教育の推進に関する基本的な方針が定められている。この方針は国や地方公共団体の施策の指針となるだけでなく，消費者，消費者団体，事業者，事業者団体，教職員，消費生活相談員，地域福祉関係者，その他の幅広い消費者教育の担い手の指針でもあり，「消費者教育は，知識を一方的に与えることではなく，日常生活の中での実践的な能力を育み，社会の消費者力の向上を目指して行われるべきものである。知識を得るに当たっては，一人一人が，様々な機会・出会いを通じて，『見て』，『聞いて』，『読んで』自ら調べ，『学ぶ』ことで『気づく』ことが基本である」としている。

【11】③
〈解説〉教育基本法は教育法規の中でも最頻出法規の一つであるので，前文も含めて暗記が望ましい。第5条は義務教育，第10条は家庭教育，第13条は学校，家庭及び地域住民等の相互の連携協力について示している。なお，平成18年改正で条文の中でも「公共の精神の尊重」「豊かな人間性と創造性」「伝統の継承」も出題頻度が高いので注意すること。

【12】①

〈解説〉健康相談と保健指導に関する条文は隣りあっているので，混同に注意したい。保健指導は第9条である。第19条と第20条の主体者にも注意すること。

【13】②

〈解説〉ア　ピアジェの実在論(実念論)は，アニミズムと同じく前操作期の子どもの特徴として指摘される。考えたり想像したりしたもの，夢に見たこと，おとぎ話が客観的に実在すると考えることをいう。
イ　レディネスは学習の準備をいう。　ウ　リビドーはフロイト理論の場合，性欲を指す。　エ　刷り込みはインプリンティングとも呼ばれ，孵化後一定時間内に人や動物，あるいは物体を見せ追尾させると，その鳥は一生それを追尾するようになるという現象などをいう。

【14】④

〈解説〉出題は第28条「学校の設置者又はその設置する学校による対処」の第1項である。ウは事実関係，オは相当の期間が正しい。

【15】③

〈解説〉アの自己肯定感とウの自己実現は生徒指導における重要なキーワードでもある。例えば自己実現について，生徒指導提要では「児童生徒自ら現在及び将来における自己実現を図っていくための自己指導能力の育成を目指す」としており，不登校によってその機会が失われることが懸念されている。しかし，「不登校＝問題行動」ではなく，不登校になった児童生徒に学校・家庭・社会が寄り添い，共感的理解と受容の姿勢をもつことが求められる。

【16】⑤

〈解説〉ウ　本資料において，アセスメントは「学級担任の視点のみならず，スクールカウンセラー及びスクールソーシャルワーカー等による」

ものが有効としており，支援計画を実施するに当たっては「学校，保護者及び関係機関等で」支援計画を共有し，組織的・計画的な支援を行うことが重要，としている。　エ　家庭訪問を行う目的については，「常に安否確認を目的とし」ではなく「常にその意図・目的，方法及び成果を検証し」が正しい。また，安否確認ができない場合の通告先は「家庭裁判所」ではなく「市町村又は児童相談所」が正しい。

【17】⑤

〈解説〉障害者基本法第16条は教育について定めている。本条文等を受け，平成29年の学習指導要領改訂においても，特別支援学校の児童生徒と小・中学校等の児童生徒などとの交流及び共同学習を計画的，組織的に行うことが位置付けられている。

【18】①

〈解説〉イは管理職への報告よりも救命処置を優先させ，ウは…最低限必要とする情報が正しい。現場で起きた場合をイメージすると，理解しやすいだろう。

【19】②

〈解説〉人権教育に関する資料として，当資料は重要なものの一つであるため，十分に学習しておくこと。特に，人権感覚や人権教育等の定義，人権教育を通して求める児童生徒の姿などは頻出であるため，暗記しておくことが望ましい。

【20】③

〈解説〉「人権教育・啓発に関する基本計画」になる文言については，「人権教育の指導方法等の在り方について［第三次とりまとめ］」でも「人権の本質やその重要性を客観的な知識として知るだけでは，必ずしも人権擁護の実践に十分であるとはいえない」とあることに注意したい。部落差別とは同和問題とも呼ばれ，かつて日本にあった身分制社会の一部を，現在でも引きずっていることを指す。日本国憲法第14条第1項の平等原則を踏まえ，本法についても学習するとよい。

【小学校・中学校・養護・栄養】

【1】⑤

〈解説〉情報活用能力は言語能力，問題発見・解決能力と並ぶ，「学習の基盤となる資質・能力」の一つとして位置づけられている。問題にもあるとおり，情報活用基盤能力は学校教育全体で育成されるものであり，本資料においても「各学校において日常的に情報技術を活用できる環境を整え，全ての教科等においてそれぞれの特質に応じ，情報技術を適切に活用した学習活動の充実を図ることが必要」としている。

【2】①

〈解説〉ウについて，道徳教育の「道徳科を要として学校の教育活動全体を通じて行う」との混同に注意。本問の場合，道徳の授業について述べているので，「学習活動全体」になっていると思われる。道徳における評価としては，他の教科と異なり「児童(生徒)がいかに成長したかを積極的に受け止めて認め，励ます観点から行うものであり，個人内評価であるとの趣旨がより強く要請されるもの」としていることもおさえておこう。

【3】②

〈解説〉なお，いじめの重大事態の定義は「いじめにより当該学校に在籍する児童等の生命，心身又は財産に重大な被害が生じた疑いがあると認めるとき」，「いじめにより当該学校に在籍する児童等が相当の期間学校を欠席することを余儀なくされている疑いがあると認めるとき」としている。児童虐待と同様，確定段階ではなく「疑いがある」段階で調査などを行う必要があることに注意したい。また，重大事態の調査目的は「民事・刑事上の責任追及やその他の争訟等への対応を直接の目的とするものではなく，いじめの事実の全容解明，当該いじめの事案への対処及び同種の事案の再発防止」であることもおさえておこう。

【4】④

〈解説〉キャリア教育とは「一人一人の社会的・職業的自立に向け，必要な基盤となる能力や態度を育てることを通して，キャリア発達を促す教育」と定義され，特別活動を要として学校教育全体で行われる。「一定又は特定の職業に従事するために必要な知識，技能，能力や態度を育てる教育」と定義される職業教育との違いに注意しておくこと。

【5】④

〈解説〉総合的な学習の時間は「教科等の枠を超えた横断的・総合的な学習とすることと同時に，探究的な学習や協働的な学習とすること」を重視している。特に，探究的な学習についてはいわゆるPDCAサイクルのような学習過程を行うことで，発展的な学習を展開することをねらいとしていることを知っておくとよい。

【高等学校】

【1】⑤

〈解説〉まず，道徳教育は「生きる力」を構成する3要素の一つ(豊かな心)であり，学校の教育活動全体で行われることをおさえておきたい。高等学校では小・中学校と異なり，教科としての道徳がないため，指導については『公民科に新たに設けられた「公共」及び「倫理」並びに特別活動を，人間としての在り方生き方に関する教育を通して行う高等学校の道徳教育の中核的な指導の場面』として位置づけていることも学習しておこう。

【2】④

〈解説〉今回の改訂の大きな柱の一つにカリキュラム・マネジメント実施の促進があげられており，総則の構成が大幅に見直された。カリキュラム・マネジメントとは「学校教育に関わる様々な取組を，教育課程を中心に据えながら組織的かつ計画的に実施し，教育活動の質の向上につなげていくこと」であり，学校教育の改善・充実の好循環の実現を目指している。

【3】②

〈解説〉問題の(1)はホームルーム経営と生徒の発達支援，(2)は生徒の指導充実に関する内容である。学習指導要領解説ではホームルーム経営で大切なものの一つに生徒理解をあげており，教師の日頃のきめ細かい観察を基本に，面接など適切な方法を用いて，一人一人の生徒を客観的かつ総合的に認識すること，等としている。また，生徒指導は生徒の問題行動の対処だけでなく「一人一人の生徒の人格を尊重し，個性の伸長を図りながら，社会的資質や行動力を高めるように指導，援助する」こととしている。

【4】①

〈解説〉なお，本資料では4つの能力について，「それぞれが独立したものではなく，相互に関連・依存した関係にある。このため，特に順序があるものではなく，また，これらの能力をすべての者が同じ程度あるいは均一に身に付けることを求めるものではない」としている。学校としては学校や地域の特色，生徒の実態などを踏まえ，それぞれの能力を育成することとしている。

【5】④

〈解説〉出題にある教職員間の合意形成と指導の一貫性を保つためには，「各学校種における児童生徒の発達の段階と実態に即した指導基準を明確にし，児童生徒及び保護者などに，入学後の早い段階に生徒指導の指導基準や校則などの周知徹底を図ることが重要」としている。そのほかに教員の不断の研究と修養も求めていることも知っておくとよい。

2020年度　実施問題

【共通問題】

【1】次のア～オの四字熟語の意味を選んだとき，正しい組合せを選びなさい。

ア　博覧強記

a　物事をよく覚えていて，非常に賢いこと。

b　多くの書を読み，よく記憶していること。

c　広く物事に通じ，多方面で活躍すること。

イ　曲学阿世

a　真理を曲げて，世間や権力者にこびへつらうこと。

b　自説を曲げて，世間に気に入られようとすること。

c　学説を正しく理解できず，誤った認識を持つこと。

ウ　豪放磊落

a　非常に力強く，勢いがさかんであること。

b　度量が大きく，小事にこだわらないこと。

c　気性が激しく，攻撃的な態度であること。

エ　一視同仁

a　一つの物事に対し，ひたすら心を注ぐこと。

b　一度目にしただけで，はっきり分かること。

c　全てを平等に取り扱い，同様に愛すること。

オ　周章狼狽

a　大いにうろたえ騒ぐこと。

b　意外な出来事に驚くこと。

c　慌てすぎて失敗すること。

	ア	イ	ウ	エ	オ
①	c	c	b	a	c
②	b	b	a	b	a
③	b	a	b	c	a
④	a	b	c	a	b
⑤	b	a	b	c	c

(☆☆☆◎◎◎)

【2】ことわざ・慣用句とその意味の組合せとして，誤っているものを一つ選びなさい。

	ことわざ・慣用句	意　味
①	ほぞをかむ	後悔すること。
②	油を売る	仕事の途中で，むだな話などをして怠けること。
③	腹が据わる	度胸があること。
④	口車に乗せる	巧みな言い回しで，相手のやる気を引き出すこと。
⑤	鼻をあかす	相手を出し抜いて，あっと言わせること。

(☆☆☆◎◎◎)

【3】気づいてからブレーキを作動させるまでに自動車が走る距離を空走距離，ブレーキが作動してから自動車が止まるまでに走行する距離を制動距離，空走距離に制動距離を加えたものを停止距離という。

速度	空走距離	制動距離	停止距離
20　km/h	6　m	2　m	8　m
40　km/h	12　m	8　m	20　m
60　km/h	(　ア　) m	(　イ　) m	(　ウ　) m

上記の表は，ある自動車の空走距離，制動距離，停止距離を表している。ただし，空走距離は速度に比例し，制動距離は速度の2乗に比例する。

このとき，正しい組合せを選びなさい。

	ア	イ	ウ
①	12	14	26
②	18	10	28
③	18	18	36
④	24	18	42
⑤	36	12	48

(☆☆☆◎◎◎)

【4】次の(1)～(4)の各文は，国際経済に関するものである。文中の(　ア　)～(　エ　)に当てはまる語句の正しい組合せを選びなさい。

(1)　ソ連では，経済の活性化をめざして1980年代後半からゴルバチョフによる(　ア　)が進められたが，十分な成果をあげることができないまま，ソ連は1991年に崩壊した。

(2)　1980年代前半のアメリカでは，財政赤字と貿易赤字が拡大した。そのため，1985年にはG5によって，ドル高を是正するために，各国が協調して為替介入をおこなうという(　イ　)がかわされた。

(3)　1986年に交渉が開始されたGATT(関税と貿易に関する一般協定)の(　ウ　)では，農産物の自由化，サービス貿易，知的所有権の保護，セーフガードなどをめぐり議論された。

(4)　ヨーロッパでは，1967年に発足したEC(欧州共同体)は，1992年の(　エ　)に基づいて翌年にEU(欧州連合)となり，1999年には単一通貨としてユーロが導入された。

	ア	イ	ウ	エ
①	ペレストロイカ	ルーブル合意	ドーハ・ラウンド	ローマ条約
②	ドイモイ	プラザ合意	ウルグアイ・ラウンド	ローマ条約
③	ペレストロイカ	プラザ合意	ウルグアイ・ラウンド	マーストリヒト条約
④	ドイモイ	ルーブル合意	ドーハ・ラウンド	マーストリヒト条約
⑤	ペレストロイカ	プラザ合意	ドーハ・ラウンド	マーストリヒト条約

(☆☆☆◎◎◎)

【5】次の文は，台風について説明したものである。(　ア　)～(　オ　)に入る語句の正しい組合せはどれか。

日本の夏から秋にかけて，日本付近にはたびたび台風がやってくる。フィリピンの沖合などの海上で発生した(　ア　)のうち，中心付近の最大風速が毎秒(　イ　)m以上になったものを台風という。台風の中心付近は「目」とよばれる雲のない領域があり，そのまわりをたくさんの(　ウ　)がとりまいている。地上付近の風は，(　エ　)にふきこみ，上空付近では，(　オ　)にふきだしている。

	ア	イ	ウ	エ	オ
①	熱帯低気圧	17.2	積乱雲	反時計回り	時計回り
②	温帯低気圧	32.7	乱層雲	時計回り	時計回り
③	温帯低気圧	17.2	積乱雲	時計回り	反時計回り
④	温帯低気圧	32.7	乱層雲	反時計回り	反時計回り
⑤	熱帯低気圧	17.2	乱層雲	反時計回り	時計回り

(☆☆☆◎◎◎)

【6】次の対話文は，図書館でのA(図書館員)とB(利用者)の会話である。文中の(　ア　)～(　オ　)に入る適当なものをそれぞれa～cから選んだとき，正しい組合せを選びなさい。

A : What do you need?

B : I (　ア　) check out a book.

A : I'm going to need your library card.

B : I don't have a library card.

A : (　イ　) apply for one right now?

B : Sure. That would be great.

A : Please (　ウ　) this application.

B : Okay.

A : Now, sign your name on the back of the card.

B : (　エ　).

A : Here's your library card.

B : (　オ　). Now I'll check out this book.

ア	a. would like to	b. will not	c. wonder to
イ	a. How about	b. What do you say to	c. Why don't you
ウ	a. fill at	b. fill out	c. fill on
エ	a. Here they are	b. Here you go	c. Here we are
オ	a. Thanks	b. Don't mention it	c. Sorry for that

	ア	イ	ウ	エ	オ
①	a	b	a	c	a
②	a	c	b	b	a
③	b	a	b	c	b
④	c	c	c	b	b
⑤	c	c	b	a	c

(☆☆☆◎◎◎)

【7】次の各文は，日本国憲法の条文である。文中の(　ア　)～(　オ　)に当てはまる語句の正しい組合せを選びなさい。

第10条　日本国民たる(　ア　)は，法律でこれを定める。

第17条　何人も，公務員の(　イ　)により，損害を受けたときは，法律の定めるところにより，国又は公共団体に，その(　ウ　)を求めることができる。

第94条　地方公共団体は，その財産を管理し，事務を処理し，及び行政を執行する権能を有し，法律の範囲内で(　エ　)を制定することができる。

第98条　この憲法は，国の最高法規であつて，その(　オ　)に反する法律，命令，詔勅及び国務に関するその他の行為の全部又は一部は，その効力を有しない。

	ア	イ	ウ	エ	オ
①	権　利	不法行為	賠　償	条　例	条　規
②	権　利	違法行為	責　任	法　令	条　項
③	要　件	違法行為	責　任	法　令	条　規
④	権　利	不法行為	責　任	条　例	条　項
⑤	要　件	不法行為	賠　償	条　例	条　規

(☆☆☆◎◎◎)

【8】次の文は，「2020年代に向けた教育の情報化に関する懇談会」最終まとめ(平成28年7月　文部科学省)「Ⅲ　各分野における課題と対応」の一部を抜粋したものである。文中の(　ア　)～(　エ　)に当てはまる語句の正しい組合せを選びなさい。ただし，同じ記号には同じ語句が入る。

○　ICT活用の特性・強みは，

①　多様で大量の情報を収集，整理・分析，まとめ，表現することなどができ，(　ア　)が容易であること(観察・実験したデータなどを入力し，図やグラフ等を作成するなどを繰り返し行い試行錯誤すること)

②　時間や空間を問わずに，音声・画像・データ等を蓄積・送受信でき，時間的・空間的制約を超えること(距離や時間を問わずに児童生徒の思考の過程や結果を(　イ　)する)

③　距離に関わりなく相互に情報の発信・受信のやりとりができるという，(　ウ　)を有すること(教室やグループでの大勢の考えを距離を問わずに瞬時に共有すること)

といった3つに整理されるが，この特徴・強みにより，①については文書の編集，プレゼンテーション，調べ学習，ドリル学習，試行の繰り返し，情報共有を，②については思考の(　イ　)，学習過程の記録を，③については瞬時の共有，(　エ　)，メール送受信等を可能とし，次期学習指導要領においても，各学校においてICT活用の特性・強みを生かした授業が行われることが期待されている。

	ア	イ	ウ	エ
①	カスタマイズ	可視化	双方向性	遠隔授業
②	複　写	可視化	対話性	スクーリング
③	複　写	分　類	双方向性	スクーリング
④	複　写	可視化	対話性	遠隔授業
⑤	カスタマイズ	分　類	双方向性	遠隔授業

(☆☆☆◎◎◎)

【9】次の文は，「平成30年度版　環境白書・循環型社会白書・生物多様性白書」(環境省)の一部を抜粋したものである。文中の(　ア　)～(　オ　)に当てはまるものを語群a～jから選んだとき，その正しい組合せを選びなさい。ただし，同じ記号には同じ語句が入る。

これらの人間活動に起因する諸問題を喫緊の課題として認識し，国際社会が協働して解決に取り組んでいくため，2015年9月の国連総会において「(　ア　)」が採択されました。(　ア　)は，先進国と開発途上国が共に取り組むべき国際社会全体の普遍的な目標として採択され，その中に，「持続可能な開発目標(　イ　)」として，(　ウ　)のゴールと169のターゲットが設定されています。

(　イ　)の(　ウ　)のゴールには，水・衛生，エネルギー，持続可能な都市，持続可能な生産・消費，気候変動，陸域生態系，海洋資源といった地球環境そのものの課題や，地球環境と密接に関わる課題が数多く含まれています。これは，地球環境の持続可能性に対する国際社会の危機感の表れと言えます。

(　イ　)の(　ウ　)のゴールと169のターゲットは相互に関係しており，複数の課題を(　エ　)に解決することや，一つの行動によって複数の側面における利益を生み出すマルチベネフィットを目指すという特徴を持っています。環境政策の観点から(　イ　)のゴール間の関連性を見ると，環境を基盤とし，その上に持続可能な(　オ　)が存在しているという役割をそれぞれが担っていると考えられます。

《語群》

a　総合的　　b　統合的

c　持続可能な開発のための2030アジェンダ　　d　パリ協定
e　ESD　　f　SDGs　　g　17　　h　21　　i　科学技術
j　経済社会活動

	ア	イ	ウ	エ	オ
①	c	f	h	a	i
②	c	f	g	b	j
③	d	e	h	b	j
④	c	f	h	b	i
⑤	d	e	g	a	j

(☆☆☆◎◎◎◎)

【10】次の文は，「消費者基本法」(平成24年法律第60号)の条文である。文中の(　ア　)～(　エ　)に当てはまる語句の正しい組合せを選びなさい。

第25条

独立行政法人国民生活センターは，国及び地方公共団体の関係機関，(　ア　)団体等と連携し，国民の(　イ　)に関する情報の収集及び提供，事業者と消費者との間に生じた苦情の処理のあつせん及び当該苦情に係る相談，事業者と消費者との間に生じた紛争の(　ウ　)による解決，消費者からの苦情等に関する商品についての試験，検査等及び役務についての調査研究等，消費者に対する(　エ　)及び教育等における中核的な機関として積極的な役割を果たすものとする。

	ア	イ	ウ	エ
①	事業者	消費生活	裁　判	啓　発
②	消費者	消費生活	合　意	サービス
③	事業者	経済活動	裁　判	サービス
④	消費者	消費生活	合　意	啓　発
⑤	消費者	経済活動	合　意	啓　発

(☆☆☆◎◎◎)

【11】次の各文は，教育基本法(平成18年法律第120号)の条文の一部である。文中の(　ア　)～(　オ　)に当てはまる語句の正しい組合せを選びなさい。

第3条

国民一人一人が，(　ア　)の人格を磨き，豊かな人生を送ることができるよう，その生涯にわたって，あらゆる機会に，あらゆる場所において学習することができ，その成果を適切に生かすことのできる社会の実現が図られなければならない。

第4条

すべて国民は，ひとしく，その(　イ　)に応じた教育を受ける機会を与えられなければならず，人種，信条，性別，社会的身分，経済的地位又は門地によって，教育上差別されない。

第9条

法律に定める学校の教員は，自己の崇高な使命を深く自覚し，絶えず(　ウ　)と修養に励み，その(　エ　)の遂行に努めなければならない。

第10条

父母その他の保護者は，子の教育について第一義的責任を有するものであって，生活のために必要な習慣を身に付けさせるとともに，(　オ　)を育成し，心身の調和のとれた発達を図るよう努めるものとする。

	ア	イ	ウ	エ	オ
①	自　己	能　力	研　究	職　責	自立心
②	個　人	適　性	研　究	職　責	寛容の態度
③	個　人	適　性	研　究	職　務	自立心
④	個　人	能　力	研　鑽	職　務	寛容の態度
⑤	自　己	能　力	研　鑽	職　務	寛容の態度

(☆☆☆◎◎◎)

【12】次の文は「男女共同参画社会基本法」(平成11年法律第78号)の条文である。文中の(　ア　)～(　オ　)に当てはまる語句について，正しい

組合せを選びなさい。

第2条

この法律において，次の各号に掲げる用語の意義は，当該各号に定めるところによる。

一　男女共同参画社会の形成　男女が，社会の対等な構成員として，自らの意思によって社会のあらゆる分野における活動に参画する(　ア　)が確保され，もって男女が均等に(　イ　)，経済的，(　ウ　)及び文化的利益を享受することができ，かつ，共に(　エ　)を担うべき社会を形成することをいう。

二　(　オ　)前号に規定する機会に係る男女間の格差を改善するため必要な範囲内において，男女のいずれか一方に対し，当該機会を積極的に提供することをいう。

	ア	イ	ウ	エ	オ
①	機　会	法　的	社会的	役　割	積極的改善措置
②	権　利	政治的	教育的	役　割	積極的改善
③	機　会	政治的	社会的	責　任	積極的改善措置
④	権　利	政治的	教育的	責　任	積極的改善
⑤	機　会	法　的	教育的	役　割	積極的改善

(☆☆☆◎◎◎)

【13】次の(1)～(4)の各文は，学習行動の理論について述べたものである。文中の(　ア　)～(　エ　)に当てはまる語句の正しい組合せを選びなさい。ただし，同じ記号には同じ語句が入る。

(1)　行動主義では，どのような状況でどのような反応をするかという刺激と反応の結びつきが，報酬や罰によって強化されるのが学習と考える。(　ア　)や即時フィードバックという学習の原理は，プログラム学習などに応用されている。

(2)　認知主義では，知識体系を構成していく過程が学習であるとし，既有知識のあり方や情報処理の方略を重視する。認知心理学では概念的な知識体系を(　イ　)といい，文章理解においては，(　イ　)を使って推論しながら筋の通る解釈をつくりあげていくとされている。

(3)　状況主義では，学習とは文化的共同体への参加の過程であり，道具や他者との関わりを重視する。レイヴとウェンガー(Lave & Wenger)は文化的共同体に実践的に参加し，新参者から古参者へと成長していく過程こそが学習であるとし，このような学習のありかたを(　ウ　)と名付けた。

(4)　学習には，事実を記憶することや概念を理解することと並んで，スキル(技能)を獲得するという側面がある。認知心理学では，スキル(技能)とは(　エ　)の獲得と言われている。

	ア	イ	ウ	エ
①	スモールステップ	スキーマ	正統的周辺参加	手続き的知識
②	スモールステップ	スクリプト	潜在学習	手続き的知識
③	古典的条件づけ	スクリプト	正統的周辺参加	手続き的知識
④	古典的条件づけ	スキーマ	潜在学習	宣言的知識
⑤	スモールステップ	スクリプト	潜在学習	宣言的知識

(☆☆☆◎◎◎)

【14】次の文は「新しい時代の教育に向けた持続可能な学校指導・運営体制の構築のための学校における働き方改革に関する総合的な方策について(答申)」(平成31年1月中央教育審議会)の一部を抜粋したものである。文中の(　ア　)～(　オ　)に当てはまる語句の正しい組合せを選びなさい。

○　喫緊の課題である学校における働き方改革は，この働き方改革推進法を踏まえつつ，教育基本法や学校教育法に定められた(　ア　)に基づく目標を達成するために行われる必要がある。すなわち，「はじめに」で触れたとおり，‘子供のためであればどんな長時間勤務も良しとする’という働き方は，教師という職の崇高な使命感から生まれるものであるが，その中で教師が疲弊していくのであれば，それは‘子供のため’にはならない。教師のこれまでの働き方を見直し，教師が我が国の学校教育の蓄積と向かい合って自らの授業を磨くとともに(　イ　)や教職人生を豊かにすることで，自らの

(　ウ　)を高め，子供たちに対して効果的な教育活動を行うことができるようになることが学校における働き方改革の目的であり，そのことを常に原点としながら改革を進めていく必要がある。

○　具体的には，教師の長時間勤務の要因についての分析結果を踏まえ，今回の働き方改革の目的のもと，膨大になってしまった学校及び教師の(　エ　)を明確にし，限られた時間の中で，教師の専門性を生かしつつ，(　オ　)のための時間や児童生徒に接する時間を確保できる勤務環境を整備することが必要である。

	ア	イ	ウ	エ	オ
①	教職員の勤務規定	職場での人間関係	人間性や創造性	責　任	授業改善
②	教育や学校の目的	職場での人間関係	社交性や感受性	責　任	情報共有
③	教育や学校の目的	日々の生活の質	人間性や創造性	業務の範囲	授業改善
④	教職員の勤務規定	日々の生活の質	社交性や感受性	業務の範囲	情報共有
⑤	教育や学校の目的	職場での人間関係	社交性や感受性	責　任	授業改善

(☆☆☆◎◎◎)

【15】次の文は「平成29年度　児童生徒の問題行動・不登校等生徒指導上の諸課題に関する調査結果について(通知)」(平成30年12月文部科学省)の一部を抜粋したものである。文中の(　ア　)～(　オ　)に当てはまる語句の正しい組合せを選びなさい。

○　不登校児童生徒への支援の充実について

今回の調査結果によると，小・中学校の在籍児童生徒数が減少しているにもかかわらず，不登校児童生徒数が5年連続で増加し，約6割の不登校児童生徒が90日以上欠席しているなど，憂慮すべき状況にある。

こうした状況の下，平成28年12月には，不登校児童生徒への支援について初めて体系的に定めた「義務教育の段階における普通教育に相当する(　ア　)の確保等に関する法律」が成立，平成29年2月より施行され，同年3月，同法に基づく基本指針を策定した。不登校児童生徒への支援は，同法及び基本指針等に基づき，学校や教育委員会等は，魅力あるより良い学校づくりや児童生徒の学習状況等に応じた(　イ　)を実施すること。また，児童生徒の(　ウ　)を目指して，組織的・計画的な支援や(　エ　)の団体との連携による支援を実施するほか，スクールカウンセラー，スクールソーシャルワーカー，関係機関との連携による教育相談体制を充実するなど，個々の不登校児童生徒の状況に応じた必要な支援を推進すること。なお，不登校は，取り巻く環境によっては，どの児童生徒にも起こり得るものとして捉え，不登校というだけで問題行動であると受け取られないよう配慮し，支援に当たっては，不登校児童生徒の(　オ　)を十分に尊重しつつ行うこと。

	ア	イ	ウ	エ	オ
①	教育の機会	指導・配慮	社会的自立	民　間	意　思
②	学習の機会	指導・配慮	社会的自立	公　共	保護者の意見
③	教育の機会	個別学習	学校(学級)復帰	公　共	意　思
④	学習の機会	個別学習	学校(学級)復帰	民　間	保護者の意見
⑤	教育の機会	指導・配慮	社会的自立	公　共	保護者の意見

(☆☆☆◎◎◎)

【16】次の文は「いじめの防止等のための基本的な方針」(最終改定　平成29年3月14日文部科学大臣決定)の一部を抜粋したものである。文中の下線部ア～オについて正しいものを○，誤っているものを×としたとき，正しい組合せを選びなさい。

いじめは，単に$_{ア}$謝罪をもって安易に解消とすることはできない。いじめが「解消している」状態とは，少なくとも次の2つの要件が満たされている必要がある。ただし，これらの要件が満たされている場合であっても，必要に応じ，他の事情も勘案して判断するものとする。

①　いじめに係る行為が止んでいること

被害者に対する心理的又は物理的な影響を与える行為(インターネットを通じて行われるものを含む。)が止んでいる状態が相当の期間継続していること。この相当の期間とは，少なくとも$_{イ}$1か月を目安とする。ただし，いじめの被害の重大性等からさらに長期の期間が必要であると判断される場合は，この目安にかかわらず，学校の設置者又は$_{ウ}$学校長の判断により，より長期の期間を設定するものとする。学校の教職員は，相当の期間が経過するまでは，被害・加害児童生徒の様子を含め状況を注視し，期間が経過した段階で判断を行う。行為が止んでいない場合は，改めて，相当の期間を設定して状況を注視する。

② 被害児童生徒が心身の苦痛を感じていないこと

いじめに係る行為が止んでいるかどうかを判断する時点において，被害児童生徒がいじめの行為により心身の苦痛を感じていないと認められること。被害児童生徒本人及びその保護者に対し，心身の苦痛を感じていないかどうかを$_{エ}$面談等により確認する。

学校は，いじめが解消に至っていない段階では，被害児童生徒を徹底的に守り通し，その$_{オ}$安全・安心を確保する責任を有する。学校いじめ対策組織においては，いじめが解消に至るまで被害児童生徒の支援を継続するため，支援内容，情報共有，教職員の役割分担を含む対処プランを策定し，確実に実行する。

	ア	イ	ウ	エ	オ
①	×	○	×	×	○
②	○	×	×	○	○
③	○	○	○	×	×
④	○	×	○	○	×
⑤	×	○	○	○	○

(☆☆☆◎◎◎)

【17】次の文は，障害者の権利に関する条約(平成26年1月20日批准)の一部を抜粋したものである。文中の(　ア　)～(　オ　)に当てはまる語句の正しい組合せを選びなさい。ただし，同じ記号には同じ語句が入る。

第1条　目的

この条約は，全ての障害者によるあらゆる人権及び(　ア　)の完全かつ平等な享有を促進し，保護し，及び確保すること並びに障害者の固有の尊厳の尊重を促進することを目的とする。

障害者には，長期的な身体的，精神的，知的又は(　イ　)な機能障害であって，様々な障壁との相互作用により他の者との平等を基礎として社会に完全かつ(　ウ　)に参加することを妨げ得るものを有する者を含む。

第2条　定義

(略)

「合理的配慮」とは，障害者が他の者との平等を基礎として全ての人権及び(　ア　)を享有し，又は行使することを確保するための必要かつ適当な(　エ　)及び(　オ　)であって，特定の場合において必要とされるものであり，かつ，均衡を失した又は過度の負担を課さないものをいう。

	ア	イ	ウ	エ	オ
①	基本的自由	自閉的	積極的	変　更	調　整
②	社会的自立	自閉的	積極的	支　援	配　慮
③	基本的自由	感覚的	効果的	支　援	配　慮
④	社会的自立	感覚的	積極的	支　援	配　慮
⑤	基本的自由	感覚的	効果的	変　更	調　整

(☆☆☆◎◎◎)

【18】次の文は，「第2次学校安全の推進に関する計画」(平成29年3月24日閣議決定)の一部を抜粋したものである。文中の(　ア　)～(　オ　)に当てはまる語句の正しい組合せを選びなさい。

○　学校安全に関する組織的取組の推進

児童生徒等の安全を脅かす事故等は，(　ア　)のあらゆる場面で発生することが想定されることから，全ての学校及び教職員は，日頃から，事故等の(　イ　)や事故等発生時における対応に関して，適切な対応を組織的に講じられるようにしておくことが必要である。また，学校教育活動全体を通じた(　ウ　)な安全教育を推進するためには，学校組織全体が安全教育に関する(　エ　)を共有して組織的に取り組むことが必要である。

このため，全ての学校において，管理職のリーダーシップの下，学校安全の中核となる教職員を中心として，組織的な取組を的確に行えるような体制を構築するとともに，全ての教職員が，各キャリアステージにおいて必要に応じた学校安全に関する(　オ　)を身に付ける。

	ア	イ	ウ	エ	オ
①	学校管理下	未然防止	系統的・体系的	目　標	資質・能力
②	教育活動中	未然防止	意図的・計画的	方　針	知識・技能
③	学校管理下	早期発見	系統的・体系的	目　標	資質・能力
④	教育活動中	未然防止	意図的・計画的	目　標	知識・技能
⑤	教育活動中	早期発見	系統的・体系的	方　針	知識・技能

(☆☆☆◎◎◎)

【19】次の各文は，「人権教育の指導方法等の在り方について〔第三次とりまとめ〕」(平成20年3月人権教育の指導方法等に関する調査研究会議)の一部を抜粋したものである。文中の(　ア　)～(　オ　)に当てはまる語句の正しい組合せを選びなさい。ただし，同じ記号には同じ語句が入る。

○　教職員は，児童生徒に直接ふれあいながら指導を行うことで，その心身の成長発達を促進し，支援するという役割を担っている。「教師が変われば子どもも変わる」と言われるように，教職員の言動は，日々の教育活動の中で児童生徒の心身の発達や人間形成に大きな影響を及ぼし，豊かな(　ア　)を育成する上でもきわめて重要な意味を持つ。

○　自分の人権を守り，他者の人権を守ろうとする意識・意欲・態度を促進するためには，人権に関する(　イ　)を深めるとともに，人権感覚を育成することが必要である。(　イ　)を深めるための指導を行う際にも，人権についての知識を単に一方的に教え込んだり，個々に学習させたりするだけでは十分でなく，児童生徒ができるだけ主体的に，他の児童生徒とも協力し合うような方法で学習に取り組めるよう工夫することが求められる。

○　人権教育においては，自他の人権を大切にする人権感覚を育てるとともに，他の人とともによりよく生きようとする態度や集団生活における規範等を尊重し，義務や責任を果たす態度，身近な人権問題を解決しようとする実践的な行動力などを，児童生徒に身に付けさせることを目標としており，人権教育の指導の出発点として，(　ウ　)が重要となる。

○　保・幼，小・中・高等学校などの学校段階ごとの取組だけでなく，校種間の連携をより一層進めることが求められる。児童生徒の発達段階に配慮したカリキュラムを共同で研究したり，校種を越えて授業研究を行うなどの取組を通じて，(　エ　)な人権教育の実践に努めることが望まれる。

○　人権教育は，一人一人が大切にされ，尊重される社会の発展に寄与するものである。各学校においては，人権教育のこのような意義も踏まえ，人権文化の構築に向けた各般の取組とも歩調を合わせながら，(　オ　)で子どもたちを育てていくという視点に立って，人権教育の活動を進めていく姿勢が重要となる。

	ア	イ	ウ	エ	オ
①	感　性	知的理解	児童生徒の理解	有機的・相乗的	学校総体
②	人間性	理念の理解	人権課題の理解	有機的・相乗的	社会全体
③	人間性	知的理解	児童生徒の理解	系統的・継続的	社会全体
④	感　性	理念の理解	人権課題の理解	系統的・継続的	学校総体
⑤	人間性	理念の理解	児童生徒の理解	有機的・相乗的	社会全体

(☆☆☆◎◎◎)

【20】次の各文は，「人権教育及び人権啓発の推進に関する法律」(平成12年法律第147号)，「人権教育・啓発に関する基本計画」(平成14年3月15日閣議決定(策定)　平成23年4月1日閣議決定(変更))，「部落差別の解消の推進に関する法律」(平成28年法律第109号)の一部を抜粋したものである。文中の(　ア　)～(　エ　)に当てはまる語句の正しい組合せを選びなさい。

「人権教育及び人権啓発の推進に関する法律」

第1条

この法律は，人権の尊重の緊要性に関する認識の高まり，社会的身分，(　ア　)，人種，信条又は性別による不当な差別の発生等の人権侵害の現状その他人権の擁護に関する内外の情勢にかんがみ，人権教育及び人権啓発に関する施策の推進について，国，地方公共団体及び国民の責務を明らかにするとともに，必要な措置を定め，もって人権の擁護に資することを目的とする。

「人権教育・啓発に関する基本計画」

すべての人々が人権を享有し，平和で豊かな社会を実現するためには，人権が国民相互の間において共に尊重されることが必要であるが，そのためには，各人の人権が調和的に行使されること，すなわち，「(　イ　)」が達成されることが重要である。

「部落差別の解消の推進に関する法律」

第2条

部落差別の解消に関する施策は，全ての国民が等しく基本的人権を享有するかけがえのない(　ウ　)として尊重されるものであるとの理念にのっとり，部落差別を解消する(　エ　)に対する国民一人一人の理解を深めるよう努めることにより，部落差別のない社会を実現することを旨として，行われなければならない。

	ア	イ	ウ	エ
①	障　害	人権の共存	個　人	教育・啓発
②	門　地	人権文化の構築	個　人	教育・啓発
③	門　地	人権の共存	存　在	教育・啓発
④	障　害	人権文化の構築	存　在	必要性
⑤	門　地	人権の共存	個　人	必要性

(☆☆☆◎◎◎)

【小学校・中学校・養護・栄養】

【1】次の文は，「教育振興基本計画」(平成30年6月15日　閣議決定)の一部を抜粋したものである。文中の(　ア　)～(　オ　)に当てはまる語句の正しい組合せを一つ選びなさい。

(一人一人の「可能性」を最大限高めるための一貫した教育の実現)

○　AIの発展によって近い将来多くの職種がコンピューターに代替さ

れるとの指摘がある時代だからこそ，ICTを主体的に使いこなす力だけでなく，他者と協働し，人間ならではの感性や創造性を発揮しつつ新しい(　ア　)を創造する力を育成することが一層重要になる。これからの教育は，こうした人間の「可能性」を最大化することを幼児期から高齢期までの生涯にわたる教育の一貫した理念として重視しなければならない。

○　初等中等教育においては，幼児期から高等学校教育までを通じて育成を目指す資質・能力を，①「何を理解しているか，何ができるか((　イ　)「知識・技能」の習得)」，②「理解していること・できることをどう使うか((　ウ　)にも対応できる「思考力・判断力・表現力等」の育成)，③「どのように社会・世界と関わり，よりよい人生を送るか(学びを人生や社会に生かそうとする「学びに向かう力・(　エ　)等」の涵養)」の三つの柱で整理するとともに，こうした資質・能力を社会や世界との接点を重視しながら育成する「(　オ　)教育課程」の実現を求めたところであり，その実現に向けての取組の着実な推進が重要である。

	ア	イ	ウ	エ	オ
①	価　値	生きて働く	未知の状況	人間性	社会に開かれた
②	価　値	基礎的・基本的な	困難な状況	社会性	社会と共にある
③	技　術	基礎的・基本的な	困難な状況	人間性	社会と共にある
④	価　値	基礎的・基本的な	未知の状況	人間性	社会に開かれた
⑤	技　術	生きて働く	困難な状況	社会性	社会に開かれた

(☆☆☆◎◎◎)

【2】次の文は，小学校〈中学校〉学習指導要領解説特別の教科　道徳編(平成29年文部科学省)「第2章　道徳教育の目標」「第2節　道徳科の目標」「3〈4〉道徳的な判断力，心情，実践意欲と態度を育てる」の一部を抜粋したものである。文中の(　ア　)～(　オ　)に当てはまる語句の正しい組合せを選びなさい。

道徳性とは，人間としてよりよく生きようとする人格的特性であり，道徳教育は道徳性を構成する諸様相である道徳的判断力，道徳的心情，道徳的実践意欲と態度を養うことを求めている。

(略)

これらの道徳性の諸様相には，特に(　ア　)があるということではない。一人一人の児童〈生徒〉が道徳的価値を自覚し，自己の生き方についての考えを深め〈人間としての生き方について深く考え〉，日常生活や今後出会うであろう様々な場面，〈及び〉状況において，道徳的価値を実現するための(　イ　)を主体的に選択し，実践することができるような(　ウ　)を意味している。

道徳性を養うことを目的とする道徳科においては，その目標を十分に理解して，教師の一方的な押し付けや単なる生活経験の話合いなどに終始することのないように特に留意し，それにふさわしい指導の計画や方法を講じ，指導の効果を高める工夫をすることが大切である。

道徳性は，徐々に，しかも〈,〉着実に養われることによって，潜在的，持続的な作用を行為や人格に及ぼすものであるだけに，(　エ　)と綿密な計画に基づいた丹念な指導がなされ，(　オ　)につなげていくことができるようにすることが求められる。

※ ～～～ の表記は小学校学習指導要領解説

※〈　〉の表記は中学校学習指導要領解説

	ア	イ	ウ	エ	オ
①	優劣や階層	具体的な行為	資質・能力	長期的展望	道徳的行為
②	序列や段階	適切な行為	内面的資質	長期的展望	道徳的実践
③	優劣や階層	適切な行為	内面的資質	長期的展望	道徳的行為
④	優劣や階層	適切な行為	資質・能力	継続的支援	道徳的実践
⑤	序列や段階	具体的な行為	内面的資質	継続的支援	道徳的行為

(☆☆☆◎◎◎)

【3】次の文は「学校等における児童虐待防止に向けた取組について(報告書)」(平成18年5月学校等における児童虐待防止に向けた取組に関する調査研究会議)の一部を抜粋したものである。文中の下線部ア～オについて正しいものを○，誤っているものを×としたとき，正しい組合せを選びなさい。

児童虐待防止法においては，学校及び教職員に対して，児童虐待を早期に発見し，虐待の被害を防止するための適切な対策をとり，児童生徒の安全を確保するために，具体的に以下のような役割が求められている。

※学校及び教職員に求められている役割
① 学校及び教職員は，児童虐待の早期発見のための$_{ア}$義務が課されていること，
② 児童虐待を発見した者は，速やかに福祉事務所又は児童相談所へ通告しなければならない$_{イ}$義務が課されていること，
③ 児童虐待の被害を受けた児童生徒に対して適切な$_{ウ}$学習支援が行われるようにすること，
④ 児童相談所等の関係機関等との連携強化に努めること，など

このように，学校及び教職員に求められている役割は，あくまで日頃から子ども達に接している立場から求められる役割と「教育」の観点からできることである。そして，このような学校等に対して，教育委員会にできる役割は，「学校等の取組への支援及び一般的な家庭教育の充実のための支援」等がある。

その一方で，学校等でできないこととしては，①虐待が疑われる家庭への$_{エ}$在宅援助，②虐待を受けた子ども又は虐待を行う保護者に対する医療・福祉・保健的な措置等であり，これらの役割を学校や教職員が担うことは困難である。

このように，児童虐待防止の取組において，学校に「できること」と「できないこと」を明確にしていくと同時に，「学校にできること」については$_{オ}$組織的な対応を進めていくことが重要である。このようにして，児童虐待の防止に関して，学校及び教職員に過大な責務や負担を負わせないようにする必要がある。

	ア	イ	ウ	エ	オ
①	×	○	×	×	○
②	×	×	×	○	○
③	○	○	○	×	○
④	○	×	○	○	×
⑤	×	○	○	×	×

(☆☆☆◎◎◎)

【4】次の文は，小学校〈中学校〉学習指導要領解説特別活動編(平成29年文部科学省)「第2章　特別活動の目標」「第1節　特別活動の目標」「1　特別活動の目標」の一部を抜粋したものである。文中の(　ア　)～(　オ　)に当てはまる語句の正しい組合せを選びなさい。ただし，同じ記号には同じ語句が入る。

① 「人間関係形成」

「人間関係形成」は，集団の中で，人間関係を(　ア　)，実践的によりよいものへと形成するという視点である。人間関係形成に必要な資質・能力は，集団の中において，課題の発見，〈から〉実践，(　イ　)などの特別活動の学習過程全体を通して，個人と個人あるいは個人と集団という関係性の中で育まれると考えられる。

② 「社会参画」

「社会参画」は，よりよい学級・学校生活づくりなど，集団や社会に参画し様々な問題を主体的に解決しようとするという視点である。社会参画〈のため〉に必要な資質・能力は，集団の中において，自発的，(　ウ　)な活動を通して，個人が集団へ関与する中で育まれる〈もの〉と考えられる。

③ 「自己実現」

「自己実現」は，一般的には様々な意味で用いられるが，特別活動においては，集団の中で，(　エ　)の自己の生活の課題を発見し，よりよく改善しようとする視点である。自己実現〈のため〉に必要な資質・能力は，自己の理解を深め，自己のよさや(　オ　)を生かす力，自己の在り方や生き方を考え設計する力など，集団の中において，個々人が共通して当面する(　エ　)に関わる課題を考察する中で育まれる〈もの〉と考えられる。

※＿＿＿の表記は小学校学習指導要領解説
※〈　　〉の表記は中学校学習指導要領解説

	ア	イ	ウ	エ	オ
①	自主的	振り返り	協働的	現　在	可能性
②	自主的	振り返り	自治的	現在及び将来	可能性
③	自主的	まとめ	自治的	現在及び将来	能　力
④	意欲的	まとめ	自治的	現　在	能　力
⑤	意欲的	振り返り	協働的	現　在	能　力

(☆☆☆◎◎◎)

【5】次の文は，小学校〈中学校〉学習指導要領解説総合的な学習の時間編(平成29年文部科学省)「第7章　総合的な学習の時間の学習指導」「第3節　探究的な学習の指導のポイント」「1　学習過程を探究的にすること」の一部を抜粋したものである。文中の(　ア　)～(　オ　)に当てはまる語句の正しい組合せを選びなさい。ただし，同じ記号には同じ語句が入る。

探究的な学習とするためには，学習過程が以下のようになることが重要である。

【①課題の設定】(　ア　)などを通して，課題を設定し課題意識をもつ

【②情報の収集】必要な情報を取り出したり収集したりする

【③整理・分析】収集した情報を，整理したり分析したりして(　イ　)

【④まとめ・表現】(　ウ　)，自分の考えなどをまとめ，判断し，表現する

なお，ここでいう〈言う〉情報とは，判断や意思決定，行動を左右する全ての事柄を指し，広く捉えている。言語や数字など記号化されたもの，映像や写真など視覚化されたものによって情報を得ることも

できるし，具体物との関わりや(　ア　)など，事象と直接関わることによって情報を得ることもできる。

もちろん，こうした探究の過程は，いつも①～④が順序よく繰り返されるわけではなく，順番が前後することもあるし，一つの活動の中に複数のプロセスが(　エ　)して同時に行われる場合もある。およその流れのイメージであるが，このイメージを教師がもつことによって，探究的な学習を具現するために必要な教師の(　オ　)を発揮することにつながる。また，この探究の過程は何度も繰り返され，高まっていく。

※～～～～～ の表記は小学校学習指導要領解説
※〈　　〉の表記は中学校学習指導要領解説

	ア	イ	ウ	エ	オ
①	生活経験	考察する	気付きや発見	一体化	専門性
②	生活経験	考察する	調査した結果	混　在	指導性
③	体験活動	思考する	気付きや発見	一体化	指導性
④	体験活動	思考する	気付きや発見	一体化	専門性
⑤	体験活動	考察する	調査した結果	混　在	専門性

(☆☆☆◎◎◎)

【高等学校】

【1】次の文は，高等学校学習指導要領(平成21年3月告示)「第1章　総則」「第1款　教育課程編成の一般方針」の一部を抜粋したものである。文中の(　ア　)～(　オ　)に当てはまる語句の正しい組合せを選びなさい。

学校における体育・健康に関する指導は，生徒の発達の段階を考慮して，学校の教育活動全体を通じて適切に行うものとする。特に，学校における(　ア　)並びに(　イ　)に関する指導，安全に関する指導及び心身の健康の(　ウ　)に関する指導については，保健体育科はもとより，(　エ　)，(　オ　)などにおいてもそれぞれの特質に応じて適切に行うよう努めることとする。また，それらの指導を通して，家庭や地域社会との連携を図りながら，日常生活において適切な体育・健康に関する活動の実践を促し，生涯を通じて健康・安全で活力ある生活を送るための基礎が培われるよう配慮しなければならない。

	ア	イ	ウ	エ	オ
①	食習慣の改善	運動の実践	保持増進	家庭科	道徳教育
②	食習慣の改善	体力の向上	調和的発達	総合的な学習の時間	道徳教育
③	食育の推進	体力の向上	保持増進	家庭科	特別活動
④	食育の推進	運動の実践	保持増進	家庭科	道徳教育
⑤	食育の推進	体力の向上	調和的発達	総合的な学習の時間	特別活動

(☆☆☆◎◎◎)

【2】次の文は，高等学校学習指導要領解説総則編(平成21年文部科学省)「第3章　教育課程の編成及び実施」「第1節　教育課程編成の一般方針」の一部を抜粋したものである。文中の(　ア　)～(　オ　)に当てはまる語句の正しい組合せを選びなさい。

各学校においては，教育基本法及び学校教育法その他の法令並びにこの章以下に示すところに従い，生徒の人間として調和のとれた育成を目指し，地域や学校の実態，課程や学科の特色，生徒の心身の発達の段階及び特性等を十分考慮して，適切な教育課程を編成するものとし，これらに掲げる目標を達成するよう教育を行うものとする。

学校の教育活動を進めるに当たっては，各学校において，生徒に(　ア　)を育むことを目指し，創意工夫を生かした特色ある教育活動を展開する中で，基礎的・基本的な知識及び技能を確実に習得させ，これらを活用して課題を解決するために必要な思考力，判断力，(　イ　)その他の能力をはぐくむとともに，(　ウ　)に学習に取り組む態度を養い，個性を生かす教育の充実に努めなければならない。その際，生徒の発達の段階を考慮して，生徒の(　エ　)を充実するとともに，家庭との連携を図りながら，生徒の(　オ　)習慣が確立するよう配慮しなければならない。

	ア	イ	ウ	エ	オ
①	確かな学力	表現力	主体的	体験活動	生　活
②	生きる力	実践力	協働的	体験活動	学　習
③	確かな学力	表現力	主体的	言語活動	生　活
④	生きる力	表現力	主体的	言語活動	学　習
⑤	確かな学力	実践力	協働的	言語活動	学　習

(☆☆☆◎◎◎)

【3】次の文は，高等学校学習指導要領(平成21年3月告示)「第5章　特別活動」「第3　指導計画の作成と内容の取扱い」の一部を抜粋したものである。文中の(　ア　)～(　オ　)に当てはまる語句の正しい組合せを選びなさい。

特別活動の全体計画や各活動・学校行事の年間指導計画の作成に当たっては，学校の(　ア　)を生かすとともに，学校の実態や生徒の発達の段階及び特性等を考慮し，生徒による自主的，(　イ　)が助長されるようにすること。また，各教科・科目や総合的な学習の時間などの指導との関連を図るとともに，家庭や地域の人々との連携，(　ウ　)等の活用などを工夫すること。その際，ボランティア活動などの(　エ　)を養う体験的な活動や就業体験などの(　オ　)の機会をできるだけ取り入れること。

	ア	イ	ウ	エ	オ
①	創意工夫	実践的な活動	社会教育施設	人間尊重の精神	地域社会に関わる体験的な活動
②	創意工夫	実践的な活動	社会教育施設	社会奉仕の精神	勤労にかかわる体験的な活動
③	創意工夫	体験的な活動	地域の福祉施設	社会奉仕の精神	地域社会に関わる体験的な活動
④	教育的な価値	体験的な活動	地域の福祉施設	社会奉仕の精神	勤労にかかわる体験的な活動
⑤	教育的な価値	実践的な活動	地域の福祉施設	人間尊重の精神	勤労にかかわる体験的な活動

(☆☆☆◎◎◎)

【4】次の文は,「今後の学校におけるキャリア教育・職業教育の在り方について(答申)」(平成23年1月中央教育審議会)「第1章　キャリア教育・職業教育の課題と基本的方向性」「3　キャリア教育・職業教育の方向性を考える上での視点」の一部を抜粋したものである。文中の(　ア　)～(　エ　)に当てはまる語句の正しい組合せを選びなさい。

○　基礎的・汎用的能力は,分野や職種にかかわらず,社会的・職業的自立に向けて必要な基盤となる能力であると考える。例えば,企業が新規学卒者に期待する力は,就職の段階で「(　ア　)」といえる状態にまで学校教育を通じて育成することを求めているわけではなく,一般的には,「(　イ　)」「熱意・意欲」「行動力・(　ウ　)」等の基礎的な能力等を挙げることが多い。社会人・職業人に必要とされる基礎的な能力と現在学校教育で育成している能力との接点を確認し,これらの能力育成をキャリア教育の視点に取り込んでいくことは,学校や社会・職業との(　エ　)を考える上で意義がある。

	ア	イ	ウ	エ
①	即戦力	キャリアプランニング能力	実行力	接　続
②	社会的自立	キャリアプランニング能力	思考力	連　携
③	即戦力	コミュニケーション能力	実行力	接　続
④	社会的自立	コミュニケーション能力	実行力	連　携
⑤	即戦力	コミュニケーション能力	思考力	接　続

(☆☆☆◎◎◎)

【5】次の文は,「生徒指導提要」(平成22年文部科学省)「第5章　教育相談」「第1節　教育相談の意義」の一部を抜粋したものである。文中の(　ア　)～(　オ　)に当てはまる語句の正しい組合せを選びなさい。

教育相談は,児童生徒それぞれの発達に即して,好ましい人間関係を育て,(　ア　)によく適応させ,自己理解を深めさせ,人格の成長への援助を図るものであり,決して特定の教員だけが行う性質のものではなく,相談室だけで行われるものでもありません。

これら教育相談の目的を実現するためには,発達心理学や認知心理学,学校心理学などの理論と実践に学ぶことも大切です。また,学校は教育相談の実施に際して，計画的，(　イ　)に情報提供や案内，(　ウ　)を行い，実践することが必要となります。

他方で，生徒指導は，一人一人の児童生徒の人格を尊重し，(　エ　)を図りながら，社会的資質や(　オ　)を高めることを目指して行われる教育活動のこととされます。そのことは，「教師と生徒の信頼関係及び生徒相互の好ましい人間関係を育てるとともに，生徒理解を深め，生徒が自主的に判断，行動し積極的に自己を生かしていくことができるよう」指導・援助することでもあります(学習指導要領第1章総則の第4の2の(3))。

	ア	イ	ウ	エ	オ
①	学　校	自発的	研　修	個性の伸長	適応能力
②	学　校	組織的	研　修	健やかな成長	行動力
③	生　活	組織的	説　明	健やかな成長	適応能力
④	生　活	自発的	研　修	個性の伸長	適応能力
⑤	生　活	組織的	説　明	個性の伸長	行動力

(☆☆☆◎◎◎◎)

解答・解説

【共通問題】

【1】③

〈解説〉選択肢の中には非常に紛らわしいものもあるので，注意すること。対策としては，それぞれの漢字(熟語)の意味を知っておくことがあげられる。

【2】④

〈解説〉④の意味は「相手のやる気を引き出す」のではなく，「相手をだます」ことである。他のことわざ・慣用句も確認しておくこと

【3】③

〈解説〉空走距離は速度に比例するから，速度が20km/h → 60km/hと3倍になったとき，空走距離も6mの3倍の18mになる。また，制動距離は速度の2乗に比例するから，速度が20km/h → 60km/hと3倍になったとき，制動距離は2mの3^2＝9倍の18mになる。以上より，60km/hのときの停止距離は，空走距離＋制動距離＝18＋18＝36〔m〕になる。

【4】③

〈解説〉なお，アにあるドイモイは，ベトナム共産党が進めていた経済，社会思想に関する新政策のこと。イにあるルーブル合意は1987年，プラザ合意によって始まったドル安に歯止めをかけるための合意である。ウにあるドーハ・ラウンドはウルグアイ・ラウンドの後に行われたもので，農作物分野での交渉では，自由貿易を推進するグループと国内保護を重視するグループ，そして発展途上国がそれぞれの主張をしたため議論が膠着した。エにあるローマ条約は，欧州経済共同体(EEC)の設立条約(1957年)である。

【5】①

〈解説〉北太平洋西部で発生した熱帯低気圧のうち，中心付近の最大風速が約17m/s(34ノット，風力8)以上になったものを台風という。低気圧の地表付近では，地球の自転の影響により空気の進行方向が曲げられるため，反時計回りに風がふきこむ。また中心付近では上昇気流が発達するため，積乱雲のような垂直に発生する雲ができる。

【6】②

〈解説〉図書館員と利用者の会話という設定を意識しておこう。ア「この本を貸し出ししたいです。」となるべきところなので，aのwould liketoが適切である。　イ「今，図書館カードを作ってはどうですか？」となるべきところなので，cのWhy don’t youが適切である。　ウ「この申請書に記入してください(記入欄を埋めてください)」となるべきところなので，bのfill outが適切である。　エ 「どうぞ」となるべきところなので，bのHere you goが適切である。　オ 「ありがとう」なので，aのThanksが適切である。

【7】⑤

〈解説〉第10条は「日本国民たる要件」，第17条は「国および公共団体の損害賠償責任」，第94条は「地方公共団体の権能」，第98条は「憲法の最高性と条約および国際法規の遵守」に関する条文である。なお，エにある「法令」とは日本国憲法や法律，国家機関が定める規則などを総称したもので，地方公共団体が制定する条例とは異なる。また，条例は第94条にあるように「法律の範囲内で」制定することが要求されているため，法律に反する条例の制定は認められていない。

【8】①

〈解説〉同資料では2020 年代に向けた教育の情報化の目的を「情報セキュリティの確保を大前提として，授業・学習面と校務面の両面でICTを積極的に活用し，教育委員会・学校の取組を効果的に支援すること」としている。これらを受け，小学校学習指導要領等においても「学習活動を行うに当たっては，コンピュータなどの情報機器について，その特質を踏まえ，児童の発達の段階や特性及び生活科の特質などに応じて適切に活用するようにすること」としている。

【9】②

〈解説〉17のゴールとは「貧困をなくそう」「飢餓をゼロに」「すべての人に健康と福祉を」等であり，わが国では17のゴールに対して2016年12月に「持続可能で強靱，そして誰一人取り残さない，経済，社会，環境の統合的向上が実現された未来への先駆者を目指す」ことをビジョンとして掲げ，8つの優先課題と140の具体的施策を定めている。

【10】④

〈解説〉消費者からの苦情等は，各自治体にある消費生活センターが受ける。福岡県にも福岡県消費生活センターがあり，消費者行政の総合的な企画から，消費生活に関する県民からの相談・苦情に対する支援，消費者教育・啓発，事業者の調査・指導・処分までを行っている。

【11】①

〈解説〉第3条は生涯学習の理念，第4条は教育の機会均等，第9条は教員，第10条は家庭教育について定めている。本法は教育法規の中でも最頻出の法令なので，前文も含めてすべて暗記していることが望ましい。

【12】③

〈解説〉オの積極的改善措置(ポジティブ・アクション)とは男女共同参画社会の形成のための重要な概念であり，活動に参画する機会に係る男女間の格差を改善するために，必要な範囲内において男女のいずれか一方に対して機会を積極的に提供することである。ポイントとして，男女が対等な構成員として活動すること，自分の役割を人に決められるのではなく，あくまでも自分の意思に基づいて決めていくことにある。

【13】①

〈解説〉(1)　行動主義では，学習すべき行動にいたる段階を小刻みに分割し，それぞれの段階(スモールステップ)で学習者の正しい反応をすぐに強化する(即時フィードバック)ことで学習が成立すると考える。(2)　認知主義では，ある事柄についてさまざまな個別の情報が集積されてくると，それらに共通した特徴を抽出して一般化された知識を生成すると考える。これが，概念的な知識体系であるスキーマである。特に文と文のつながりを理解するときに，このスキーマを使い，全体の筋を解釈していくとされている。　(3)　状況主義では，文化的共同体に実践的に参加し，最初は新参者が下仕事をこなしながら徐々に中心的な仕事を習得する過程が学習であると考える。新参者でも共同体のメンバーであり，周辺部から次第に中心部に達していくという意味で正統的周辺参加と名付けた。 (4) 記憶は，「事柄」の記憶である宣言的知識と「やり方」の記憶である手続き的知識に二分される。

【14】③

〈解説〉本資料では，学校における働き方改革の実現のための要諦は，これまで学校・教師が果たしてきた役割も十分踏まえつつ，教師以外の専門職員，スタッフ，地域人材，あるいは，学校外にその役割を委ねる場合も，その責任の所在を明確にし，その受皿を学校内及び地域社会で着実に整備することと捉え，これまで学校・教師が担ってきた代表的な業務の在り方に関する考え方について，①基本的には学校以外が担うべき業務，②学校の業務だが，必ずしも教師が担う必要のない業務，③教師の業務だが，負担軽減が可能な業務の3つに区分している。

【15】①

〈解説〉本調査結果によると，小・中学校における不登校児童生徒数は144,031人で，前年度より10,348人の増加，高等学校における不登校生徒数は49,643人であり，前年度より1,078人増加している。また不登校の要因として，いじめではない人間関係が大きな割合を占めている。不登校の児童生徒の割合はおよそ1.5％，つまり各学校に1人以上いる状況であることを認識し，問題文にある法律，自治体の方針などを踏まえ，対策を考えていく必要があるだろう。

【16】②

〈解説〉イは「1か月」ではなく「3か月」，ウは「学校長」ではなく「学校いじめ対策組織」が正しい。学校いじめ対策組織は，いじめ防止対策推進法第22条を根拠に組織されるもので，学校の複数の教職員，心理，福祉等に関する専門的な知識を有する者，その他の関係者により構成されるとしている。

【17】⑤

〈解説〉なお，本条約に批准するための法的整備の一環として，「障害を理由とする差別の解消の推進に関する法律」が施行されたこともおさえておきたい。これを受けて文部科学省は「文部科学省所管事業分野における障害を理由とする差別の解消の推進に関する対応指針」を策定した。その中で合理的配慮の具体例も示されているので，参照するとよい。

【18】①

〈解説〉本資料では学校安全における目指す姿として，「全ての児童生徒等が，安全に関する資質・能力を身に付けることを目指す」「学校管理下における児童生徒等の事故に関し，死亡事故の発生件数については限りなくゼロとすることを目指すとともに，負傷・疾病の発生率については障害や重度の負傷を伴う事故を中心に減少傾向にすることを目指す」の2点を掲げている。そのため，問題文にある織的取組が必要としている。その他にも施策目標が4つ示されているので，確認しておくこと。

【19】③

〈解説〉本資料では，日本の人権教育の課題を「教育活動全体を通じて，人権教育が推進されているが，知的理解にとどまり，人権感覚が十分身に付いていないなど指導方法の問題，教職員に人権尊重の理念について十分な認識が必ずしもいきわたっていない」こととし，人権感覚を「自分の大切さとともに他の人の大切さを認めること」と定義している。本資料は人権教育関連の中でも頻出の資料なので，十分に学習しておくこと。

【20】⑤

〈解説〉本資料では，日本の人権教育の課題を「教育活動全体を通じて，人権教育が推進されているが，知的理解にとどまり，人権感覚が十分身に付いていないなど指導方法の問題，教職員に人権尊重の理念について十分な認識が必ずしもいきわたっていない」こととし，人権感覚を「自分の大切さとともに他の人の大切さを認めること」と定義している。本資料は人権教育関連の中でも頻出の資料なので，十分に学習しておくこと。

【小学校・中学校・養護・栄養】

【1】①

〈解説〉問題としては，今回の学習指導要領の改訂の概要について理解していれば，本資料を知らなくても正答できる内容となっている。なお，本資料では教育政策の基本方針として「夢と志を持ち，可能性に挑戦するために必要となる力を育成する」「社会の持続的な発展を牽引するための多様な力を育成する」「生涯学び，活躍できる環境を整える」「誰もが社会の担い手となるための学びのセーフティネットを構築する」「教育政策推進のための基盤を整備する」の5つに整理しており，詳細として21の目標を掲げている。なお，AIは人工知能，ICTは情報通信技術の略である。意外と忘れやすいので注意すること。

【2】②

〈解説〉なお，道徳性を構成する諸要素のうち道徳的判断力は「人間として生きるために道徳的価値が大切なことを理解し，様々な状況下において人間としてどのように対処することが望まれるかを判断する力」，道徳的心情は「道徳的価値の大切さを感じ取り，善を行うことを喜び，悪を憎む感情」，道徳的実践意欲と態度は「道徳的判断力や道徳的心情によって価値があるとされた行動をとろうとする傾向性を意味する。」とされている。これらも出題される可能性があるので，理解しておいたほうがよい。

【3】①

〈解説〉アは「努力義務」，ウは「保護」。エは「立入調査等の介入」が正しい。問題にある「※学校及び教職員に求められている役割」の①，②については児童虐待防止法第5，6条を参照すること。また，本資料では児童虐待に対する教職員の役割として『教職員は，与えられた役割のもとで，「児童虐待を受けた者は自分の学校や学級にも存在しうる」という意識を持って対応する必要があり，被虐待児童を発見した場合には，「特別な対応方針を検討し，それを実行する」ことが必要』などとしていることにも注意したい。

【4】②

〈解説〉今回の改訂において，特別活動はその特質を踏まえ，指導する上で重要な視点を「人間関係形成」，「社会参画」，「自己実現」の3つに整理した。また，特別活動における育成については，上記3つの視点を踏まえて特別活動の目標及び内容が整理され，学級活動，児童会活動・生徒会活動，クラブ活動及び学校行事を通して明確化されたことを踏まえて学習するとよい。

【5】③

〈解説〉設問の学習過程は，いわゆるPDCAサイクルをイメージするとわかりやすいだろう。問題にもある通り，PDCAサイクルは【まとめ・表現】で完結するものではなく，【まとめ・表現】やそれ以前の過程から新たな課題を見出し，その解決に向けて情報などを収集するといったスパイラルで発展していくものとされている。

【高等学校】

【1】③

〈解説〉設問では平成21年告示の学習指導要領からの出題となっているが，平成30年告示の学習指導要領でも趣旨に変わりはないので解答に問題はないだろう。体育・健康に関する指導の特徴は学校の教育活動全体で行われるものを原則としていること等があげられる。また，今回の改訂で「健康で安全な生活と豊かなスポーツライフの実現を目指した教育の充実に努めること」となっていることにも注意したい。

【2】④

〈解説〉設問では平成21年告示の学習指導要領からの出題となっているが，平成30年告示の学習指導要領でも趣旨に変わりはないので解答に問題はないだろう。アの「生きる力」とは変化の激しいこれからの社会を生きる子どもたちに身に付けさせたい力のことであり「確かな学力」「豊かな人間性」「健康と体力」の3つの要素で構成される。

【3】②

〈解説〉設問では平成21年告示の学習指導要領からの出題となっているが，平成30年告示の学習指導要領でも趣旨に変わりはないので解答に問題はないだろう。なお，平成30年告示の学習指導要領では特別活動の指導計画の作成等について，「ホームルームや学校，地域の実態，生徒の発達の段階などを考慮すること」「社会において自立的に生きることができるようにするため，社会の一員としての自己の生き方を探求するなど，人間としての在り方生き方の指導が行われるようにすること」等が追加されている。

【4】③

〈解説〉キャリア教育とは「一人一人の社会的・職業的自立に向け，必要な基盤となる能力や態度を育てることを通して，キャリア発達を促す教育」であり，キャリア教育の基本的方向性として「幼児期の教育から高等教育に至るまで体系的にキャリア教育を進めることが必要である。その中心として，基礎的・汎用的能力を確実に育成するとともに，社会・職業との関連を重視し，実践的・体験的な活動を充実すること」としている。

【５】⑤
〈解説〉なお，教育相談と近似するものとして生徒指導があげられるが，その相違点について，同資料では，教育相談は「主に個に焦点を当て，面接や演習を通して個の内面の変容を図ろうとするもの」，生徒指導は「主に集団に焦点を当て，行事や特別活動などにおいて，集団としての成果や変容を目指し，結果として個の変容に至るところにあるもの」としている。

2019年度　実施問題

【共通問題】

【1】次のア～オの四字熟語の意味を選んだとき，正しい組合せを選びなさい。

ア　巧言令色
　a　あれこれ言わず，黙って実行すること。
　b　根拠のないのに言いふらされる，無責任な噂。
　c　口先がうまく，愛想のいいこと。

イ　南船北馬
　a　かわるがわる多くの客が入り来ること。
　b　絶えず各地にせわしく旅行すること。
　c　何回も戦場に出て経験が豊かなこと。

ウ　画竜点睛
　a　初めはさかんで終わりのふるわないこと。
　b　それによって事が完成する最後の仕上げ。
　c　野(や)に隠れて世に知られぬ大人物。

エ　明鏡止水
　a　邪念がなく，静かに澄んだ心境。
　b　山水の景色がすぐれて美しく，人の心をひくこと。
　c　物に応じ事に従って行動すること。

オ　当意即妙
　a　用意が十分にととのって手抜かりのないこと。
　b　こじつけて言いのがれること。
　c　その場にうまく適応したすばやい機転。

	ア	イ	ウ	エ	オ
①	b	b	a	c	c
②	b	c	c	a	a
③	c	a	c	b	b
④	c	b	b	a	c
⑤	a	c	b	b	a

(☆☆☆◎◎◎)

【2】日本文学における作品を，左から古い年代順に並べたものとして正しいものを選びなさい。

①	拾遺和歌集　→ 詞花和歌集　→ 新古今和歌集　→ 千載和歌集
②	大和物語　→ 今昔物語集　→ 宇治拾遺物語　→ 源氏物語
③	大鏡　→ 徒然草　→ 風姿花伝　→ 方丈記
④	歌よみに与ふる書 → 赤光　→ みだれ髪　→ 一握の砂
⑤	舞姫　→ 吾輩は猫である → 羅生門　→ 伊豆の踊子

(☆☆☆◎◎◎)

【3】銀行などにお金を預けた場合，預けるお金を元金といい，元金に利率及び年数等を掛けた金額を利息という。元金にのみ利息をつける方法を単利法という。この方法により，元金を10,000円，利率を年10%とし，4年間預けたとき，元金と利息を合計した元利合計はいくらになるか求め，正しい答を選びなさい。

①	10,400円	②	13,310円	③	14,000円	④	14,641円	⑤	16,105円

(☆☆☆◎◎◎)

【4】次の(1)～(4)の各文は，地方自治に関するものである。文中の(　ア　)～(　エ　)に当てはまる語句の正しい組合せを選びなさい。

(1)　地方公共団体は，地方税やその他自主財源だけでは地方財政をまかなえず，依存財源に頼ってきた。中でも，義務教育や道路・河川の整備などの特定の事業について使途を指定し，国から交付される補助金を(　ア　)という。

(2) 日本国憲法第95条は，特定の地方公共団体だけに適用される特別法に関する住民投票について定めているが，住民の意思を直接反映させるこうした住民投票制度のことを(　イ　)という。

(3) 1990年代になって，地方分権改革が進められ，1999年には，地方分権一括法が制定されて，(　ウ　)が廃止された。

(4) 一部の地方公共団体では，住民の苦情を受けて行政機関の活動を調査・報告する(　エ　)制度が導入されている。

	ア	イ	ウ	エ
①	国庫支出金	イニシアティブ	機関委任事務	パブリック・コメント
②	地方交付税	イニシアティブ	機関委任事務	パブリック・コメント
③	国庫支出金	イニシアティブ	法定受託事務	オンブズマン
④	地方交付税	レファレンダム	法定受託事務	オンブズマン
⑤	国庫支出金	レファレンダム	機関委任事務	オンブズマン

(☆☆☆◎◎◎)

【5】次の図1のように物体(光源)，凸レンズ，スクリーンを置き，スクリーンに像がはっきりとうつるようにした。次に，図2のように黒い紙で，凸レンズの下半分をかくした。その際にスクリーンにうつっている像の説明として，正しいものはどれか。

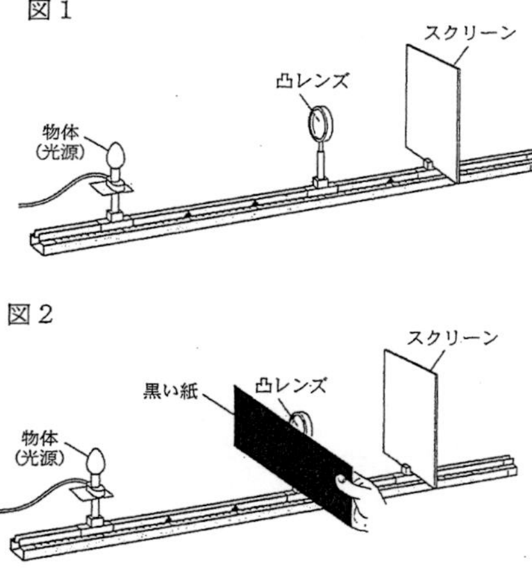

① 像の上半分だけうつる。
② 像の下半分だけうつる。
③ 像がうつらなくなる。
④ 像が暗くなる。
⑤ 像が小さくなる。

(☆☆☆◎◎◎)

【6】次の対話文は，駅でのAとBの会話である。文中の(ア)～(オ)に入る適当なものをそれぞれa～cから選んだとき，正しい組合せを選びなさい。

A : What time does your train leave?
B : (ア) at 12:15.
A : You have a lot of time. We can have a cup of coffee.
B : Nice idea. Can you (イ)
A : Well…, yes, over there. Let's go.
B : Anyway, why do you go to Atlanta?
A : (ウ), actually. I have received an e-mail to complain about our products, so I have to deal with it.
B : (エ)
A : Yes, it must be.
B : Here we are. Do you want to eat something?
A : Yes, I'm a little hungry. I will have some sandwiches. How about you?
B : (オ)

ア	a. It leaves　b. It was leaving　c. It left
イ	a. drink a cup of coffee　b. see a coffee shop around here c. wait for your train
ウ	a. With business　b. On business　c. At business
エ	a. I don't think so　b. It sounds tough　c. That is funny
オ	a. You'll have some.　b. I'll have the same.　c. You'll have the same.

	ア	イ	ウ	エ	オ
①	a	a	a	a	c
②	a	b	b	b	b
③	b	a	a	b	c
④	c	c	b	a	a
⑤	b	b	c	c	a

(☆☆◎◎◎◎◎)

【7】次の(1)～(4)の各文は，日本国憲法の条文の一部を抜粋したものである。文中の(　ア　)～(　オ　)に当てはまる語句の正しい組合せを選びなさい。

(1) すべて国民は，法の下に平等であつて，人種，信条，性別，社会的身分又は門地により，政治的，経済的又は社会的関係において，(　ア　)されない。

(2) 何人も，(　イ　)に反しない限り，居住，移転及び職業選択の自由を有する。

(3) 国は，すべての生活部面について，社会福祉，社会保障及び(　ウ　)の向上及び増進に努めなければならない。

(4) すべて国民は，法律の定めるところにより，その(　エ　)する子女に普通教育を受けさせる義務を負ふ。義務教育は，これを(　オ　)とする。

	ア	イ	ウ	エ	オ
①	侵　害	権　利	公共の福祉	保　護	無　償
②	差　別	権　利	公共の福祉	扶　養	権　利
③	差　別	公共の福祉	公衆衛生	保　護	無　償
④	侵　害	公共の福祉	公衆衛生	扶　養	無　償
⑤	差　別	権　利	公共の福祉	保　護	権　利

(☆☆☆◎◎◎)

【8】次の文は「教育の情報化ビジョン～21世紀にふさわしい学びと学校の創造を目指して～」(平成23年4月文部科学省)「第二章　情報活用能力の育成」の一部を抜粋したものである。文中の(　ア　)～(　オ　)に

当てはまる語句の正しい組合せを選びなさい。

○　情報教育，すなわち子どもたちの情報活用能力の育成を図るためには，①情報活用の実践力(課題や(　ア　)に応じて情報手段を適切に活用することを含めて，必要な情報を主体的に収集・判断・処理・(　イ　)・創造・表現し，受け手の状況などを踏まえて発信・伝達できる能力)，②情報の科学的な理解(情報活用の基礎となる情報手段の特性の理解と，情報を適切に扱い，自らの情報活用を評価・(　ウ　)するための基礎的な理論や方法の理解)，③情報社会に参画する態度(社会生活の中で情報や情報技術が果たしている役割や及ぼしている影響を理解し，(　エ　)の必要性や情報に対する責任について考え，望ましい情報社会の創造に参画しようとする態度)の3つの観点が重要である。これらは，相互に関連付けて，バランスよく身に付けさせる必要がある。

○　子どもたちの情報活用能力の育成に関しては，中学校の技術・家庭科(技術分野)や高等学校の共通教科「情報」において必履修として位置付けられているが，情報活用能力は，子どもたちが各教科等で(　オ　)を活用することによっても涵養される。

	ア	イ	ウ	エ	オ
①	目　的	抽　出	点　検	情報リテラシー	情報通信技術
②	興味関心	編　集	点　検	情報モラル	デジタル教科書
③	興味関心	抽　出	改　善	情報リテラシー	デジタル教科書
④	興味関心	編　集	点　検	情報モラル	情報通信技術
⑤	目　的	編　集	改　善	情報モラル	情報通信技術

(☆☆☆◎◎◎)

【9】次の文は，「平成29年度版　環境白書・循環型社会白書・生物多様性白書」(環境省)の一部を抜粋したものである。文中の(　ア　)～(　オ　)に当てはまる語句の正しい組合せを選びなさい。

経済発展，(　ア　)により，人間の生活は物質的には豊かで便利なものとなりました。情報通信技術(ICT)の普及により，遠方にいる人と連絡を取ることは容易になり，飛行機等の交通手段の発達により，別の国で同日に開催される複数の会議に出席することも可能になりました。都市では電気，水道，ガス等が十分に供給され私たちは物質的に豊かで便利な生活を享受しています。

一方で，私たちのこの便利な生活は，人類が豊かに生存し続けるための基盤となる(イ)の悪化をもたらしています。(ウ)以降，排出量が急激に増加した温室効果ガスは気候変動を引き起こし，世界中で深刻な影響を与えつつあります。環境汚染物質は水大気環境を汚染し，鉱物・エネルギー資源の無計画な(エ)は，環境を破壊するだけでなく，時として奪い合いのための紛争を引き起こしています。さらに，現代は「第6の大量絶滅時代」とも言われ，開発や乱獲等人間活動を主な原因として，地球上の(オ)が失われつつあります。

	ア	イ	ウ	エ	オ
①	大量生産	地球環境	第二次世界大戦	消　費	生物多様性
②	大量生産	物質文明	産業革命	消　費	肥沃な大地
③	技術開発	地球環境	産業革命	消　費	生物多様性
④	技術開発	物質文明	第二次世界大戦	産　出	肥沃な大地
⑤	技術開発	地球環境	第二次世界大戦	産　出	生物多様性

(☆☆☆◎◎◎)

【10】次の文は，特定商取引に関する法律(平成29年法律第37号)の一部を抜粋したものである。文中の(ア)～(エ)に当てはまる語句の正しい組合せを選びなさい。

この法律は，特定商取引(訪問販売，通信販売及び(ア)販売に係る取引，連鎖販売取引，特定継続的役務提供に係る取引，業務提供誘引販売取引並びに訪問購入に係る取引をいう。以下同じ。)を公正にし，及び購入者等が受けることのある損害の防止を図ることにより，購入者等の(イ)を保護し，あわせて商品等の流通及び役務の提供を適正かつ(ウ)にし，もつて(エ)の健全な発展に寄与することを目的とする。

	ア	イ	ウ	エ
①	実　演	権　利	迅　速	国民経済
②	電話勧誘	利　益	円　滑	国民経済
③	電話勧誘	権　利	迅　速	消費生活
④	実　演	利　益	円　滑	消費生活
⑤	実　演	利　益	迅　速	国民経済

(☆☆☆◎◎)

【11】次の各文は，教育基本法(平成18年法律第120号)の条文の一部を抜粋したものである。文中の(　ア　)～(　オ　)に当てはまる語句の正しい組合せを選びなさい。

第2条　教育は，その目的を実現するため，学問の自由を尊重しつつ，次に掲げる目標を達成するように行われるものとする。

一　幅広い知識と教養を身に付け，(　ア　)を求める態度を養い，豊かな情操と道徳心を培うとともに，健やかな身体を養うこと。

二　(　イ　)の価値を尊重して，その能力を伸ばし，創造性を培い，自主及び自律の精神を養うとともに，職業及び生活との関連を重視し，勤労を重んずる態度を養うこと。

三　正義と責任，男女の平等，自他の敬愛と協力を重んずるとともに，(　ウ　)の精神に基づき，(　エ　)に社会の形成に参画し，その発展に寄与する態度を養うこと。

四　(　オ　)を尊び，自然を大切にし，環境の保全に寄与する態度を養うこと。

	ア	イ	ウ	エ	オ
①	真　実	個　人	公　共	積極的	生　命
②	真　理	自　己	公　共	積極的	伝統と文化
③	真　実	自　己	奉　仕	主体的	伝統と文化
④	真　理	個　人	公　共	主体的	生　命
⑤	真　理	自　己	奉　仕	積極的	生　命

(☆☆◎◎◎◎)

【12】次の(1)～(4)の各文は，法律の条文の一部である。文中の(　ア　)～(　オ　)に当てはまる語句の正しい組合せを選びなさい。

(1)　職員は，条例の定めるところにより，服務の(　ア　)をしなければならない。【地方公務員法】

(2)　職員は，その職務を遂行するに当つて，法令，条例，地方公共団体の規則及び地方公共団体の機関の定める規程に従い，且つ，(　イ　)の職務上の命令に忠実に従わなければならない。【地方公務員法】

(3)　教育公務員には，研修を受ける(　ウ　)が与えられなければならない。【教育公務員特例法】

(4)　校長は，(　エ　)をつかさどり，所属職員を(　オ　)する。【学校教育法】

	ア	イ	ウ	エ	オ
①	宣　誓	上　司	権　利	学校経営	監　督
②	宣　誓	管理職	権　利	学校経営	管　理
③	宣　誓	上　司	機　会	校　務	監　督
④	遵　守	管理職	機　会	校　務	監　督
⑤	遵　守	上　司	機　会	学校経営	管　理

(☆☆◎◎◎◎)

【13】次の(1)～(4)の各文は，集団について述べたものである。文中の(　ア　)～(　エ　)に当てはまる語句の正しい組合せを選びなさい。ただし，同じ記号には同じ語句が入る。

(1)　小集団における人間関係構造を五つに分類し，それぞれの構造を測定するための五つのテストを提案したモレノ(Moreno, J. L.)は，選択(好き)排斥(嫌い)関係と集団内結合のパターンという観点から集団成員間の人間関係を分析する方法として(　ア　)を考案した。

(2)　集団内における構成員の性格特徴を，第三者からではなく構成員相互の評価により診断するための検査方法の一つとして，(　イ　)がある。

(　イ　)は，例えば，「学級の中で，リーダーとして最も適していると思われる人は，だれですか。」などの質問をして，その回答によって集団内の構造等を明らかにするものである。

(3)　三隅二不二は，集団機能という視点よりリーダーシップの類型化を試みた。集団の機能を課題解決ないしは目標達成に関する機能と集団の存続や維持に関する機能の二つから捉え，この二つの強弱によってリーダーシップの在り方を四つに分類する(　ウ　)を提唱した。

(4)　グループ学習は，二人以上の児童生徒が，一つの集団をつくってともに学習するような形態の指導様式である。小集団による話し合いを行う方法の一つである(　エ　)は，フィリップス(Philips, J. D.)が考案した6－6討議ともよばれた討議法を学習指導に取り入れたものである。

	ア	イ	ウ	エ
①	ソシオメトリック・テスト	ゲス・フー・テスト	ＳＶＲ理論	ジグソー学習
②	ロールシャッハ・テスト	ＰＦスタディ	ＳＶＲ理論	バズ学習
③	ソシオメトリック・テスト	ＰＦスタディ	ＰＭ理論	ジグソー学習
④	ソシオメトリック・テスト	ゲス・フー・テスト	ＰＭ理論	バズ学習
⑤	ロールシャッハ・テスト	ゲス・フー・テスト	ＰＭ理論	バズ学習

(☆☆◎◎◎)

【14】次の文は，「チームとしての学校の在り方と今後の改善方策について(答申)」(平成27年12月21日中央教育審議会)の一部を抜粋したものである。文中の(　ア　)～(　エ　)に当てはまる語句の正しい組合せを選びなさい。

学校が，より困難度を増している(　ア　)の課題に対応していくためには，教職員が心理や福祉等の専門家や関係機関，地域と連携し，チームとして課題解決に取り組むことが必要である。

例えば，子供たちの問題行動の背景には，多くの場合，子供たちの(　イ　)の問題とともに，家庭，友人関係，地域，学校など子供たちの置かれている環境の問題があり，子供たちの問題と環境の問題は複雑に絡み合っていることから，単に子供たちの問題行動のみに着目して対応するだけでは，問題はなかなか解決できない。学校現場で，より効果的に対応していくためには，教員に加えて，心理の専門家であるカウンセラーや福祉の専門家である(　ウ　)を活用し，子供たちの様々な情報を整理統合し，アセスメントやプランニングをした上で，教職員がチームで，問題を抱えた子供たちの支援を行うことが重要である。

さらに，いじめなど，子供たちの(　エ　)や教育を受ける権利を脅かすような重大事案においては，校内の情報共有や，専門機関との連携が不足し，子供たちのSOSが見過ごされていることがある。校長のリーダーシップの下，チームを構成する個々人がそれぞれの立場や役割を認識しつつ，情報を共有し，課題に対応していく必要がある。

	ア	イ	ウ	エ
①	生徒指導上	心	ソーシャルワーカー	日常生活
②	教育環境上	発　育	ソーシャルワーカー	生命・身体
③	生徒指導上	発　育	スクールサポーター	日常生活
④	教育環境上	発　育	スクールサポーター	日常生活
⑤	生徒指導上	心	ソーシャルワーカー	生命・身体

(☆☆☆◎◎◎)

【15】次の各文は，いじめ防止対策推進法(平成25年法律第71号)の条文の一部である。文中の(　ア　)～(　エ　)に当てはまる語句の正しい組合せを選びなさい。

○　いじめの防止等のための対策は，いじめが全ての児童等に関係する問題であることに鑑み，児童等が(　ア　)その他の活動に取り組むことができるよう，学校の内外を問わずいじめが行われなくなるようにすることを旨として行われなければならない。

○　学校の設置者及びその設置する学校は，児童等の豊かな情操と道徳心を培い，心の通う対人交流の能力の素地を養うことがいじめの防止に資することを踏まえ，(　イ　)を通じた道徳教育及び体験活動等の充実を図らなければならない。

○　学校の設置者及びその設置する学校は，当該学校に在籍する児童等及びその保護者が，発信された情報の高度の流通性，発信者の(　ウ　)その他のインターネットを通じて送信される情報の特性を踏まえて，インターネットを通じて行われるいじめを防止し，及び(　エ　)ことができるよう，これらの者に対し，必要な啓発活動を行うものとする。

	ア	イ	ウ	エ
①	主体的に学習	全ての教育活動	可塑性	迅速に対応する
②	安心して学習	各教科等	匿名性	迅速に対応する
③	主体的に学習	全ての教育活動	可塑性	効果的に対処する
④	安心して学習	全ての教育活動	匿名性	効果的に対処する
⑤	主体的に学習	各教科等	可塑性	効果的に対処する

(☆☆☆◎◎◎◎)

【16】次の各文は，「不登校児童生徒による学校以外の場での学習等に対する支援の充実について(通知)」(平成29年3月文部科学省)の一部を抜粋したものである。文中の下線部ア～オについて，正しいものを○，誤っているものを×としたとき，正しい組合せを選びなさい。

○　不登校児童生徒の多様な状況に対応したきめ細かい支援を行うため，教育委員会・学校と，民間の団体等とが連携し，相互に$_{ア}$<u>情報共有</u>し合うことが重要であること。また，不登校児童生徒が通う場を通じた支援を充実させる上で，民間の団体等の間の連携協力の取組などにより，その活動の充実が図られることは重要であること。

　このため，教育委員会においては，民間の団体等と$_{イ}$<u>定期的</u>に協議を行う連携協議会を設置するほか，民間の団体等との連携による不登校に関する会の開催などの協働した取組や，公と民との連携による施設の設置・運営を行うなど，地域の実情に応じ，連携に向けた取組を段階的に推進する必要があること。

○　家庭で多くの時間を過ごしている不登校児童生徒についても，$_{ウ}$<u>学校復帰</u>に向かえるよう，家庭への学習等の支援を行うことや，当該学習等への社会的な理解の促進を図ることは重要であること。また，児童生徒や保護者の状況を見極めながら，必要に応じ関係機関間の連携を図りつつ，保護者への情報提供やICT等を通じた支援，家庭への訪問等による支援の充実を図る必要があること。

このため，教育委員会においては，地域の実情に応じて，不登校児童生徒の保護者に対する幅広い情報提供や，不登校児童生徒の保護者間の交流機会の提供など，早急な支援の充実が求められること。

○　児童生徒や保護者，関係機関・団体等の状況を踏まえた支援の エ<u>継続的な改善・充実</u>や，関係者が連携した支援を進める必要があること。

このため，教育委員会においては，地域の実情に応じて，民間の団体等や家庭など学校以外の場での学習等に対する支援に関する オ<u>学校の役割</u>の明確化や，児童生徒の状況に応じ民間の団体等を含む関係機関の参画を得つつ，学校との緊密な情報共有，連携体制の構築を図る必要があること。

	ア	イ	ウ	エ	オ
①	○	×	○	○	×
②	○	○	×	×	○
③	×	○	×	○	×
④	×	×	○	×	○
⑤	○	○	○	×	×

(☆☆☆◎◎◎)

【17】次の文は，発達障害を含む障害のある幼児児童生徒に対する教育支援体制整備ガイドライン(平成29年文部科学省)「第3部　学校用＜通常の学級の担任・教科担任用＞3. 通常の学級の担任・教科担任による支援，指導の実際」の一部を抜粋したものである。文中の(　ア　)～(　オ　)に当てはまる語句の正しい組合せを選びなさい。

通常の学級に在籍する教育上特別の支援を必要とする児童等に対して，適切な指導や必要な支援を行うためには，基盤となる環境や(　ア　)を整える必要があります。

特に支援が必要な児童等も含めた学級全員が，互いの良さを認め合い，大切にする温かい(　イ　)を心がけることが重要です。

そのためには，障害への偏見や差別を解消する教育(障害者理解教育)を推進することを通して，児童等が様々な(　ウ　)を受け入れる心情や態度を育むように工夫することが重要であり，教員自身が，支援の必要な児童等への(　エ　)の見本を示しながら，周囲の児童等の理解を促していくことが大切です。

集団指導において，一人一人の障害等の特性に応じた適切な指導や必要な支援を行う際は，学級内の全ての児童等に「特別な支援の必要性」の理解を進め，互いの特徴を認め合い，(　オ　)関係を築きつつ行うことが重要です。

	ア	イ	ウ	エ	オ
①	人間関係	学級経営	多様性	関わり方	支え合う
②	支持的風土	学級経営	個　性	対　応	安心できる
③	合理的配慮	個別指導	多様性	対　応	支え合う
④	支持的風土	個別指導	特　性	関わり方	支え合う
⑤	人間関係	個別指導	特　性	関わり方	安心できる

(☆☆☆◎◎◎◎)

【18】次の文は，学校保健安全法(平成27年法律第46号)の条文の一部である。文中の下線部ア～オについて，正しいものを○，誤っているものを×としたとき，正しい組合せを選びなさい。

第29条

学校においては，児童生徒等の安全の確保を図るため，当該学校の実情に応じて，危険等発生時において当該学校の職員がとるべき措置の具体的内容及び<u>ア手順</u>を定めた対処要領(次項において「危険等発生時対処要領」という。)を作成するものとする。

2　校長は，危険等発生時対処要領の職員に対する周知，<u>イ研修</u>の実施その他の危険等発生時において職員が適切に対処するために必要な措置を講ずるものとする。

3　学校においては，事故等により児童生徒等に危害が生じた場合において，当該児童生徒等及び当該事故等により<u>ウ心理的外傷</u>その他の心身の健康に対する影響を受けた児童生徒等その他の関係者の心身の健康を回復させるため，これらの者に対して必要な支援を行うものとする。この場合においては，第10条の規定を準用する。

第30条

学校においては，児童生徒等の安全の確保を図るため，エ教育委員会との連携を図るとともに，当該学校が所在する地域の実情に応じて，当該地域を管轄する警察署その他の関係機関，地域の安全を確保するための活動を行う団体その他の関係団体，当該地域のオ住民その他の関係者との連携を図るよう努めるものとする。

	ア	イ	ウ	エ	オ
①	×	○	○	×	×
②	×	○	×	○	×
③	○	×	○	○	×
④	○	×	○	×	○
⑤	○	○	×	×	○

(☆☆☆◎◎◎)

【19】次の各文は，「人権教育の指導方法等の在り方について〔第三次とりまとめ〕」(平成20年3月人権教育の指導方法等に関する調査研究会議)の一部を抜粋したものである。文中の(　ア　)～(　オ　)に当てはまる語句の正しい組合せを選びなさい。

○　人権教育の目的を達成するためには，まず，人権や(　ア　)に関する基本的な知識を確実に学び，その内容と意義についての知的理解を徹底し，深化することが必要となる。また，人権が持つ価値や重要性を直感的に感受し，それを共感的に受けとめるような感性や感覚，すなわち(　イ　)を育成することが併せて必要となる。

○　各教科等の学習において個別の人権課題に関わりのある内容を取り扱う際にも，当該教科等の目標やねらいを踏まえつつ，児童生徒一人一人がその人権課題を(　ウ　)の問題としてとらえ，自己の生き方を考える契機となるような指導を行っていくことが望ましい。

○　教職員による厳しさと優しさを兼ね備えた指導と，全ての教職員の意識的な参画，児童生徒の主体的な学級参加等を促進し，人権が尊重される学校教育を実現・維持するための(　エ　)に取り組むことが大切である。

○　学校としての人権教育の目標を設定するに当たっては，様々な人権問題の解決に資する教育の大切さを十分に認識した上で，「人権が尊重される社会の実現」という(　オ　)，建設的な目標となるよう，留意することが重要である。

	ア	イ	ウ	エ	オ
①	関連法規	豊かな心	自　分	環境整備	未来志向的
②	人権擁護	人権感覚	社会全体	組織づくり	価値志向的
③	関連法規	人権感覚	自　分	組織づくり	価値志向的
④	人権擁護	人権感覚	自　分	環境整備	未来志向的
⑤	人権擁護	豊かな心	社会全体	組織づくり	未来志向的

(☆☆☆◎◎◎◎)

【20】次の各文は，「人権教育及び人権啓発の推進に関する法律」(平成12年法律第147号)，「人権教育・啓発に関する基本計画」(平成14年3月15日閣議決定(策定)平成23年4月1日閣議決定(変更))の一部を抜粋したものである。文中の(　ア　)～(　エ　)に当てはまる語句の正しい組合せを選びなさい。

「人権教育及び人権啓発の推進に関する法律」

第2条

この法律において，人権教育とは，人権尊重の精神の(　ア　)を目的とする教育活動をいい，人権啓発とは，国民の間に人権尊重の理念を普及させ，及びそれに対する国民の理解を深めることを目的とする広報その他の啓発活動(人権教育を除く。)をいう。

第3条

国及び地方公共団体が行う人権教育及び人権啓発は，学校，地域，家庭，職域その他の様々な場を通じ，国民が，その発達段階に応じ，人権尊重の理念に対する理解を深め，これを体得することができるよう，多様な(　イ　)の提供，効果的な(　ウ　)の採用，国民の自主性の尊重及び実施機関の中立性の確保を旨として行われなければならない。

「人権教育・啓発にかんする基本計画」

人権とは，人間の尊厳に基づいて各人が持っている固有の権利であり，社会を構成するすべての人々が個人としての(　エ　)を確保し，社会において幸福な生活を営むために欠かすことのできない権利である。

	ア	イ	ウ	エ
①	育　成	情　報	教　材	生活と健康
②	涵　養	情　報	手　法	生存と自由
③	育　成	機　会	教　材	生存と自由
④	涵　養	機　会	手　法	生存と自由
⑤	涵　養	機　会	教　材	生活と健康

(☆☆☆◎◎◎◎)

【小学校・中学校・養護・栄養】

【1】次の文は，小学校＜中学校＞学習指導要領(平成29年告示)「第1章　総則」の「第4　児童＜生徒＞の発達の支援」「1　児童＜生徒＞の発達を支える指導の充実」の一部を抜粋したものである。文中の(　ア　)～(　オ　)に当てはまる語句の正しい組合せを選びなさい。

○　学習や生活の基盤として，教師と児童＜生徒＞との信頼関係及び児童＜生徒＞相互のよりよい人間関係を育てるため，日頃から(　ア　)の充実を図ること。また，主に集団の場面で必要な指導や援助を行うガイダンスと，個々の児童＜生徒＞の多様な実態を踏まえ，一人一人が抱える課題に個別に対応した指導を行うカウンセリングの双方により，児童＜生徒＞の発達を支援すること。

○　児童＜生徒＞が，自己の存在感を実感しながら，よりよい人間関係を形成し，有意義で充実した学校生活を送る中で，現在及び将来における(　イ　)を図っていくことができるよう，児童＜生徒＞理解を深め，学習指導と関連付けながら，生徒指導の充実を図ること。

○　児童＜生徒＞が，学ぶことと自己の将来とのつながりを見通しながら，社会的・(　ウ　)自立に向けて必要な基盤となる資質・能力を身に付けていくことができるよう，特別活動を要としつつ各教科等の特質に応じて，キャリア教育の充実を図ること。

○　児童＜生徒＞が，基礎的・基本的な知識及び技能の習得も含め，学習内容を確実に身に付けることができるよう，児童＜生徒＞や学校の実態に応じ，個別学習やグループ別学習，繰り返し学習，学習内容の(　エ　)に応じた学習，児童＜生徒＞の興味・関心等に応じた課題学習，補充的な学習や発展的な学習などの学習活動を取り入れることや，教師間の協力による指導体制を確保することなど，指導方法や指導体制の工夫改善により，(　オ　)に応じた指導の充実を図ること。

※～～の表記は小学校学習指導要領
※＜＞の表記は中学校学習指導要領

	ア	イ	ウ	エ	オ
①	学級経営	自己実現	職業的	習熟の程度	個
②	学級経営	自己決定	精神的	習熟の程度	学級集団
③	学級経営	自己実現	精神的	系統性	学級集団
④	教育相談	自己決定	職業的	系統性	個
⑤	教育相談	自己実現	精神的	習熟の程度	個

(☆☆☆◎◎◎◎)

【2】次の文は，小学校＜中学校＞学習指導要領解説総則編(平成29年文部科学省)「第3章　教育課程の編成及び実施」「第6節　道徳教育推進上の配慮事項」「1　道徳教育の指導体制と全体計画」の一部を抜粋したものである。文中の(　ア　)～(　オ　)に当てはまる語句の正しい組合せを選びなさい。

○　各教科等における指導の基本方針

学校における道徳教育は，道徳科を要として学校の教育活動全体を通じて行われる。

各教科等でどのように道徳教育を行うかについては，(　ア　)によるところであるが，各教科等は，各教科等の(　イ　)それぞれに固有の指導を充実させる過程で，道徳性が養われる＜育まれる＞ことを考え，(　ウ　)指導することが重要である。

各教科等の指導を通じて児童＜生徒＞の道徳性を養うためには，教師の(　エ　)や児童＜生徒＞への接し方，授業に臨む＜望む＞姿勢や熱意といった教師の(　オ　)による感化とともに，次のような視点が挙げられる。

※～～の表記は小学校学習指導要領
※＜＞の表記は中学校学習指導要領

	ア	イ	ウ	エ	オ
①	教師の創意工夫	特質に応じて	見通しをもって	振る舞い	誠実な行為
②	学校の創意工夫	目標に基づいて	意図的，計画的に	用いる言葉	誠実な行為
③	教師の創意工夫	目標に基づいて	見通しをもって	振る舞い	態度や行動
④	学校の創意工夫	目標に基づいて	見通しをもって	用いる言葉	態度や行動
⑤	教師の創意工夫	特質に応じて	意図的，計画的に	用いる言葉	誠実な行為

(☆☆☆◎◎◎◎)

【3】次の文は「体罰の禁止及び児童生徒理解に基づく指導の徹底について(通知)」(平成25年3月文部科学省)の一部を抜粋したものである。文中の下線部ア～オについて正しいものを○，誤っているものを×としたとき，正しい組合せを選びなさい。

体罰は，ア教育基本法第11条において禁止されており，校長及び教員(以下「教員等」という。)は，児童生徒への指導に当たり，いかなる場合も体罰を行ってはならない。体罰は，イ違法行為であるのみならず，児童生徒の心身に深刻な悪影響を与え，教員等及び学校への信頼を失墜させる行為である。

体罰により正常な倫理観を養うことはできず，むしろ児童生徒にウ力による解決への志向を助長させ，いじめや暴力行為などの連鎖を生む恐れがある。もとより教員等は指導に当たり，児童生徒一人一人をよく理解し，適切なエ信頼関係を築くことが重要であり，このために日頃から自らの指導の在り方を見直し，指導力の向上に取り組むことが必要である。懲戒が必要と認める状況においても，決して体罰によることなく，児童生徒の規範意識や社会性の育成を図るよう，適切に懲戒を行い，オ早期解決することが必要である。

	ア	イ	ウ	エ	オ
①	×	○	×	×	○
②	×	○	○	○	×
③	○	○	×	×	×
④	○	×	○	○	×
⑤	×	×	×	○	○

(☆☆☆◎◎◎◎)

【4】次の文は，小学校＜中学校＞学習指導要領(平成29年告示)「第6＜5＞章　特別活動」「第1　目標」の一部を抜粋したものである。文中の(　ア　)～(　エ　)　に当てはまる語句の正しい組合せを選びなさい。

集団や社会の(　ア　)としての見方・考え方を働かせ，様々な集団活動に自主的，(　イ　)に取り組み，互いのよさや可能性を発揮しながら集団や自己の生活上の課題を解決することを通して，次のとおり資質・能力を育成することを目指す。

(1)　(　ウ　)と協働する様々な集団活動の意義や活動を行う上で必要となることについて理解し，行動の仕方を身に付けるようにする。

(2)　集団や自己の生活，人間関係の課題を見いだし，解決するために話し合い，合意形成を図ったり，(　エ　)したりすることができるようにする。

※～～の表記は小学校学習指導要領
＜＞の表記は中学校学習指導要領

	ア	イ	ウ	エ
①	形成者	自治的	身近な他者	意思決定
②	一　員	実践的	多様な他者	自己決定
③	一　員	自治的	身近な他者	意思決定
④	形成者	実践的	多様な他者	意思決定
⑤	形成者	自治的	多様な他者	自己決定

(☆☆☆◎◎◎)

【5】次の文は，小学校＜中学校＞学習指導要領(平成29年告示)「第5＜4＞章　総合的な学習の時間」「第3　指導計画の作成と内容の取扱い」の一部を抜粋したものである。文中の(　ア　)～(　オ　)に当てはまる語句の正しい組合せを選びなさい。

1　指導計画の作成に当たっては，次の事項に配慮するものとする。

(1)　年間や，単元など内容や時間のまとまりを見通して，その中で育む資質・能力の育成に向けて，児童＜生徒＞の主体的・対話的で深い学びの実現を図るようにすること。その際，児童＜生徒＞や学校，地域の実態等に応じて，児童＜生徒＞が(　ア　)見方・考え方を働かせ，教科等の枠を超えた(　イ　)・総合的な学習や児童＜生徒＞の興味・関心等に基づく学習を行うなど創意工夫を生かした教育活動の充実を図ること。

(2)　全体計画及び年間指導計画の作成に当たっては，学校における(　ウ　)との関連の下に，目標及び内容，学習活動，指導方法や指導体制，(　エ　)の計画などを示すこと。＜その際，小学校における総合的な学習の時間の取組を踏まえること。＞

(略)

(5)　各学校における総合的な学習の時間の(　オ　)については，各学校において適切に定めること。

※～～の表記は小学校学習指導要領

※＜＞の表記は中学校学習指導要領

	ア	イ	ウ	エ	オ
①	探究的な	横断的	道徳教育	指導時期	時　数
②	問題解決的な	合科的	全教育活動	学習の評価	時　数
③	問題解決的な	横断的	道徳教育	学習の評価	名　称
④	探究的な	横断的	全教育活動	学習の評価	名　称
⑤	探究的な	合科的	全教育活動	指導時期	時　数

(☆☆☆◎◎◎)

【高等学校】

【1】次の文は，高等学校学習指導要領(平成21年3月告示)「第1章　総則」「第1款　教育課程編成の一般方針」の一部を抜粋したものである，文中の(　ア　)～(　オ　)に当てはまる語句の正しい組合せを選びなさい。

学校における道徳教育は，生徒が(　ア　)と自己実現に努め国家・社会の一員としての自覚に基づき行為しうる発達の段階にあることを考慮し人間としての(　イ　)に関する教育を学校の教育活動全体を通じて行うことにより，その充実を図るものとし，各教科に属する科目，総合的な学習の時間及び特別活動のそれぞれの特質に応じて，適切な指導を行わなければならない。

道徳教育は，教育基本法及び学校教育法に定められた教育の根本精神に基づき，人間尊重の精神と生命に対する畏敬の念を家庭，学校，その他社会における具体的な生活の中に生かし，豊かな心をもち，(　ウ　)を尊重し，それらをはぐくんできた我が国と郷土を愛し，個性豊かな文化の創造を図るとともに，(　エ　)を尊び，民主的な社会及び国家の発展に努め，他国を尊重し，国際社会の平和と発展や環境の保全に貢献し未来を拓く(　オ　)のある日本人を育成するため，その基盤としての道徳性を養うことを目標とする。

	ア	イ	ウ	エ	オ
①	自己形成	在り方生き方	伝統と文化	自律の精神	創造性
②	自己形成	在り方生き方	祖　先	公共の精神	主体性
③	自己形成	尊　厳	伝統と文化	自律の精神	主体性
④	自己探求	在り方生き方	伝統と文化	公共の精神	主体性
⑤	自己探求	尊　厳	祖　先	公共の精神	創造性

(☆☆☆◎◎◎)

【2】次の文は，高等学校学習指導要領(平成21年3月告示)「第1章　総則」「第5款　教育課程の編成・実施に当たって配慮すべき事項」「5　教育課程の実施等に当たって配慮すべき事項」の一部を抜粋したものである。文中の(　ア　)～(　オ　)に当てはまる語句の正しい組合せを選び

なさい。

○　各教科・科目等の指導に当たっては，生徒の思考力，判断力，表現力等をはぐくむ観点から，基礎的・基本的な知識及び(　ア　)の活用を図る学習活動を重視するとともに，言語に対する関心や理解を深め，言語に関する能力の育成を図る上で必要な(　イ　)を整え，生徒の言語活動を充実すること。

○　学校の教育活動全体を通じて，個々の生徒の特性等の的確な把握に努め，その伸長を図ること。また，生徒が適切な各教科・科目や類型を選択し学校や(　ウ　)での生活によりよく適応するとともに，現在及び将来の生き方を考え行動する態度や能力を育成することができるよう，(　エ　)の充実を図ること。

○　学校がその目的を達成するため，地域や学校の実態等に応じ，家庭や地域の人々の協力を得るなど家庭や地域社会との連携を深めること。また，高等学校間や中学校，特別支援学校及び大学などとの間の連携や交流を図るとともに，障害のある幼児児童生徒などとの交流及び(　オ　)や高齢者などとの交流の機会を設けること。

	ア	イ	ウ	エ	オ
①	技　能	言語環境	ホームルーム	ガイダンスの機能	共同学習
②	技　術	言語環境	学校外	キャリア教育	体験活動
③	技　能	学習環境	ホームルーム	キャリア教育	体験活動
④	技　術	学習環境	学校外	ガイダンスの機能	共同学習
⑤	技　能	学習環境	学校外	ガイダンスの機能	体験活動

(☆☆☆◎◎◎)

【3】次の文は，高等学校学習指導要領解説特別活動編(平成21年文部科学省)「第2章　特別活動の目標」「第2節　特別活動の基本的な性格と教育的意義」「2　人間形成と特別活動」の一部を抜粋したものである。文中の(　ア　)～(　オ　)に当てはまる語句の正しい組合せを選びなさい。ただし，同じ記号には同じ語句が入る。

子どもたちが，これから生きていかなければならない社会は，変化が激しく，複雑な(　ア　)の中で新しい未知の課題に試行錯誤しながら対応することが求められる難しい社会である。このような社会をたくましく生きていかなければならない生徒にとっては，このような複雑で変化の激しい社会での生き方などについて(　イ　)に学ぶ場が必要である。特別活動は，その重要な場や機会として，(　ウ　)において，望ましい(　エ　)や(　イ　)な活動を通して，実際の社会で生きて働く(　オ　)を身に付けるなど，生徒の人間形成を図る教育活動である。

	ア	イ	ウ	エ	オ
①	人間関係	主体的	地域社会	自治活動	社会性
②	社会環境	体験的	地域社会	自治活動	自主性
③	社会環境	体験的	学校教育	自律活動	汎用性
④	人間関係	体験的	学校教育	集団活動	社会性
⑤	人間関係	主体的	学校教育	集団活動	自主性

(☆☆☆◎◎◎)

【4】次の文は，「今後の学校におけるキャリア教育・職業教育の在り方について(答申)」(平成23年1月中央教育審議会)「第2章　発達の段階に応じた体系的なキャリア教育」「2. キャリア教育の充実方策」の一部を抜粋したものである。文中の(　ア　)～(　オ　)に当てはまる語句の正しい組合せを選びなさい。

○　キャリア教育は，一人一人の(　ア　)が多様な側面を持ちながら段階を追って発達していくことを深く認識し，子ども・若者がそれぞれの発達の段階に応じ，(　イ　)と働くことを適切に関係付け，それぞれの発達の段階における発達課題を解決できるよう取組を展開するところに特質がある。そして，これらの(　ウ　)を促進させるためには，必要とされる能力や態度を意図的・(　エ　)に育成していくことが求められ，キャリア教育を体系的に推進していくことが必要である。

○　このためには，各学校のキャリア教育の基本的な在り方を内外に示すとともに，学校の特色や教育目標に基づいて(　オ　)に明確に位置付けるべきであり，これらを通じて，全体的な方針や計画を明らかにしておくことが必要である。

	ア	イ	ウ	エ	オ
①	キャリア	社 会	キャリア発達	継続的	教育課程
②	キャリア	自分自身	キャリア発達	継続的	教育課程
③	進 路	自分自身	キャリア発達	実践的	指導計画
④	キャリア	自分自身	勤労観・職業観	実践的	指導計画
⑤	進 路	社 会	勤労観・職業観	継続的	指導計画

(☆☆☆◎◎◎◎)

【5】次の文は,「生徒指導提要」(平成22年文部科学省)「第2章　教育課程と生徒指導」「第1節　教科における生徒指導」の一部を抜粋したものである。文中の(　ア　)～(　オ　)に当てはまる語句の正しい組合せを選びなさい。ただし,同じ記号には同じ語句が入る。

児童生徒にとって,学校生活の中心は授業です。児童生徒一人一人に楽しくわかる授業を実感させることは教員に課せられた重要な責務です。ここに,教科における生徒指導の原点があります。生徒指導は教科指導を充実したものとして成立させるために重要な意義を持っています。

毎日の教科指導において生徒指導の機能を発揮させることは,児童生徒一人一人が生き生きと学習に取り組み,学校や学級・ホームルームの中での居場所をつくることにほかなりません。このことには,児童生徒一人一人に(　ア　)や自己有用感を味わわせるとともに,(　イ　)を育て,自己実現を図るという重要な意義があります。また,教科において生徒指導を充実させることは,学級・ホームルームでの座席やグループの編成などを工夫することでもあり,学習集団における人間関係を調整・改善し,豊かな(　ウ　)を育成することにつながります。

教科指導と生徒指導は相互に深くかかわり合っています。教科において生徒指導を充実させることは,生徒指導上の課題を解決することにとどまらず,児童生徒一人一人の(　エ　)にもつながるという意義があります。すなわち,教科において生徒指導が充実することによって教科指導が充実します。その結果教科指導が一層改善・充実し，児童生徒の(　エ　)につながります。基本的な生活習慣が改善されてくると，(　オ　)や学習への不適応などの課題が解決されることもあります。このことは，生徒指導が教科指導によって充実するということであり，教科指導に生徒指導が貢献していることを意味しています。

	ア	イ	ウ	エ	オ
①	自己肯定感	共感的な人間関係	人間性	学力向上	問題行動
②	自己肯定感	自尊感情	人間性	進路保障	不登校
③	自己肯定感	自尊感情	道徳性	進路保障	問題行動
④	自己存在感	共感的な人間関係	道徳性	学力向上	問題行動
⑤	自己存在感	自尊感情	人間性	学力向上	不登校

(☆☆◎◎◎◎)

解答・解説

【共通問題】

【1】④

〈解説〉なお，アのaは不言実行，bは流言飛語，イのaは千客万来，cは千軍万馬，ウのaは竜頭蛇尾，cは伏竜鳳雛，エのbは山紫水明，cは臨機応変，オのaは用意周到，bは漱石枕流などが考えられる。

【2】⑤

〈解説〉なお，①は拾遺和歌集 → 詞花和歌集 → 千載和歌集 → 新古今和歌集，②は大和物語 → 源氏物語 → 今昔物語集 → 宇治拾遺物語，③は大鏡 → 方丈記 → 徒然草 → 風姿花伝，④は歌よみに与ふる書 → みだれ髪 → 一握の砂 → 赤光が正しい。

【3】③

〈解説〉元金10,000円につく利息は，1年当たり$10,000\times\frac{10}{100}=1,000$〔円〕

だから，4年間預けたとき，元利合計は10,000＋1,000×4＝14,000〔円〕である。

【4】⑤

〈解説〉ここでは，解答の判断基準(キーワード等)について説明する。
(1)「特定の事業について使途を指定」で判断する。指定されているのが国庫支出金，指定されていないのが地方交付税交付金である。
(2)「住民の意思を直接反映させるこうした住民投票制度」で判断する。 (3) 機関委任事務が廃止され，法定受託事務が新たに再編された。 (4)「住民の苦情」「行政機関の活動を調査・報告」で判断する。

【5】④

〈解説〉凸レンズは光を通し，屈折させることによって像を作ることのできるレンズである。レンズを半分隠しても実像はきちんとできるが，レンズを通る光線の数が少なくなるため，スクリーンにできる像は暗くなる。

【6】②

〈解説〉ア 「あなたの電車は何時に出ますか」という未来のできごとを聞く質問に対する答えなので，過去形の肢bやcは不適。aは未来形ではなく現在形だが，「それほど遠くない未来」や「未来に定期的に繰り返して起こる事象」などに関しては現在形を使って表すことができる。 イ 「まだ電車まで時間があるのでコーヒーを飲みましょう」というAの提案に対するBの発言で，「それはいいですね」と述べているので，「この辺でコーヒーショップが見当たりますか」という肢bが適切。 ウ Bが「ところでどうしてアトランタに行くのですか」と聞いているのに対する答えの文。「ビジネスで」はon businessと表現する。 エ 「商品に関するクレームのメールがあったので，それに対処しなければならない」と言うAに対するBの発言なので，肢bの「それは大変そうですね」が適切。 オ コーヒーショップに入り，Aが「私はサンドイッチを食べますが，あなたは何か食べますか」と聞いているので，肢bの「私も同じものを食べます」が適切である。

【7】③

〈解説〉(1)は第14条第1項，(2)は第22条第1項，(3)は第25条第2項，(4)は第26条第2項を参照。どれも重要条文なので，全文暗記が望ましい。

【8】⑤

〈解説〉なお，教育の情報化に向けた当面の施策について，文部科学省では「2020年代に向けた教育の情報化に関する懇談会」を開催し，平成28年7月に最終の取りまとめを行っている。これによると「2020年代に向けた教育の情報化は，情報セキュリティの確保を大前提として，授業・学習面と校務面の両面でICTを積極的に活用し，教育委員会・学校の取組を効果的に支援する」としている。情報化の進展は非常に早いので，具体的方策については最新の資料を入手し，学習しておく必要がある。

【9】③

〈解説〉ここではキーワードについていくつか解説したい。空欄アの候補である「大量生産」は19～20世紀の欧米で始まった工業システムだが，日本では第二次世界大戦以降の経済復興の際のキーワードとしてよく使われる。つまり，空欄アの前の「経済発展」と意味が重複するため，「技術開発」が適切と考えられる。また，「温室効果ガス」の構成をみると二酸化炭素が圧倒的に多く，その後メタンやフロンが続く。二酸化炭素発生の主な原因は化石燃料(石油，石炭など)の燃焼であり，ほかに森林伐採等があげられる。したがって，空欄ウは産業革命が該当する。なお，「第6の大量絶滅時代」についてだが，この5億年間で地殻変動や火山の噴火，隕石などにより5回，地球上の生命体が大量(約70～90％)に絶滅したことがわかっている。そして，現代では人類の活動が地球環境を大量絶滅時代と同様の状況にしており，実際に生命の絶滅するペースが年々上がっているという指摘を受けたものである。

【10】②
〈解説〉特定商取引に関する法律(特定商取引法)は，訪問販売や通信販売等の消費者トラブルを生じやすい取引類型を対象に，事業者が守るべきルールと，消費者による契約解除(クーリング・オフ)等の消費者を守るルール等を定めている。なおクーリング・オフとは申込みまたは契約後，法律で決められた書面を受け取ってから一定期間内であれば，一定条件の下で解約できることを指す。

【11】④
〈解説〉教育基本法は第2条にある目標は全部で5あり，第5号は「伝統と文化を尊重し，それらをはぐくんできた我が国と郷土を愛するとともに，他国を尊重し，国際社会の平和と発展に寄与する態度を養うこと」である。本法は最頻出であるため，全文暗記することをおすすめする。

【12】③
〈解説〉(1)は地方公務員法第31条，(2)は地方公務員法第32条，(3)は教育公務員特例法第22条第1項，(4)は学校教育法第37条第4項を参照。同法同条第11項では「教諭は，児童の教育をつかさどる。」とされている。なお，地方公務員法では地方公務員に3つの職務上の義務と，5つの身分上の義務を課している。職務上の義務は公務員が勤務時間中に職務を遂行する上で守るべき義務であり，服務の宣誓，法令等及び上司の職務上の命令に従う義務，職務に専念する義務の3つがある。身分上の義務は職務の内外を問わず公務員がその身分を有することによって守るべき義務で，信用失墜行為の禁止，秘密を守る義務，政治的行為の制限，争議行為等の禁止，営利企業等の従事制限の5つがある。

【13】④
〈解説〉なお，ロールシャッハテストは被検者にインクの染みを呈示し何

が見えるか述べさせ，その言語表現を分析する投影型の心理検査のこと。PFスタディは被検者に日常的な欲求不満場面の絵を提示し，絵の中の登場人物のセリフを書き込ませ，その反応を分析する投影型の心理検査のこと。SVR 理論はパートナーシップについての理論で，外見や声などの刺激(Stimulus)を受容する段階，価値(Value)を共有する段階，そしてお互いの役割(Role)を理解して相補的な関係を築く段階に至る。そして，ジグソー学習は，ひとつの学習課題を例えば4人に分割して与え，それぞれが学習したことを報告しあって「ジグソーパズルを組み立てる」ように協力して全体を理解していく学習法である。

【14】⑤

〈解説〉「チームとしての学校」とは，複雑化・多様化している学校における諸問題を解決するため，外部の専門家を含めたチームで事に当たるという考え方であり，特に専門家の専門性を十分に生かす特徴がある。さらに「子どもが成長していく上で，教員に加えて，多様な価値観や経験を持った大人と接したり，議論したりすることは，より厚みのある経験を積むことができ，本当の意味での『生きる力』を定着させることにつながる」と考えられている。

【15】④

〈解説〉1つめは第3条第1項，2つめは第15条第1項，3つめは第19条第1項である。本法も生徒指導において重要なので学習が求められるが，特に，いじめの定義が示された第2条第1項は全文暗記が望ましい。また，受験する自治体のいじめに関する資料は必ず入手し，学習しておくこと。例えば，福岡県では「福岡県いじめ防止基本方針～いじめ しない させない みのがさない～」(平成30年最終改訂)がある。

【16】③

〈解説〉アは情報共有ではなく「協力・補完」，ウは学校復帰ではなく「社会的自立」，オは学校の役割ではなく「担当部署等」が正しい。平成29年度の「児童生徒の問題行動・不登校等生徒指導上の諸課題に関する調査結果について」によると，小・中学校の不登校の件数は約144,000件と，対前年度で約11,000件の増加となっている。このため，長期に不登校となっている児童生徒が行う学校以外の場での学習等に対する支援を行い，その社会的自立や社会参加を目指す必要性が増していることに注意したい。

【17】①

〈解説〉我が国では共生社会を目指し，インクルーシブ教育を推進している。そのため交流及び共同学習を行っていることから，通常の学級担任・教科担当に障がいのある児童生徒に対する理解が求められる。まずは，発達障がい等の定義について学習することから始めるとよいだろう。なお，本資料によると，児童生徒に対する支援は，医師の判断によるものだけでなく，児童等の教育的ニーズを踏まえ，校内委員会等により「障害による困難がある」と判断された児童等に対しても行う必要がある，としていることにも注意したい。

【18】④

〈解説〉イは研修ではなく「訓練」，エは教育委員会とのではなく「児童生徒等の保護者との」が正しい。

【19】④

〈解説〉なお，本資料によると，人権教育の目的を達成するためには，①人権等に関する基本的知識の学習など，②人権感覚の育成，③知識と人権感覚を基盤とした，実践意識や意欲，態度の向上，および実践力や行動力を育成が求められる，としている。これらの内容を踏まえて学習するとよい。

【20】④

〈解説〉人権教育や人権啓発に関しては，受験する自治体の人権施策方針を参照するとよい。例えば，福岡県では「福岡県人権教育・啓発基本指針」，福岡市では「福岡市人権教育・啓発基本計画」，北九州市では「教育要覧」の第4編などが参考になるだろう。

【小学校・中学校・養護・栄養】

【1】①

〈解説〉児童生徒指導の基盤をなすものとして，児童生徒理解と教員と児童生徒との信頼関係の構築があげられることが「生徒指導提要」で示されているが，学習指導要領でもこれらを踏まえた内容となっている。また，本問ではキャリア教育の充実も示されているので，キャリア教育の内容等についても学習しておくとよい。

【2】④

〈解説〉まず，道徳教育は「生きる力」を構成する「豊かな心」を育むためのものであるため，学校教育全体で行われることに注意したい。よって，各教科においても道徳科との関連を考慮しながら，適切な指導を行うことが学習指導要領等で示されている。具体的内容については，学習指導要領解説などに示されているので参照するとよい。

【3】②

〈解説〉アは教育基本法ではなく「学校教育法」，オは早期解決ではなく「粘り強く指導」が正しい。なお，本資料では別紙として，懲戒と体罰の区分に関して具体的事例に沿って説明している。これらについても他の自治体等で出題実績があるため，学習しておくとよい。

【4】④

〈解説〉まず，特別活動では人間関係を自主的，実践的によりよいものへと形成するという「人間関係形成」，集団や社会に参画し様々な問題を主体的に解決しようとするという「社会参画」，集団の中で，現在及び将来の自己の生活の課題を発見し，よりよく改善しようとする

「自己実現」の3つの視点を重要な要素としたことをおさえておくとよい。なお，目標にある(1)，(2)とは「知識及び技能」「思考力，判断力，表現力等」に関する目標であり，このほかに「学びに向かう力，人間性等」に関する目標もあるので，学習しておくこと。

【5】④

〈解説〉平成29年告示の小学校＜中学校＞学習指導要領の総合的な学習の時間の目標において「探究的な見方・考え方を働かせ，横断的・総合的な学習を行うことを通して，よりよく課題を解決し，自己の生き方を考えていくための資質・能力を次のとおり育成することを目指す」ことが明確化された。それを受け，出題の部分は大きく加筆・文言整理が行われ，「児童の主体的・対話的で深い学びの実現」「児童が探究的な見方・考え方を働かせ」等の文言が加えられたことをおさえておくこと。

【高等学校】

【1】④

〈解説〉まず，高等学校では小・中学校と異なり，道徳の教科がないため，学校教育全体の中で行うことをおさえておきたい。また，新学習指導要領によると，各学校や生徒の実態に応じた道徳教育を行うため，校長の方針の下，道徳教育推進教師を中心に展開することが示されている。

【2】①

〈解説〉本内容は，平成30年告示の高等学校指導要領においても大きな変動はないが，詳細について文言が多少異なる。学習指導要領の空欄補充形式問題においては，改訂箇所が出題されやすいので，新旧対照表などで確認しておくとよい。

【3】④

〈解説〉高等学校の特別活動において，育成する内容を端的にいうと「多様な他者と協働して創造的に課題を解決する力」「希望や目標を持って生きる態度」とされている。学校は人と人が関わり合う社会の一つであるため，学校教育全体で学習することとなっているが，特別活動では特に集団活用や体験的活動を意識することで，生徒の人間形成を図るとしていることを踏まえて，学習内容を見ていくとよい。

【4】②

〈解説〉キャリア教育とは「一人一人の社会的・職業的自立に向け，必要な基盤となる能力や態度を育てることを通して，キャリア発達を促す教育」で，一方，職業教育は「一定又は特定の職業に従事するために必要な知識，技能，能力や態度を育てる教育」を指す。つまり，キャリア教育は初等教育段階から行われるものであり，職業教育は就職する準備に行われるものと区別できる。これらの差異についても意識するとよい。

【5】⑤

〈解説〉なお，当該資料では，生徒指導について「一人一人の児童生徒の人格を尊重し，個性の伸長を図りながら，社会的資質や行動力を高めることを目指して行われる教育活動」と定義している。生徒指導の基盤としては児童生徒の理解の深化と教員と児童生徒の信頼関係の構築などをあげている。生徒指導によって自己実現を図るための自己指導の応力の育成を目指すものでもあるので，重視されていることを踏まえて学習するとよい。

2018年度　実施問題

【共通問題】

【1】次のア～オの四字熟語の意味を選んだときの正しい組合せを選びなさい。

ア　異口同音
　a　互いの気持ちや考えがぴったりと合うこと。
　b　みんなが口をそろえて同じことを言うこと。
　c　物事がはっきりしないさま。

イ　温故知新
　a　昔のことを研究して新しい知識や道理を知ること。
　b　最初から最後までひとすじに変わらないこと。
　c　未来永久にわたること。

ウ　荒唐無稽
　a　ばらばらで物事の筋道の立たないさま。
　b　言うことがでたらめで根拠のないさま。
　c　自由自在であること。

エ　深謀遠慮
　a　十分に考えたうえで，それを思い切って実行すること。
　b　意味が深くて含蓄のあるさま。
　c　遠い先のことまで深く考えてたてた周到綿密な計画。

オ　傍若無人
　a　人前をはばからず，遠慮のない勝手な言動をすること。
　b　気が抜けてぼんやりし，どうしてよいかわからないこと。
　c　世界に自分より尊いものはないという意。

	ア	イ	ウ	エ	オ
①	b	a	c	a	b
②	b	a	b	c	a
③	c	b	a	b	a
④	a	c	c	c	b
⑤	a	b	b	a	c

(☆☆◎◎◎)

【2】次の図のような1辺が5である立方体があります。辺BF上に点Pをとり，線分AP＋PGの長さが最短となるようにする時AP＋PGの長さを求め，正しい答を選びなさい。

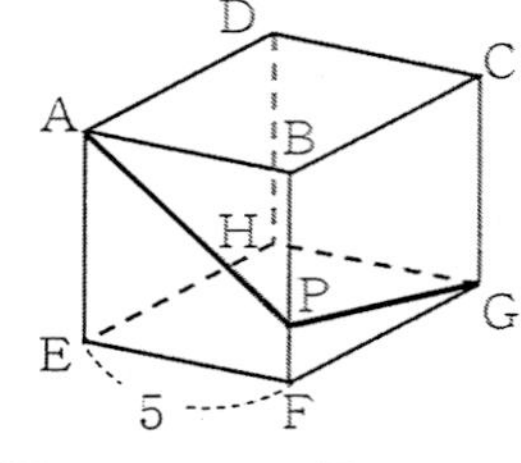

① $5\sqrt{2}$　② $5\sqrt{3}$　③ $5\sqrt{5}$　④ $5\sqrt{6}$　⑤ $5\sqrt{10}$

(☆☆☆◎◎◎)

【3】次の(1)～(5)の各文は，国際政治に関するものである。文中の(　ア　)～(　オ　)に当てはまる語句の正しい組合せを選びなさい。

(1) オランダの法学者(　ア　)は，三十年戦争のなかで『戦争と平和の法』をあらわし，正当な原因のない戦争を禁じる正戦論を展開して戦争の抑制をはかり，公海自由の原則も説いて「国際法の父」ともよばれる。

(2) オランダのハーグに所在する(　イ　)裁判所は，国家間の紛争に関して判決を下す権限を持つが，紛争当事国双方による同意を基礎としており，国家がこの裁判所の裁判に強制的にかけられることはない。

(3) 国連海洋法条約(1982年)では，(　ウ　)を200海里までとし，沿岸国による天然資源の開発などの主権的権利が承認された。ただし，この境界画定をめぐって，国と国との間で対立が発生することがある。

(4) 第二次世界大戦後，米ソを中心とする冷戦は，世界を二分する対立をもたらしたが，1989年米ソ両首脳は(　エ　)で冷戦の終結を宣言し，翌年には東西に分断されていたドイツも再統一した。

(5) 2010年チュニジアで発生した民主化要求運動は，中東，北アフリカに波及し，(　オ　)とよばれる一大運動へと発展した。チュニジア，エジプト，リビア，イエメンでは長期独裁政権が崩壊し，シリアでは政府軍と反体制派との長い内戦状態に陥った。

	ア	イ	ウ	エ	オ
①	グロチウス	国際司法	排他的経済水域	ヤルタ会談	アラブの春
②	ウィルソン	国際司法	領　海	マルタ会談	プラハの春
③	グロチウス	国際刑事	領　海	ヤルタ会談	アラブの春
④	ウィルソン	国際刑事	領　海	マルタ会談	プラハの春
⑤	グロチウス	国際司法	排他的経済水域	マルタ会談	アラブの春

(☆☆☆◎◎◎)

【4】5種類の水溶液A～Eについて，リトマス紙の色の変化，BTB液の色の変化，電流が流れるか，マグネシウムリボンを入れたときに気体を発生するかの4つの内容で性質を調べたら，表のようになった。A～Eの水溶液の正しい組合せとなるものを①～④から一つ選びなさい。

水溶液	A	B	C	D	E
リトマス紙	青→赤	赤→青	青→赤	変化なし	変化なし
ＢＴＢ液	黄色	青色	黄色	緑色	緑色
電流	流れた	流れた	流れた	流れない	流れた
気体の発生	発生する	発生しない	発生する	発生しない	発生しない

	A	B	C	D	E
①	酢	塩酸	アンモニア水	蒸留水	砂糖水
②	塩酸	水酸化ナトリウム水溶液	酢	砂糖水	食塩水
③	酢	アンモニア水	塩酸	食塩水	砂糖水
④	塩酸	水酸化ナトリウム水溶液	酢	食塩水	砂糖水

(☆☆☆◎◎◎)

【5】次の対話文は，ある駅でのA(通行人)とB(道に迷っている人)の会話である。文中の(　ア　)～(　オ　)に入る適当なものをそれぞれa～cから選んだとき，正しい組合せを選びなさい。

A : (　ア　)

B : Yes. (　イ　) where the subway is?

A : Sure. Just follow the yellow marks. Where are you going?

B : Fukuoka Ballpark.

A : Oh, (　ウ　), you should take the shuttle bus. It's much quicker.

B : Oh, really? (　エ　)

A : Only about 10 minutes! The bus stop is over there.

B : Thank you for your help.

A : (　オ　) Enjoy the game!

ア	a. Do you need some help?	b. What happened?	c. Could you help me?
イ	a. Could you tell me	b. I don't know	c. May I help you
ウ	a. in case	b. in that case	c. in time
エ	a. How far is it?	b. How long does it take?	c. How much is it?
オ	a. You're welcome.	b. You did it.	c. You can't miss it.

	ア	イ	ウ	エ	オ
①	a	a	b	b	a
②	a	c	b	c	b
③	b	b	c	a	b
④	b	a	a	b	c
⑤	c	b	a	c	a

(☆☆☆◎◎◎)

【6】次の(1)～(3)の各文は，日本国憲法の条文の一部を抜粋したものである。文中の(　ア　)～(　エ　)に当てはまる語句を語群a～hから選んだとき，正しい組合せを選びなさい。

(1) すべて国民は，法律の定めるところにより，(　ア　)，ひとしく教育を受ける権利を有する。

(2) 何人も，損害の救済，(　イ　)の罷免，法律，命令又は規則の制定，廃止又は改正その他の事項に関し，平穏に請願する権利を有し，何人も，かかる請願をしたためにいかなる差別待遇も受けない。

(3) 地方公共団体の長，その議会の議員及び法律の定めるその他の(　ウ　)は，その地方公共団体の住民が，直接これを(　エ　)する。

≪語群≫

a　吏員　　b　その能力にかかわらず　　c　任命
d　必要な資質の育成を期し　　e　公務員　　f　委員
g　選挙　　h　その能力に応じて

	ア	イ	ウ	エ
①	d	e	a	c
②	b	a	f	c
③	h	e	a	g
④	d	a	e	g
⑤	h	e	f	g

(☆☆☆◎◎◎)

【7】次の各文は，教育基本法(平成18年12月22日法律第120号)の条文の一部を抜粋したものである。文中の下線部ア～エについて，正しいものを○，誤っているものを×としたとき，その正しい組合せを選びなさい。

(1) 教育は，ア<u>人間性の完成</u>を目指し，平和で民主的な国家及び社会の形成者として必要な資質を備えた心身ともに健康な国民の育成を期して行われなければならない。

(2)　国民は，その保護する子に，別に法律で定めるところにより，$_{イ}$義務教育を受けさせる義務を負う。

(3)　法律に定める学校の教員は，自己の崇高な使命を深く自覚し，絶えず$_{ウ}$研究と修養に励み，その職責の遂行に努めなければならない。

(4)　政府は，教育の振興に関する施策の総合的かつ計画的な推進を図るため，教育の振興に関する施策についての基本的な方針及び講ずべき施策その他必要な事項について，基本的な計画を定め，$_{エ}$これを国会に報告するとともに，公表しなければならない。

	ア	イ	ウ	エ
①	×	○	○	○
②	×	×	○	×
③	○	○	×	×
④	×	×	○	○
⑤	○	○	×	○

(☆☆☆◎◎◎◎)

【8】次の文は，いじめ防止対策推進法(最終改正：平成28年5月20日法律第47号)の条文の一部を抜粋したものである。文中の(　ア　)～(　オ　)に当てはまる語句を語群a～jから選んだとき，正しい組合せを選びなさい。

(1)　この法律において「いじめ」とは，児童等に対して，当該児童等が在籍する学校に在籍している等当該児童等と一定の人的関係にある他の児童等が行う(　ア　)又は(　イ　)な影響を与える行為(インターネットを通じて行われるものを含む。)であって，当該行為の対象となった児童等が(　ウ　)を感じているものをいう。

(2)　学校の設置者は，基本理念にのっとり，その設置する学校におけるいじめの防止等のために必要な措置を講ずる(　エ　)を有する。

(3)　学校は，いじめ防止基本方針又は地方いじめ防止基本方針を参酌し，その(　オ　)に応じ，当該学校におけるいじめの防止等のための対策に関する基本的な方針を定めるものとする。

≪語群≫

a　役目　　　　b　暴力的　　c　責務
d　精神的苦痛　e　物理的　　f　学校の実情
g　心身の苦痛　h　精神的　　i　地域の実情
j　心理的

	ア	イ	ウ	エ	オ
①	b	h	g	a	i
②	j	h	d	c	f
③	b	e	g	a	f
④	j	e	g	c	f
⑤	j	h	d	c	i

(☆☆☆◎◎◎◎)

【9】次の(1)～(4)の各文は，学習について述べたものである。文中の下線部ア～エについて，正しいものを○，誤っているものを×としたとき，正しい組合せを選びなさい。

(1)　パブロフ(Pavlov,I.P.)は，犬を被験体として，唾液分泌を指標とした一連の実験から，反射も学習の一つであることを確認した。唾液分泌は自律神経に支配される脳幹反射であり，犬自身の期待といった要因で生じているわけではない。このような無意図的な行動の学習を$_{ア}$オペラント条件づけという。

(2)　ソーンダイク(Thorndike,E.L.)は，猫の問題箱とよばれる実験道具を使い，猫がどのように箱の外に置かれた餌を獲得するかを観察した。この箱は，中のひもを引くと扉が開くようになっており，箱の中に入れた猫は，はじめは餌をとろうとしてもできないが，何らかのきっかけでひもを引き，扉が開くことで餌を獲得できる。この実験を繰り返すことで，誤反応が少なくなり，正反応に達する時間が短くなることを$_{イ}$試行錯誤学習という。

(3)　ローレンツ(Lorenz,K.)は，アヒルやカモなど水鳥の雛は，孵化から一定時間経過後，親鳥の後を追尾する行動が生じることを報告し，インプリンティング(刷り込み)と名付けた。この行動は，孵化後ある一定の限られた$_{ウ}$入門期と呼ばれる時期でしか獲得されず，人間においても，母国語の獲得や外国語の音韻等について，その$_{ウ}$入門期が乳・幼児期に存在していると言われている。

(4)　バンデューラ(Bandura,A.)は，他者の行動を観察するという経験から獲得される学習パターンがあることを，次のような実験で示した。まず，人形に対しての乱暴な動作をするモデルの映像を示し，そのモデルが誉められる映像を見た子供と叱られる映像を見た子供に，それぞれ同じ人形を与え遊ばせた。すると，モデルを模倣する割合は誉められた映像を見た子供の方が高かった。このことを$_{エ}$ラベリングと呼んだ。

	ア	イ	ウ	エ
①	○	×	×	×
②	×	○	○	○
③	○	×	×	○
④	×	○	×	×
⑤	×	○	○	×

(☆☆☆◎◎◎)

【10】次の文は，学校教育法(最終改正：平成28年5月20日法律第47号)の条文の一部を抜粋したものである。文中の(　ア　)~(　オ　)に当てはまる語句を語群a~jから選んだとき，正しい組合せを選びなさい。

〔普通教育の目標〕

第21条　(略)　教育基本法(平成18年法律第120号)第5条第2項に規定する目的を実現するため，次に掲げる目標を達成するよう行われるものとする。

一　学校内外における社会的活動を促進し，自主，自律及び協同の精神，(　ア　)，公正な判断力並びに公共の精神に基づき主体的に社会の形成に参画し，その発展に寄与する態度を養うこと。

二　学校内外における自然体験活動を促進し，(　イ　)及び自然を尊重する精神並びに環境の保全に寄与する態度を養うこと。

(略)

五　読書に親しませ，生活に必要な(　ウ　)を正しく理解し，使用する基礎的な能力を養うこと。

(略)

八　健康，安全で(　エ　)な生活のために必要な習慣を養うとともに，運動を通じて体力を養い，心身の調和的発達を図ること。

(略)

十　職業についての基礎的な知識と技能，勤労を重んずる態度及び(　オ　)に応じて将来の進路を選択する能力を養うこと。

≪語群≫

a　個性　　b　法令遵守　　c　習慣　　d　国語
e　文化的　　f　発達段階　　g　生命　　h　幸福
i　規範意識　　j　人権

	ア	イ	ウ	エ	オ
①	i	g	d	h	a
②	i	j	c	e	a
③	b	j	d	e	f
④	b	g	c	h	f
⑤	i	g	c	e	a

(☆☆☆◎◎◎◎)

【11】次の文は「学校事故対応に関する指針」(平成28年3月文部科学省)「1　事故発生の未然防止及び事故発生に備えた事前の取組」の一部を抜粋したものである。文中の(　A　)～(　E　)に当てはまる語句について，正しい組合せを選びなさい。

(2)　安全教育の充実

○　事故発生の未然防止の観点から，児童生徒等の安全教育の充実を図ることも重要である。

○　学校における安全教育の目標は，概説すると，日常生活全般における安全確保のために必要な事項を(　A　)に理解し，自他の生命尊重を基盤として，生涯を通じて安全な生活を送る基礎を培うとともに，進んで安全で安心な社会づくりに参加し貢献できるような(　B　)を養うことにあり，具体的には次の三つの目標が挙げられる。

ア　日常生活における事件・事故災害や犯罪被害等の現状，原因及び防止方法について理解を深め，現在及び将来に直面する安全の課題に対して，的確な思考・判断に基づく(　C　)や行動選択ができるようにする。

イ　日常生活の中に潜む様々な危険を予測し，自他の安全に配慮して安全な行動をとるとともに，自ら危険な環境を(　D　)することができるようにする。

ウ　自他の生命を尊重し，安全で安心な社会づくりの重要性を認識して，学校，家庭及び地域社会の安全活動に進んで参加・協力し，貢献できるようにする。

「『生きる力』をはぐくむ学校での安全教育」より引用

○　安全教育の目標を実現するためには，各学校で基本的な方針を明らかにし，指導計画を立て，(　E　)，計画的に推進する。

	A	B	C	D	E
①	実践的	責任感	適切な意思決定	察知	主体的
②	系統的	責任感	自主的活動	改善	主体的
③	系統的	資質や能力	自主的活動	察知	意図的
④	実践的	資質や能力	適切な意思決定	改善	意図的
⑤	系統的	資質や能力	自主的活動	改善	主体的

(☆☆☆◎◎◎)

【12】次の各文は，「不登校児童生徒への支援の在り方について(通知)」(平成28年9月文部科学省初等中等教育局長)の一部を抜粋したものである。文中の下線部ア～オについて，正しいものを○，誤っているものを×としたとき，正しい組合せを選びなさい。

①　不登校については，取り巻く環境によっては，どの児童生徒にも

起こり得ることとして捉える必要がある。また，不登校という状況が継続し，結果として十分な支援が受けられない状況が継続することは，ア自己肯定感の低下を招くなど，本人の進路やイ経済的支援のために望ましいことではないことから，支援を行う重要性について十分に認識する必要がある。

② 不登校については，その要因や背景が多様・複雑であることから，教育の観点のみで捉えて対応することが困難な場合があるが，一方で，児童生徒に対して教育が果たす役割が大きいことから，学校や教育関係者が一層充実した指導や家庭へのウ指導を行うとともに，学校への支援体制や関係機関との連携協力等のネットワークによる支援等を図ることが必要である。

③ 不登校とは，多様な要因・背景により，結果として不登校状態になっているということであり，その行為を「エ問題行動」と判断してはならない。不登校児童生徒が悪いという根強い偏見を払拭し，学校・家庭・社会が不登校児童生徒に寄り添い共感的理解と受容の姿勢を持つことが，児童生徒の自己肯定感を高めるためにも重要であり，周囲の大人との信頼関係を構築していく過程が社会性や人間性の伸長につながり，結果として児童生徒のオ学校復帰につながることが期待される。

	ア	イ	ウ	エ	オ
①	○	○	×	×	○
②	○	×	○	×	○
③	×	○	○	○	×
④	○	×	×	○	×
⑤	×	×	○	×	○

(☆☆☆◎◎◎)

【13】次の文は，「児童生徒の自殺予防に係る取組について(通知)」(平成28年7月文部科学省初等中等教育局児童生徒課長)の一部を抜粋したものである。文中の下線部ア～オについて，正しいものを○，誤ってい

るものを×としたとき，正しい組合せを選びなさい。

各学校において，長期休業の開始前からアンケート調査，教育相談等を実施し，悩みを抱える児童生徒の$_{ア}$早期対応に努めること。学校が把握した悩みを抱える児童生徒や，いじめを受けた又は不登校となっている児童生徒等については，長期休業期間中においても，全校(学年)登校日，$_{イ}$部活動等の機会を捉え，又は保護者への連絡，家庭訪問等により，継続的に様子を確認すること。特に，長期休業の終了前においては，当該児童生徒の$_{ウ}$心身の状況の変化の有無について注意し，児童生徒に自殺を企図する兆候がみられた場合には，特定の教職員で抱え込まず，保護者，$_{エ}$警察と連携しながら組織的に対応すること。また，児童生徒からの悩みや相談を広く受け止めることができるよう「24時間子供SOSダイヤル」をはじめとする相談窓口の周知を$_{オ}$年度初めにおいて積極的に行うこと。

	ア	イ	ウ	エ	オ
①	○	○	×	○	×
②	○	×	○	×	○
③	○	○	×	×	×
④	×	×	○	○	○
⑤	×	○	○	×	×

(☆☆☆◎◎◎)

【14】次の文は，「教育支援資料～障害のある子供の就学手続と早期から一貫した支援の充実～」(平成25年文部科学省)「第2編　教育相談・就学先決定のモデルプロセス」「第1章　関係者の心構えと関係者に求められること」「2　関係者に求められること」の一部を抜粋したものである。文中の(　ア　)～(　オ　)に当てはまる語句の正しい組合せを選びなさい。ただし，同じ記号には同じ語句が入る。

(5)　学校関係者に求められること

小中学校及び特別支援学校等についても，(　ア　)前からの支援を受け継ぐ機関として，障害のある子供への教育支援に対し，幅広く関与していく姿勢が求められる。また，障害のある子供への義務教育の実施を担当する責任はもちろん，(　ア　)後における障害の(　イ　)等の変化に対しても，各学校の関係者が主体的にフォローを行っていく必要がある。

これらの前提として，すべての教員は，特別支援教育に関する一定の知識・(　ウ　)を有していることが求められる。特に，発達障害に関する一定の知識・(　ウ　)は，発達障害の可能性のある子供の(　エ　)が小中学校の通常の学級に在籍していることから，必須である。

また，特別支援学校については，小中学校等の教員への支援機能，特別支援教育に関する相談・情報提供機能，障害のある子供への指導・支援機能，関係機関等との連絡・調整機能，小中学校等の教員に対する研修協力機能，障害のある子供への施設設備等の提供機能といった(　オ　)機能を有しており，その一層の充実を図るとともに，さらなる専門性の向上に取り組む必要がある。

	ア	イ	ウ	エ	オ
①	入学	状態	理解	一定数	ネットワーク
②	就学	状態	理解	一定数	センター的
③	入学	程度	理解	多く	ネットワーク
④	就学	程度	技能	一定数	ネットワーク
⑤	就学	状態	技能	多く	センター的

(☆☆☆◎◎◎)

【15】次の文は，「2020年代に向けた教育の情報化に関する懇談会」最終まとめ(平成28年7月文部科学省)「Ⅱ　基本的な考え方」の一部を抜粋したものである。文中の下線部ア～オについて，正しいものを○，誤っているものを×としたとき，正しい組合せを選びなさい。

○　2020年代に向けた教育の情報化は，ア情報セキュリティの確保を大前提として，授業・学習面と校務面の両面でイICTを積極的に活用し，教育委員会・学校の取組を効果的に支援することを主な目的とする。

・これからの社会において必要となる，主体的・対話的で深い学びという「アクティブ・ラーニング」の視点からの授業改善や，個に応じた学習の充実

(略)

・教員一人一人が力を最大限発揮でき，ウ子供と向き合う時間を確保できる環境の整備

○　教育の情報化を加速するためには，国，地方公共団体(教育委員会)，学校，家庭の役割を明確にし，それぞれのエ目的を果たしていくことが必要である。その上で，教育委員会及び学校を中心とする取組に対して，関係省庁の連携，首長部局や地域の様々な主体と一体となった取組が重要である。さらに，産学官で目指す理念を共有し，オ主体的に取り組み，連携した支援体制の構築が求められる。

	ア	イ	ウ	エ	オ
①	○	×	○	○	×
②	○	○	×	×	○
③	×	○	×	○	○
④	×	×	○	○	×
⑤	○	○	○	×	×

(☆☆☆◎◎◎)

【16】次の(1)～(4)の各文は「平成28年版　環境白書」(福岡県)の一部を抜粋したものである。文中の(　ア　)～(　オ　)に当てはまるものを語群a～jから選んだとき，正しい組合せを選びなさい。ただし，同じ記号には同じ語句が入る。

(1)　一般廃棄物については，市町村に処理責任がありますが，県では市町村等の関係機関と連携し，適正な処理のため各種施策を実施しています。また，(　ア　)の市町村間の相互協力体制の構築にも取り組んでいます。

(2)　(　イ　)は，環境に対する関心を喚起するとともに，各主体の行動への環境配慮を促進するものとして，今日，その重要性は，ます

ます高まっています。

中でも，人格形成過程にある子どもに対する(　イ　)は，その効果の大きさや，その後の取組の広がりが期待できることなどから，特に重点的に取り組んでいるところです。

(3)　多様な生物は生態系の中でそれぞれの役割を担って相互に影響しあい，生態系のバランスを維持しながら，様々な恵みを人間にもたらしています。(　ウ　)を実現するには，社会経済活動を自然環境に調和したものとすることにより，健全な生態系を維持し，自然と人間との共生を確保することが大切です。

(4)　オゾン層破壊や酸性雨など地球規模で拡がる環境問題は(　エ　)による早期解決が求められており，県ではオゾン層保護や地球温暖化防止のためにフロン(　オ　)法に基づきフロン類の適正な(　オ　)を推進するとともに，酸性雨の実態把握や植物など生態系への影響について調査しています。

≪語群≫

a　災害時　　b　産業廃棄物　　c　ボランティア活動
d　環境教育　　e　持続可能な社会　　f　生物多様性の保全
g　国際協力　　h　産学官民　　i　排出抑制
j　リサイクル

	ア	イ	ウ	エ	オ
①	a	c	e	h	j
②	a	d	e	g	i
③	b	d	e	g	j
④	b	c	f	g	i
⑤	a	d	f	h	j

(☆☆☆◎◎◎)

【17】次の文は，製造物責任法(平成6年7月1日法律第85号)の条文の一部を抜粋したものである。文中の(　ア　)～(　オ　)に当てはまる語句を語群a～lから選んだとき，正しい組合せを選びなさい。ただし，同じ

記号には同じ語句が入る。

第1条　この法律は，(　ア　)により人の生命，身体又は(　イ　)に係る被害が生じた場合における製造業者等の損害賠償の責任について定めることにより，被害者の(　ウ　)を図り，もって国民生活の安定向上と(　エ　)の健全な発展に寄与することを目的とする。

(略)

第6条　(　ア　)による製造業者等の損害賠償の責任については，この法律の規定によるほか，(　オ　)(明治29年法律第89号)の規定による。

≪語群≫

a　製造物の欠陥	b　製造業者等の過失	c　家庭生活
d　精神	e　家庭経済	f　刑法
g　民法	h　憲法	i　救済
j　保護	k　国民経済	l　財産

	ア	イ	ウ	エ	オ
①	a	l	j	k	g
②	b	d	j	c	f
③	a	d	i	e	h
④	b	l	i	k	g
⑤	a	l	j	e	f

(☆☆☆◎◎◎)

【18】次の文は，学校保健安全法(最終改正：平成27年6月24日法律第46号)及び学校保健安全法施行規則(最終改正：平成28年3月22日文部科学省令第4号)の条文の一部を抜粋したものである。文中の下線部ア～オについて，正しいものを○，誤っているものを×としたとき，正しい組合せを選びなさい。

【学校保健安全法】

第27条

学校においては，児童生徒等の安全の確保を図るため，当該学校の施設及び設備の安全点検，児童生徒等に対する$_{ア}$通学を含めた学校生活その他の日常生活における安全に関する指導，$_{イ}$児童生徒等の学習その他学校における安全に関する事項について計画を策定し，これを実施しなければならない。

【学校保健安全法施行規則】

第28条

法第27条の安全点検は，他の法令に基づくもののほか，$_{ウ}$毎学期一回以上，児童生徒等が通常使用する施設及び設備の異常の有無について系統的に行わなければならない。

2　学校においては，$_{エ}$必要があるときは，臨時に，安全点検を行うものとする。

第29条

学校においては，前条の安全点検のほか，設備等について$_{オ}$日常的な点検を行い，環境の安全の確保を図らなければならない。

	ア	イ	ウ	エ	オ
①	×	×	○	○	×
②	○	×	○	○	○
③	×	○	○	×	○
④	○	×	×	×	○
⑤	○	○	×	○	×

(☆☆☆◎◎◎)

【19】次の各文は，「人権教育及び人権啓発の推進に関する法律」(平成12年12月6日法律第147号)及び「部落差別の解消の推進に関する法律」(平成28年12月16日法律第109号)の条文の一部を抜粋したものである。文中の(　ア　)～(　オ　)に当てはまる語句の正しい組合せを選びなさい。

○「人権教育及び人権啓発の推進に関する法律」

第1条

この法律は，人権の尊重の緊要性に関する認識の高まり，社会的身分，門地，人種，信条又は性別による不当な差別の発生等の人権侵害の現状その他人権の(　ア　)に関する内外の情勢にかんがみ，人権教育及び人権啓発に関する施策の推進について，国，地方公共団体及び国民の責務を明らかにするとともに，必要な措置を定め，もって人権の(　ア　)に資することを目的とする。

(略)

第3条

国及び地方公共団体が行う人権教育及び人権啓発は，学校，地域，家庭，職域その他の様々な場を通じて，国民が，その発達段階に応じ，人権尊重の理念に対する理解を深め，これを(　イ　)することができるよう，多様な機会の提供，効果的な手法の採用，国民の自主性の尊重及び実施機関の(　ウ　)の確保を旨として行われなければならない。

○「部落差別の解消の推進に関する法律」

第1条

この法律は，現在もなお部落差別が存在するとともに，(　エ　)の進展に伴って部落差別に関する状況の変化が生じていることを踏まえ，全ての国民に基本的人権の享有を保障する日本国憲法の理念にのっとり，部落差別は許されないものであるとの認識の下にこれを解消することが重要な課題であることに鑑み，部落差別の解消に関し，基本理念を定め，並びに国及び地方公共団体の責務を明らかにするとともに，(　オ　)体制の充実等について定めることにより，部落差別の解消を推進し，もって部落差別のない社会を実現することを目的とする。

	ア	イ	ウ	エ	オ
①	擁護	実践	独自性	グローバル化	連携
②	確立	体得	中立性	情報化	連携
③	確立	実践	独自性	情報化	相談
④	擁護	体得	中立性	情報化	相談
⑤	擁護	実践	中立性	グローバル化	連携

(☆☆☆◎◎◎◎)

【20】次の(1)～(4)の各文は，「人権教育の指導方法等の在り方について[第三次とりまとめ]」(平成20年3月人権教育の指導方法等に関する調査研究会議)の一部を抜粋したものである。文中の(　ア　)～(　オ　)に当てはまる語句の正しい組合せを選びなさい。

(1)　人権教育は，人権に関する知的理解と人権感覚の涵養を基盤として，意識，態度，実践的な行動力など様々な資質や能力を育成し，発展させせることを目指す(　ア　)な教育であることがわかる。

　このような人権教育を通じて培われるべき資質・能力については，次の3つの側面(①知識的側面，②価値的・態度的側面及び③(　イ　)側面)から捉えることができる。

(2)　学校において人権教育を展開する際には，人権教育の目標と各教科等の目標やねらいとの関連を明確にした上で，人権に関する意識・態度，実践力を養う人権教育の活動と，それぞれの目標・ねらいに基づく各教科等の指導とが，(　ウ　)に効果を上げられるようにしていくことが重要である。

(3)　個別の人権課題に関する学習を進めるに当たり，児童生徒やその保護者，親族等の中に，当該人権課題の当事者等となっている者がいることも想定される。教職員の無責任な言動が，児童生徒の間に新たな差別や偏見を生み出すことがあることを認識するとともに，(　エ　)の取扱いには，十分な配慮を行う必要がある。

(4)　教職員においては，個別の人権課題の指導に取り組むに際し，まず当該分野の(　オ　)に表れた考え方を正しく理解するとともに，その人権課題にかかわる当事者等への理解を深めることが重要である。

	ア	イ	ウ	エ	オ
①	総合的	技能的	意図的・計画的	補助教材	関連法規等
②	価値志向的	技能的	有機的・相乗的	個人情報	実態調査等
③	価値志向的	心理的	意図的・計画的	補助教材	実態調査等
④	総合的	技能的	有機的・相乗的	個人情報	関連法規等
⑤	総合的	心理的	意図的・計画的	補助教材	関連法規等

(☆☆☆☆◎◎◎◎)

【小学校・中学校・養護・栄養】

【1】次の文は，「生徒指導提要」(平成22年3月文部科学省)「第1章　生徒指導の意義と原理」「第2節　教育課程における生徒指導の位置付け」「1　教育課程の共通性と生徒指導の個別性」の一部を抜粋したものである。文中の(　ア　)～(　オ　)に当てはまる語句の正しい組合せを選びなさい。

生徒指導は，一人一人の児童生徒の個性の伸長を図りながら，同時に社会的な資質や能力・態度を育成し，さらに将来において社会的に自己実現ができるような資質・態度を形成していくための指導・援助であり，個々の児童生徒の(　ア　)の育成を目指すものです。そのために，日々の教育活動においては，①児童生徒に自己存在感を与えること，②(　イ　)な人間関係を育成すること，③自己決定の場を与え自己の可能性の開発を援助することの3点に特に留意することが求められています。

そして，教育課程は，学校において児童生徒の人間形成や(　ウ　)発達に直接かかわる役割を担っています。この教育課程がその使命として果たそうとする人間形成を図るためには，多数の児童生徒を対象として，一定の期間に，一定の資質や能力を育成しようとすることから，どうしても共通性が求められます。このことは，必ずしも教育課程の(　エ　)の側面としてとらえられるものではなく，むしろ人間形成においては，人間として必要とされる資質や能力について共通の認識の下，その育成を図る上では重要な側面であるといえます。

しかし，児童生徒は一人一人異なった個性を持っているとともに，それぞれが置かれた生育条件や(　オ　)も同じではありません。したがって，人間として必要な共通の基盤に立つ資質や能力の育成とともに，社会的な自己実現が図られるようにするためにも，一人一人の個性的な資質や能力を伸ばしていくことも重要となります。

	ア	イ	ウ	エ	オ
①	自己指導能力	共感的	キャリア	画　一	進路希望
②	自己指導能力	共感的	成　長	マイナス	環境条件
③	生きる力	共感的	キャリア	マイナス	環境条件
④	自己指導能力	協働的	成　長	マイナス	進路希望
⑤	生きる力	協働的	キャリア	画　一	環境条件

(☆☆☆◎◎◎◎)

【2】次の文は，小学校及び中学校学習指導要領解説　総則編(抄)(平成27年文部科学省)「第3章　教育課程の編成及び実施」「第1節　教育課程編成の一般方針」「2　道徳教育(第1章第1の2)」「(1)　道徳教育の展開と道徳科(第1章第1の2の前段)」の一部を抜粋したものである。文中の(　ア　)～(　オ　)に当てはまる語句を語群a～jから選んだとき，正しい組合せを選びなさい。

道徳教育は(　ア　)の根幹に関わるものであり，同時に，民主的な国家・社会の持続的発展を根底で支えるものでもあることに鑑みると，児童〈生徒〉の(　イ　)に関わるものであり，学校で行われる全ての教育活動に関わるものである。

(略)

中でも，特別の教科として位置付けられた道徳科は，(　ウ　)を養うことを目指すものとして，その中核的な役割を果たす。道徳科の指導において，各教科等で行われる道徳教育を補ったり，それを深めたり，相互の関連を考えて(　エ　)させ，統合させたりすることで，学校における道徳教育は一層充実する。こうした考え方に立って，道徳教育は道徳科を要として学校の教育活動全体を通じて(　オ　)。

※　＿＿の表記は小学校学習指導要領
※〈　　〉の表記は中学校学習指導要領

≪語群≫

a　行うものと規定している　　　b　将来
c　発展　　　d　道徳的実践力
e　人格形成　　　f　道徳性

g　進化　　　　　　　　　　　　　h　人間尊重の精神
i　行うことに留意する必要がある　j　生活全体

	ア	イ	ウ	エ	オ
①	e	b	d	c	i
②	e	j	f	c	a
③	h	b	d	c	a
④	h	b	f	g	a
⑤	e	j	d	g	i

(☆☆◎◎◎◎)

【3】次の文は，小学校〈中学校〉学習指導要領(平成20年文部科学省)「第6〈5〉章　特別活動」「第3　指導計画の作成と内容の取扱い」の一部を抜粋したものである。文中の(　ア　)～(　エ　)に当てはまる語句を語群a～hから選んだとき，正しい組合せを選びなさい。

〔学級活動〕については，学級，学校及び児童〈学校，生徒〉の実態，学級集団の育成上の課題や発達の課題及び第3章道徳の第3の1の(3)に示す道徳教育の重点などを踏まえ，各学年段階において取り上げる指導内容の(　ア　)を図るとともに，必要に応じて，内容間の関連や(　イ　)を図ったり，他の内容を加えたりすることができること。また，学級経営の充実を図り，個々の児童〈生徒〉についての理解を深め，児童〈生徒〉との(　ウ　)を基礎に指導を行うとともに，(　エ　)との関連を図るようにすること。

※　＿＿の表記は小学校学習指導要領
※〈　　〉の表記は中学校学習指導要領

≪語群≫
a　生徒指導　b　相互理解　c　重点化　d　深化　e　精選
f　信頼関係　g　統合　h　学校行事

	ア	イ	ウ	エ
①	c	d	f	h
②	e	d	b	a
③	c	g	f	a
④	e	g	b	h
⑤	e	g	f	a

(☆☆☆☆◎◎◎)

【4】次の文は，小学校〈中学校〉学習指導要領解説特別活動編(平成20年文部科学省)「第4章　指導計画の作成と内容の取扱い」「第4〈5〉節　特別活動における評価」の一部を抜粋したものである。文中の(　ア　)～(　オ　)に当てはまる語句を語群a～jから選んだとき，正しい組合せを選びなさい。

特別活動の評価において，最も大切なことは，児童〈生徒〉一人一人のよさや可能性を積極的に認めるようにするとともに，自ら学び自ら考える力や，(　ア　)他人とともに協調できる豊かな人間性や社会性など生きる力を育成するという視点から評価を進めていくということである。そのためには，児童〈生徒〉が自己の活動を振り返り，(　イ　)をもてるような評価を進めるため，活動の結果だけでなく活動の過程における児童〈生徒〉の努力や意欲などを積極的に認めたり，児童〈生徒〉のよさを(　ウ　)に評価したりすることが大切である。その際，集団活動や自らの実践のよさを知り，自信を深め，課題を見いだし，それらを自らの実践の向上に生かすなど，児童〈生徒〉の(　エ　)評価にするよう，児童〈生徒〉自身の自己評価や(　オ　)などの方法について，一層工夫することが求められる。

※　＿＿の表記は小学校学習指導要領解説
※〈　　〉の表記は中学校学習指導要領解説

≪語群≫

a　ポートフォリオによる評価　　b　新たな目標や課題

c　活動意欲を喚起する　　　　d　多面的・総合的
e　自らを律しつつ　　　　　　f　個別的・具体的
g　継続的な取組につながる　　h　互いのよさを生かしつつ
i　集団の成員相互による評価　j　満足感や充実感

	ア	イ	ウ	エ	オ
①	e	b	d	c	i
②	e	j	f	c	a
③	h	b	d	c	a
④	h	b	f	g	a
⑤	e	j	d	g	i

(☆☆☆◎◎◎)

【5】次の文は，小学校〈中学校〉学習指導要領解説総合的な学習の時間編(平成20年文部科学省)「第2章　総合的な学習の時間の目標」「第2節　目標の趣旨」の一部を抜粋したものである。文中の(　ア　)～(　オ　)に当てはまる語句を，語群a～jから選んだとき，正しい組合せを選びなさい。ただし，同じ記号には同じ語句が入る。

総合的な学習の時間においては，横断的・総合的な学習や探究的な学習を通して，自己の生き方を考えることができるようにすることが大切である。

「自己の生き方を考えることができる」とは，以下の三つのことである。

一つには，人や社会，自然とのかかわりにおいて，自らの(　ア　)について考えていくことである。社会や自然の中に生きる一員として，何をすべきか，どのようにすべきかなどを考えることである。

二つには，自分にとっての(　イ　)や価値を考えていくことである。取り組んだ学習活動を通して，自分の考えや意見を深めることであり，また，学習の(　ウ　)を味わうなどして(　イ　)を自覚することである。

これらの二つを生かしながら，学んだことを現在及び将来の自己の生き方につなげて考えることが三つ目である。学習の成果から達成感や自信をもち，自分の(　エ　)に気付き，自分の人生や将来〈，職業〉について考えていくことである。

こうした三つの側面から自己の生き方を考えることが大切である。その際，具体的な活動や事象とのかかわりを拠り所として，多様な視点から考えさせることが大切である。また，その考えを深める中で，さらに考えるべきことが見出されるなど，常に(　オ　)で見つめ，振り返り，問い続けていこうとすることが重要である。

※　＿＿の表記は小学校学習指導要領解説
※〈　　〉の表記は中学校学習指導要領解説

≪語群≫

a　未来志向的な視点　　b　協同的に取り組む意味
c　満足感　　d　成長
e　生活や行動　　f　有用感
g　学ぶことの意味　　h　自己との関係
i　よさや可能性　　j　見方や考え方

	ア	イ	ウ	エ	オ
①	e	g	f	d	h
②	j	g	c	d	a
③	j	b	c	d	h
④	e	b	c	i	a
⑤	e	g	f	i	h

(☆☆☆☆◎◎)

【高等学校】

【1】次の文は，「幼稚園，小学校，中学校，高等学校及び特別支援学校の学習指導要領等の改善及び必要な方策等について(答申)」(平成28年12月中央教育審議会)の一部を抜粋したものである。文中の(　ア　)～(　オ　)に当てはまる語句の正しい組合せを選びなさい。

習得・活用・探究という学びの過程の中で，各教科等の特質に応じた「(　ア　)」を働かせながら，知識を相互に関連付けてより深く理解したり，情報を精査して考えを形成したり，問題を見いだして解決策を考えたり，思いや考えを基に(　イ　)したりすることに向かう「(　ウ　)学び」が実現できているか。

子供たちが，各教科等の学びの過程の中で，身に付けた資質・能力の三つの柱を(　エ　)しながら物事を捉え思考することを通じて，資質・能力がさらに伸ばされたり，新たな資質・能力が育まれたりしていくことが重要である。教員はこの中で，教える場面と，子供たちに思考・(　オ　)させる場面を効果的に設計し関連させながら指導していくことが求められる。

	ア	イ	ウ	エ	オ
①	生きる力	創造	深い	応用	演習・発表
②	生きる力	学習	主体的な	活用・発揮	演習・発表
③	見方・考え方	創造	深い	活用・発揮	判断・表現
④	見方・考え方	創造	深い	応用	判断・表現
⑤	見方・考え方	学習	主体的な	応用	演習・発表

(☆☆☆☆☆◎◎)

【2】次の文は，高等学校学習指導要領(平成21年3月告示)「第1章　総則」「第5款　教育課程の編成・実施に当たって配慮すべき事項」の一部を抜粋したものである。文中の(　ア　)～(　オ　)に当てはまる語句の正しい組合せを選びなさい。

○　教師と生徒の信頼関係及び生徒相互の好ましい人間関係を育てるとともに(　ア　)を深め，生徒が主体的に判断，行動し積極的に自己を生かしていくことができるよう，生徒指導の充実を図ること。

○　生徒が自己の在り方生き方を考え，主体的に進路を選択することができるよう，学校の教育活動全体を通じ，(　イ　)な進路指導を行い，キャリア教育を推進すること。

○　各教科・科目等の指導に当たっては，教師間の連携協力を密にするなど指導体制を確立するとともに，学校や生徒の実態に応じ，個別指導やグループ別指導，繰り返し指導，教師間の協力的な指導，生徒の学習内容の習熟の程度等に応じた弾力的な(　ウ　)の編成など指導方法や指導体制を工夫改善し，個に応じた指導の充実を図ること。

○　学習の遅れがちな生徒などについては，各教科・科目等の(　エ　)，その内容の取扱いなどについて必要な配慮を行い，生徒の実態に応じ，例えば義務教育段階の学習内容の確実な定着を図るための指導を適宜取り入れるなど，指導内容や指導方法を工夫すること。

○　各教科・科目等の指導に当たっては，生徒が(　オ　)を身に付け，コンピュータや情報通信ネットワークなどの情報手段を適切かつ実践的，主体的に活用できるようにするための学習活動を充実するとともに，これらの情報手段に加え視聴覚教材や教育機器などの教材・教具の適切な活用を図ること。

	ア	イ	ウ	エ	オ
①	生徒理解	計画的，組織的	学　級	選択	情報モラル
②	自己認識	計画的，組織的	教育課程	履修	情報処理能力
③	生徒理解	系統的，総合的	学　級	選択	情報モラル
④	自己認識	系統的，総合的	教育課程	履修	情報モラル
⑤	生徒理解	計画的，組織的	教育課程	選択	情報処理能力

(☆☆☆☆◎◎◎)

【3】次の文は，高等学校学習指導要領解説特別活動編(平成21年文部科学省)「第3章　各活動・学校行事の目標と内容」「第3節　学校行事」「1　学校行事の目標」の一部を抜粋したものである。文中の(　ア　)～(　オ　)に当てはまる語句の正しい組合せを選びなさい。ただし，同じ記号には同じ語句が入る。

学校行事で育てたい「よりよい学校生活や社会生活を築こうとする自主的，(　ア　)な態度」とは，教師の(　イ　)，計画的な指導の下に，社会で共に生きること働くことの意義と尊さを実感し，生徒自らが(　ウ　)をもち学校や社会の一員としての役割や責任を果たそうとするなど，(　エ　)しようとする態度を含め，人間としての在り方生き方についての自覚を深めるとともに，学校や地域，社会などの実生活の様々な場面において(　オ　)を生かし，協力してよりよく発展させようとする自主的，(　ア　)な態度である。

	ア	イ	ウ	エ	オ
①	自発的	組織的	課題	社会に貢献	能力
②	自発的	意図的	課題	社会に貢献	能力
③	自発的	組織的	目標	社会に貢献	自己
④	実践的	意図的	目標	社会的に自立	自己
⑤	実践的	組織的	目標	社会的に自立	能力

(☆☆☆☆◎◎)

【4】次の文は，「今後の学校におけるキャリア教育・職業教育の在り方について(答申)」(平成23年1月中央教育審議会)「第3章　後期中等教育におけるキャリア教育・職業教育の充実方策」「2.　後期中等教育におけるキャリア教育・職業教育の基本的な考え方」の一部を抜粋したものである。

文中の(　ア　)～(　エ　)に当てはまる語句の正しい組合せを選びなさい。

○　後期中等教育を修了する者の主な年齢である18歳という時期は，未成年ではあるものの，社会人・職業人としての(　ア　)が迫られる時期である。このため，後期中等教育修了までに，生涯にわたる多様なキャリア形成に共通して必要な能力や態度を身に付けさせ，これらの育成を通じて，(　イ　)，とりわけ勤労観・職業観を自ら形成・確立させることを，キャリア教育の視点から見た場合の目標として設定し，キャリア教育の取組を一層充実することが重要である。

一方，職業の多様化等に伴い，生徒のキャリア形成に関する環境や意識等の多様化も進んでおり，一人一人の状況に応じた対応にも配慮することが必要である。

○　また，後期中等教育における職業教育は，専門的な知識，技能，能力や態度を育成し，社会に生き社会的責任を担う(　ウ　)としての規範意識や倫理観等を醸成し，豊かな人間性を養うことなどにも配慮した教育により，職業へ円滑に移行する準備を行うという面とともに，専門的な知識・技能の高度化に対応した教育により，新たな職業への就職や高等教育機関への進学も含め自己の将来の(　エ　)を広げていくことができるという面からも，その重要性は依然として高い。

	ア	イ	ウ	エ
①	自立	人生観	社会人	可能性
②	資質	人生観	職業人	目標
③	自立	価値観	職業人	目標
④	資質	価値観	社会人	可能性
⑤	自立	価値観	職業人	可能性

(☆☆☆☆◎◎◎)

【5】次の文は，「生徒指導提要」(平成22年文部科学省)「第3章　児童生徒の心理と児童生徒理解」「第1節　児童生徒理解の基本」「1　生徒指導における児童生徒理解の重要性」の一部を抜粋したものである。文中の(　ア　)～(　オ　)に当てはまる語句の正しい組合せを選びなさい。

(1)　生徒指導の目的と児童生徒理解

生徒指導は，既に明らかにしてきたように，一人一人の児童生徒の健全な成長を促し，児童生徒自ら現在及び将来における自己実現を図っていくための(　ア　)の育成を目指すものです。これは児童生徒の人格を尊重し，個性の伸長を図りながら，(　イ　)や行動力を高めるように指導，援助するものでなければなりません。

実際の指導においては複数の児童生徒や集団を対象にすることも多いのですが，最終のねらいはそこに含まれる個人の(　ウ　)にあります，また実際の指導では(　エ　)などに直接対応する指導が多いのですが，最終のねらいは人格の発達的形成にあります。

このことから，指導者に求められる二つのことが浮き上がってきます。一つは，一人一人の児童生徒をどのように理解し，指導に当たるかということであり，もう一つは一人一人を理解する上で，特に欠かすことのできない人格の発達についての一般的な傾向とその特徴についての(　オ　)・専門的な知識を持つことです。

	ア	イ	ウ	エ	オ
①	自己指導能力	社会的判断力	理　解	客観的事実	客観的
②	自尊感情	社会的資質	理　解	問題行動	具体的
③	自尊感情	社会的判断力	理　解	客観的事実	客観的
④	自己指導能力	社会的資質	育　成	問題行動	客観的
⑤	自己指導能力	社会的資質	育　成	客観的事実	具体的

(☆☆◎◎◎◎)

解答・解説

【共通問題】

【1】②

〈解説〉アの「異口」は何人かの異なる人々の口，「同音」は同じことを言うことの意。イの「温故」は昔の事柄を研究すること，「知新」は新しい知識を得ることの意。ウの「荒唐」は言説によりどころがなく，とりとめのないこと，「無稽」は根拠がないことの意。エの「深」は考えが深いこと，「謀」ははかりごと，計画，「遠」は遠い将来のことまで考えること，「慮」は考えの意。オは漢文の訓読では「傍らに人無きがごとし」となる。

【2】③

〈解説〉展開図の一部を次に示す。これより，点Pが線分AG上にあるとき，AP＋PGはもっとも短くなり，その長さは線分AGに等しいから，△AEGに三平方の定理を用いて

$AG=\sqrt{AE^2+EG^2}=\sqrt{AE^2+(EF+FG)^2}=\sqrt{5^2+10^2}=5\sqrt{5}$

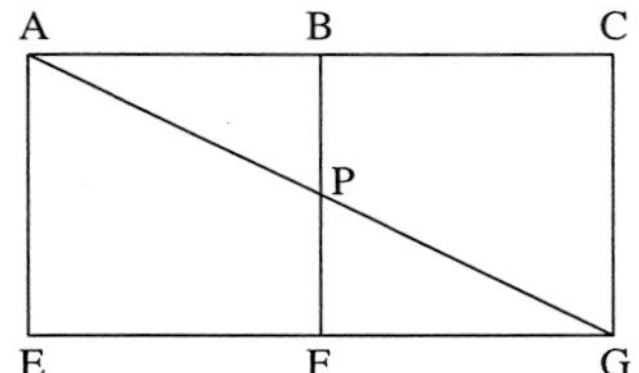

【3】⑤

〈解説〉(1) 「オランダの法学者」,『戦争と平和の法』,「国際法の父」という部分から「グロチウス」である。 (2) 「オランダのハーグ」という部分から「国際司法裁判所」である。「紛争当事国双方による同意」という部分も重要。 (3) 「200海里」という部分から「排他的経済水域」である。 (4) 「冷戦の終結を宣言」した会談であるから「マルタ会談」である。「ヤルタ会談」は1945年に,第2次世界大戦戦後処理などについて行われた米英ソの会談。 (5) 「2010年チュニジアで発生」,「民主化要求運動」という部分から「アラブの春」である。「プラハの春」は1968年に起こったチェコスロバキアの民主化運動。

【4】②

〈解説〉リトマス紙の変化は,青色から赤色(酸性),赤色から青色(塩基性),変化なし(中性)。BTB液の色は,酸性は黄色,塩基性は青色,中性は緑色。電流は,溶質が電解質(電離し,イオンになるもの)か否かで判断。マグネシウムは薄い酸に溶解し水素を発生する。よって,Aは酸性,Bは塩基性,Cは酸性,Dは中性で溶質が電解質でないもの,Eは中性で溶質が電解質の水溶液である選択肢を選べばよい。

【5】①

〈解説〉選択肢を和訳すると,アは,a「お手伝いが必要ですか?」,b「何がありましたか?」,c「私を手伝ってくださいますか?」となり,道に迷っているBの返事がYes.であることからaが適当。イは,where the subway is?という疑問詞が導く名詞句に続き，かつ全体で疑問文を作るものとしてはaが適当。空欄を補って全文を訳すと「どこに地下鉄があるか教えてくださいますか。」となる。ウは，aのin caseは，どの場合かを続ける必要があり不適当，cのin timeは「時間内に」という意味になり不適当。bのin that case「その場合は」が適切。エは，Aの返事がOnly about 10 minutes!「たったの十分です。」であることに注意すると「時間」を聞いているbが適当。bを訳すと「それはどのくらい(時間が)かかりますか？」となる。オは，Bのお礼に対する返事なのでaが適当。

【6】③

〈解説〉(1)　第26条である。この第2項「すべて国民は，法律の定めるところにより，その保護する子女に普通教育を受けさせる義務を負ふ。」では，義務教育について規定されている。　(2)　第16条で，請願権について規定されている。　(3)　第93条第2項である。第92条から第95条は「地方自治」について規定されている。

【7】④

〈解説〉(1)　教育の目的を定めた第1条では，「教育は，人格の完成を目指し，～。」と記されている。　(2)　義務教育について定めた第5条第1項では，「国民は，その保護する子に，～普通教育を受けさせる義務を負う。」と記されている。　(3)　教員について定めた第9条第1項である。　(4)　教育振興基本計画について定めた第17条第1項である。

【8】④

〈解説〉(1)　本法の第2条第1項である。第2条は，いじめの定義について記されている。他の児童などから「心理的，物理的な影響を与える行為」を受け「心身の苦痛」を感じている，という部分は重要。

(2)　学校の設置者の責務を定めた第７条。　(3)　学校いじめ防止基本方針について定めた第13条。なお，本法は平成25年に公布されている。

【9】④

〈解説〉(1)　オペラント条件づけは，自発行動をしたときに，正の強化刺激や負の強化刺激をあたえることで，その行動を強化あるいは弱化させることである。パブロフの理論は，古典的条件(レスポンデント)づけである。　(2)　ソーンダイク(1874～1949)はアメリカの心理学者で，動物実験により学習を試行錯誤の過程と考え，その基本原理として効果の法則を提唱した。　(3)　インプリンティングによる学習には，行動の習得に，多数回，長時間の試行を必要としないこと，生後まもない限定された時期にだけ学習が成立すること，一度習得された行動はその後の経験で訂正できず，消去されにくいこと，など，一般の条件づけによる学習過程とは異なった特色がある。このインプリンティングが起こる時期を臨界期，もしくは敏感期という。　(4)　他人の行動を観察することによって，本人が実際に体験しなくてもその行動様式を学習することをモデリング(マネをすること)という。

【10】①

〈解説〉平成18年12月に教育基本法が改正され，新しい時代に求められる教育理念が法律上明確になったことを踏まえ，学校教育法，地方教育行政の組織及び運営に関する法律，教育職員免許法及び教育公務員特例法の一部を改正する法律が成立し，平成19年6月に公布された。本法は，改正教育基本法の新しい教育理念を踏まえ，第21条で，義務教育の目標を10項目にわたり具体的に定めている。

【11】④

〈解説〉学校では，児童生徒等の安全の確保が保障されることが最優先されるべき不可欠の前提であるが，学校の管理下で様々な事故，不審者による児童生徒等への切りつけ事件，自然災害に起因する死亡事故など，全国の学校で重大事件・事故災害が依然として発生している。この現状において文部科学省は，学校での事故の発生を未然に防ぎ，学校の管理下で発生した事故に対し，学校，学校の設置者が適切な対応を図るため，平成26年度から「学校事故対応に関する調査研究」有識者会議を設置し，検討を行い，出題の「学校事故対応に関する指針」を取りまとめた。3つの目標として，日常生活において，現在，将来に直面する安全の課題に対し，適切な意思決定や行動選択ができるようにする。日常生活では，危険の予測，それに対する安全な行動，危険な環境を改善することができるようにする。などが挙げられている。

【12】④

〈解説〉文部科学省は平成27年1月に「不登校に関する調査研究協力者会議」を発足させ，実情の把握・分析，学校での不登校児童生徒への支援の現状と改善方策，学校外での支援の現状と改善方策などを検討し，平成28年7月に「不登校児童生徒への支援に関する最終報告～一人一人の多様な課題に対応した切れ目のない組織的な支援の推進～」を取りまとめた。その中で，イについては「本人の進路や社会的支援のために望ましいことではない～」としている。ウについては「～学校や教育関係者が～指導や家庭への働き掛け等を行う～ことが必要」としている。オについては「不登校～を『問題行動』と判断してはならない。～，学校・家庭・社会が不登校児童生徒に寄り添い共感的理解と受容の姿勢を持つことが，～重要～，周囲の大人との信頼関係を構築していく過程が～児童生徒の社会的自立につながることが期待される。」としている。

【13】⑤

〈解説〉近年自殺自体の総数は減少しているが，自殺した児童生徒数には減少がみられない。また18歳以下の自殺は8月末から9月上旬等の長期休業明けに急増する傾向がある。そのため文部科学省は夏季休業に先立ち，出題の文書を各都道府県教育委員会等に通知した。その中では，アは「早期発見」，エは「医療機関等」，オは「長期休業の開始前」としている。

【14】⑤

〈解説〉本資料は，障害のある児童生徒等への支援充実のため平成25年に文部科学省が取りまとめたもの。科学的・医学的知見や新たな就学手続の趣旨及び内容を取り上げ，早期からの一貫した支援の重要性を明確に打ち出し，市町村教育委員会の就学手続におけるモデルプロセス，障害種ごとの障害の把握や具体的な配慮の観点等についても詳細に解説している。問題文の第2編で，「すべての教員は，特別支援教育に関する一定の知識・技能を有することが求められる。」とある。また，特別支援学校については，関係各方面への支援機能，相談・情報提供機能，連絡・調整機能などのセンター的機能を有していると記されている。

【15】⑤

〈解説〉授業でのICT活用が進展し，情報教育の充実やアクティブ・ラーニングへのICT活用が議論される一方，機器の整備や教員の指導力の点で課題も明らかになっている。また，外部や民間の知見も活用し，データを活用した学級・学校経営支援，政策立案支援も具体化しつつある。このような状況の中，文部科学省は教育の情報化に向け検討を行い，「2020年代に向けた教育の情報化に関する懇談会」を開催し，平成28年7月に本資料を取りまとめた。そこでは，エとオについて「教育の情報化を加速するためには，～それぞれの責任を果たしていくことが必要」，「一体となった取組が重要～産学官で～協働的に取り組み， 連携した支援体制の構築が求められる」と記されている。

【16】②

〈解説〉(1)は第2部，第4章「自然共生社会の構築」の第5節「廃棄物の適正処理」の冒頭。災害の際の市町村間の相互協力体制にも触れている。(2)は第2部，第７章「よりよい環境を実現するための地域づくり・人づくり」の第2節「学校における環境教育・環境学習」の冒頭に記されている。　(3)は第2部，第4章「自然共生社会の構築」の第2節「生物多様性の保全・再生のための総合的な対策」の冒頭に記されている。この考えのもととなる「生物多様性基本法」「生物多様性地域連携促進法」では，生物多様性の保全と持続可能な利用をバランスよく推進するという基本原則が示されている。　(4)は第5章「健康で快適に暮らせる生活環境の確保」の第2節「大気環境の保全」の2「大気汚染防止対策」に記されている。

【17】①

〈解説〉製造物責任法(通称PL法)は，製造物に通常あるべき安全性が欠けていることによって，消費者が身体や財産に被害を受けた場合，製造者の過失のありなしにかかわらず，製造者の損害賠償の責任を問うことができるなど，消費者を保護する法律である。「消費者契約法」「特定商取引に関する法律」も同様である。

【18】②

〈解説〉学校安全計画の策定等を定めた学校保健安全法の第27条は，児童生徒等の安全の確保を図るため，学校施設，設備の安全点検，児童生徒等の学校生活，日常生活における安全に関する指導，職員の研修など，学校における安全に関する事項について計画を策定し，これを実施しなければならないという内容である。

【19】④

〈解説〉「人権教育及び人権啓発の推進に関する法律」は，人権の擁護に資することを目的に，人権教育・啓発の推進に係る国，地方公共団体及び国民の責務を明らかにするとともに，必要な措置を定めたものである。また「部落差別の解消の推進に関する法律」は，部落差別は許されないものであるとの認識のもとに，部落差別の解消の必要性について国民の理解を深めるよう努めることにより，部落差別のない社会を実現することをめざしたものある。また，解消のための施策として，国，地方公共団体は，相談体制の充実や教育啓発の推進に努めることを規定している。

【20】④

〈解説〉文部科学省は人権教育の指導方法等に関する調査研究会議を設置し，平成16年「人権教育の指導方法等の在り方について［第一次とりまとめ］」が出された。そこでは，「人権感覚」について「自分の大切さとともに他の人の大切さを認めること」とわかりやすく定義されている。その後，平成18年には，［第二次とりまとめ］を公表。同調査研究会議は，全国の学校関係者等が［第二次とりまとめ］の示した考え方への理解を深め，実践につなげていけるよう，さらなる検討を進めその成果として掲載事例等の充実を図り，「指導等の在り方編」と「実践編」の2編に再編成し，出題の第三次とりまとめを行った。(1)は本資料の第1章第1節「人権及び人権教育」の4である。　(2)　本資料の第2章　第1節の1.(2)「人権教育の充実を目指した教育課程の編成」からである。　(3)，(4)は本資料の「実践編」の「個別的な人権課題に対する取組」のかなり細かい部分からの出題である。「福岡県人権教育・啓発基本指針」(平成15年6月)からの出題も今後予想されるので，読み込んでおくこと。

【小学校・中学校・養護・栄養】

【1】②

〈解説〉出題の資料では，生徒指導は，個々の児童生徒の自己指導能力の育成を目指すものと記されている。教育活動では，共感的な人間関係を育成するなど，留意する点が3つ挙げられている。教育課程は，児童生徒の人間形成や成長発達にかかわる役割を担っている。マイナスの側面ととらえられがちな教育課程の共通性は，児童生徒の人間形成では，資質や能力の共通の認識の下で育成を図る上で，重要な側面だと記している。さらに，児童生徒のそれぞれの個性，置かれた生育・環境条件を加味することも必要と記している。文脈から空欄ウとオは正答がわかりやすい。

【2】②

〈解説〉学習指導要領解説では，道徳教育は人格形成の根幹に関わり，児童生徒の生活全体，学校の教育活動全体に関わるものと記されている。道徳科は道徳性を養うことを目指している。エには「発展」，オには「行うものと規定している」が当てはまる。平成27年の改正で大きく変更された。空欄オ以外は，基本となるキーワードが問われているのでおさえておくこと。

【3】③

〈解説〉学習指導要領「第3の2の(2)」からの出題である。空欄アには「重点化」，イには「統合」，ウには「信頼関係」，エには「生徒指導」が当てはまる。学習指導要領では「関連」と「統合」は連なりやすく，生徒指導では「信頼関係」がキーワードとなりやすい。

【4】①

〈解説〉本資料では，アには「自らを律しつつ」，イには「新たな目標や課題」，ウには「多面的・総合的」，エには「活動意欲を喚起する」，オには「集団の成員相互による評価」が当てはまる。「自律した人間」と「活動意欲を喚起」と「集団の成員相互」が重要なキーワードとなるので覚えておこう。

【5】⑤

〈解説〉本資料の「(5)　自己の生き方を考えることができるようにすること」からの出題である。アには「生活や行動」，イには「学ぶことの意味」，ウには「有用感」，エには「よさや可能性」，オには「自己との関係」が該当する。「自分のよさや可能性に気付き」を覚えているか否かで①か⑤かの選択が分かれる。

【高等学校】

【1】③

〈解説〉本資料の「第1部　第7章　どのように学ぶか　2.『主体的・対話的で深い学び』」③の「深い学び」とその後のまとめ部分からである。アには「見方・考え方」，イには「創造」，ウには「深い」，エには「活用・発揮」，オには「判断・表現」が当てはまる。「深い学び」は，これまでの学び方を変える今後重要語句となるので覚えておこう。「思考・判断・表現」はワンセットで覚える。

【2】①

〈解説〉本資料の 5　教育課程の実施等に当たって配慮すべき事項の(3)，(4)，(6)，(7)，(10)からの出題である。　ア　生徒指導を進める上で，基盤となるのは生徒一人一人についての生徒理解の進化を図ることである，と記されている。　イ　進路指導は，全校の教職員の共通理解と協力的指導体制によって，計画的，組織的，継続的に行わなければならない，と記されている。　ウ　「弾力的な学級編成」とは，学級の編成を，生徒の学力・能力だけで固定的に行うものではなく，学習内容の習熟程度に応じて，弾力的，流動的に行うものである，と記されている。　エ　学習の遅れがちな生徒などに対する配慮事項で，一人一人の実態の即し教科・科目の選択などを考え，適切な指導を行う必要がある，と記されている。　オ　授業などでのコンピュータなどの活用では，インターネット上で誹謗中傷，犯罪，違法，有害情報の問題を踏まえ情報モラルについて指導する必要がある，と記されている。

【3】④

〈解説〉本資料の第4段落で，ア・オ　学校，地域，社会などの実生活の場面において自己を生かし，協力してよりよく発展させようとする自主的，実践的態度である。　イ　学校行事は，学校生活においては，教師の意図的，実践的な指導の下で行われる。　ウ・エ　学校行事は学校が計画し実施するものだが，そこで育てたい態度には，生徒自らが目標をもち役割や責任を果たし，社会的に自立しようとするなどがある。「実践的」は総則でも掲載されている重要キーワードである。さらに教師の「意図的，計画的」を覚えておくとよい。

【4】⑤

〈解説〉本資料では，普通科，専門学科，総合学科，高等学校・特別支援学校高等部の専攻科におけるキャリア教育・職業教育について，課題と基本的な考え方を示し，その方策をまとめている。アには「自立」，イには「価値観」，ウには「職業人」，エには「可能性」が当てはまる。「自立」と「自律」の違いは，社会で自活できることが「自立」である。キャリア教育では，「価値観」としての勤労観と職業観を確立することを目標としている。

【5】④

〈解説〉本資料の「(1)　生徒指導の目的と児童生徒理解」からの出題である。アには「自己指導能力」，イには「社会的資質」，ウには「育成」，エには「問題行動」，オには「客観的」が当てはまる。「自己指導能力」は『生徒指導提要』全体を通じた重要キーワードである。生徒指導の最終のねらいは「個人の育成」にあることを覚えておくとよい。

2017年度　実施問題

【共通問題】

【1】次のア～オの四字熟語の意味を選んだときの正しい組合せを，あとの①～⑤の中から一つ選びなさい。

ア　快刀乱麻

a　優れた才能を良くないことに利用すること。

b　よそのことに構わず独断的であること。

c　もつれた物事を鮮やかに処理すること。

イ　付和雷同

a　物事に少しも動じることがなく，平然堂々としていること。

b　自分に一定の見識がなく，わけもなく他人の意見に同調すること。

c　前置きや余談を行うことなく，ただちに本題に入ること。

ウ　馬耳東風

a　あちこちせわしく駆け回ること。

b　ぐずぐずして決断力の乏しいこと。

c　批評などを，心に留めず聞き流すこと。

エ　朝三暮四

a　盛んに話し論じあうこと。

b　小さな違いにこだわり実質は同じことに気付かぬこと。

c　あらゆるものが常に変化してやまないこと。

オ　臥薪嘗胆

a　目的を達するために並々ならぬ苦労をすること。

b　表面だけは服従しているように見せかけて，内心では反対すること。

c　みな同じで変化がなく，面白みのないこと。

	ア	イ	ウ	エ	オ
①	b	c	b	a	b
②	c	a	a	b	c
③	c	b	c	b	a
④	a	c	a	a	a
⑤	b	b	c	c	b

(☆☆☆◎◎◎◎◎)

【2】500円，100円，50円，10円の硬貨が1枚ずつある。この4枚を同時に投げるとき，表が出る硬貨の合計金額が550円以上になる確率を求め，次の①～⑤から一つ選びなさい。

①	$\frac{1}{4}$	②	$\frac{1}{3}$	③	$\frac{2}{5}$	④	$\frac{5}{16}$	⑤	$\frac{3}{8}$

(☆☆☆◎◎◎)

【3】次の(1)～(5)の各文は，政治や経済に関するものである。文中の(　ア　)～(　オ　)に当てはまる語句の正しい組合せを，あとの①～⑤から一つ選びなさい。

(1)　衆議院が解散されたときは，解散の日から40日以内に，衆議院議員の総選挙が行われるが，その総選挙の日から30日以内に召集される国会を(　ア　)という。

(2)　公職選挙法で，秘書や親族など，選挙の候補者と一定の関係をもつ者が，選挙違反の罪で刑に処された場合，候補者が選挙違反にかかわっていなくても，当選を無効にし，以降の立候補を制限する制度を(　イ　)という。

(3)　参議院の選挙制度は，原則として都道府県を単位とする選挙区選挙と，全国を1選挙区とする(　ウ　)をとっている。

(4)　累進課税制度のように，好況で所得が増えたときには所得税が増え，不況で所得が減少したときには所得税が減ったり，失業保険金が支払われるといったように，経済の状態に応じて自動的に景気が調整される仕組みを，(　エ　)と呼ぶ。

(5)　日本からの輸出が増加すると，受け取った多くのドルが外国為替市場に供給されるため，(　オ　)になる傾向がある。

	ア	イ	ウ	エ	オ
①	特別国会	連座制	非拘束名簿式比例代表制	ビルトイン・スタビライザー	円安・ドル高
②	特別国会	制限選挙制	拘束名簿式比例代表制	フィスカル・ポリシー	円高・ドル安
③	臨時国会	制限選挙制	非拘束名簿式比例代表制	フィスカル・ポリシー	円安・ドル高
④	特別国会	連座制	非拘束名簿式比例代表制	ビルトイン・スタビライザー	円高・ドル安
⑤	臨時国会	連座制	拘束名簿式比例代表制	フィスカル・ポリシー	円高・ドル安

(☆☆☆◎◎◎)

【4】次の(1)～(3)のように棒磁石又は円形コイルを動かしたとき，円形コイルに流れる電流の向きは，ア，イのどちらの向きになるか。正しい組合せを，下の①～⑤から一つ選びなさい。

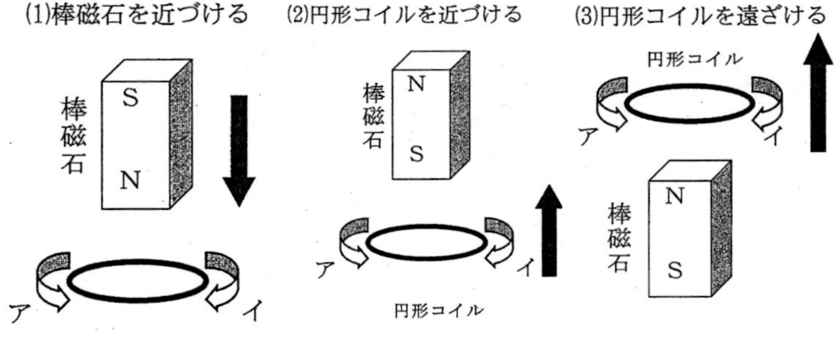

	(1)	(2)	(3)
①	ア	ア	ア
②	イ	ア	イ
③	ア	イ	イ
④	イ	ア	ア
⑤	ア	イ	ア

(☆☆☆◎◎◎)

【5】次の対話文は，あるテニス会場でのAとBの会話である。文中の(　ア　)～(　オ　)に入る最も適当なものをそれぞれa～cから選んだとき，正しい組合せを，下の①～⑤から一つ選びなさい。

A : Hi, B. Long time, (　ア　)! It's very nice of you to come to cheer us up.

B : No problem, A. I enjoyed the game very much.

A : I'm sorry we lost.

B : Don't worry. (　イ　) you'll win next time.

A : You really think so? Thanks!

B : It was close game. Your serve really impressed me.

A : Thank you. (　ウ　), what time is it? I'm pretty hungry.

B : Me, too. It's almost noon. (　エ　) going to a burger shop over there?
It just opened last week and I hear it's pretty good.

A : (　オ　) Can you wait here a little bit? I'll be ready in a few minutes.

ア	a. no seen	b. not see	c. no see
イ	a. I sure	b. I'm sure	c. I'm surely
ウ	a. By the way	b. To the way	c. In the way
エ	a. How about to	b. How about	c. What about to
オ	a. Look great!	b. Seem great!	c. Sounds great!

	ア	イ	ウ	エ	オ
①	a	b	a	b	a
②	a	c	b	c	c
③	b	b	c	a	b
④	c	b	a	b	c
⑤	c	a	c	c	b

(☆☆◎◎◎)

【6】次の(1)～(3)の各文は，日本国憲法の条文である。文中の(　ア　)～(　オ　)に当てはまる語句を語群a～jから選んだとき，正しい組合せを，あとの①～⑤から一つ選びなさい。

(1)　すべて国民は，個人として尊重される。生命，自由及び(　ア　)

に対する国民の権利については，(　イ　)に反しない限り，(　ウ　)その他の国政の上で，最大の尊重を必要とする。

(2)　すべて選挙における(　エ　)は，これを侵してはならない。選挙人は，その選択に関し公的にも私的にも責任を問はれない。

(3)　集会，結社及び言論，出版その他一切の(　オ　)の自由は，これを保障する。

《語群》

a　投票の自由　　b　表現　　c　勤労　　d　法律
e　立法　　f　幸福追求　　g　投票の秘密　　h　行政
i　公共の福祉　　j　学問

	ア	イ	ウ	エ	オ
①	f	d	e	a	b
②	f	i	e	g	b
③	c	d	h	a	b
④	f	i	h	g	j
⑤	c	i	h	a	j

(☆☆☆◎◎◎)

【7】次の(1)～(4)の各文は，教育基本法の条文の一部である。文中の(　ア　)～(　オ　)に当てはまる語句を語群a～jから選んだとき，正しい組合せを，あとの①～⑤から一つ選びなさい。

(1)　国及び地方公共団体は，障害のある者が，その障害の状態に応じ，十分な教育を受けられるよう，教育上必要な(　ア　)を講じなければならない。

(2)　父母その他の保護者は，子の教育について(　イ　)責任を有するものであって，生活のために必要な習慣を身に付けさせるとともに，(　ウ　)を育成し，心身の調和のとれた発達を図るよう努めるものとする。

(3)　個人の要望や社会の要請にこたえ，社会において行われる教育は，国及び地方公共団体によって(　エ　)されなければならない。

(4)　学校，家庭及び地域住民その他の関係者は，教育におけるそれぞれの(　オ　)と責任を自覚するとともに，相互の連携及び協力に努めるものとする。

《語群》

a　義務　b　自立心　c　基本的　d　生きる力
e　第一義的　f　役割　g　実施　h　措置
i　奨励　j　支援

	ア	イ	ウ	エ	オ
①	j	e	b	g	a
②	h	c	d	g	f
③	j	e	b	i	f
④	h	e	d	i	a
⑤	j	c	d	i	a

(☆☆☆◎◎◎)

【8】次の(1)～(3)の各文は，各文末の【　　】に示した法律の条文の一部である。文中の(　ア　)～(　オ　)に当てはまる語句を，語群a～jから選んだとき，正しい組合せを，あとの①～⑤から一つ選びなさい。

(1)　学校の設置者は，児童生徒等の安全の確保を図るため，その設置する学校において，事故，(　ア　)行為，災害等(以下この条及び第29条第3項において「事故等」という。)により児童生徒等に生ずる危険を防止し，及び事故等により児童生徒等に危険又は危害が現に生じた場合において適切に対処することができるよう，当該学校の施設及び設備並びに(　イ　)体制の整備充実その他の必要な措置を講ずるよう努めるものとする。【学校保健安全法】

(2)　学校(国立学校又は公立学校をいう。)の(　ウ　)は，学校教育上支障がないと認める限り，その管理する学校の施設を社会教育のために利用に供するように努めなければならない。【社会教育法】

(3)　教育公務員は，教育に関する他の職を兼ね，又は教育に関する他の事業若しくは事務に従事することが本務の遂行に支障がないと

(　エ　)(地方教育行政の組織及び運営に関する法律第37条第1項に規定する県費負担教職員については，市町村(特別区を含む。以下同じ。)の教育委員会。)において認める場合には，(　オ　)を受け，又は受けないで，その職を兼ね，又はその事業若しくは事務に従事することができる。【教育公務員特例法】

《語群》

a　管理運営　　b　加害　　c　事務室　　d　危機管理
e　所属長　　f　任命権者　　g　不法　　h　給与
i　管理機関　　j　命令

	ア	イ	ウ	エ	オ
①	b	d	c	e	j
②	b	a	i	f	h
③	b	d	i	f	j
④	g	a	i	e	h
⑤	g	d	c	e	h

(☆☆☆◎◎◎)

【9】次のA～Cの各文は，学習指導について述べたものである。文中の(　ア　)～(　エ　)に当てはまる語句を語群a～hから選んだとき，正しい組合せを，あとの①～⑤から一つ選びなさい。

A　スキナー(Skinner，B.F.)の提唱した(　ア　)は，学習内容を構造化した細かな単位(フレーム)に分割し，フレームごとに，教材提示→反応→評価と学習者にフィードバックしながら進める学習の方法を指す。その際，最終目標の達成に向かって，細かく分岐された最小単位の目標から徐々に大きな目標へと段階を追って進めていく(　イ　)の原理がはたらいている。

B　教師は，他者からの情報によって，よくできる学習者だと信じると，無意識に丁寧に説明したり，十分に考える時間を与えたり，ミスに対して寛容になったりすることがある。一方，学習者を否定的に見えてしまった場合にはその逆のことが起こることがある。教師のこのような態度が学習意欲や学業成績に影響を与えることがあり，これを(　ウ　)効果という。

C　(　エ　)は1960年代初頭にブルーナー(Bruner，J.S.)によって提唱された。この学習方法では，教師が体系化された知識を教えるのではなく，学習者が説明できるような科学的説明を主体的に見出すことをねらっている。その過程は，課題の把握→仮説の設定→仮説のねりあげ→実験による仮説の検証→発展とまとめから構成されている。

《語群》

a　ブレーンストーミング　　b　ハロー
c　プログラム学習　　d　スモール・ステップ
e　有意味受容学習　　f　ピグマリオン
g　バズ・セッション　　h　発展学習

	ア	イ	ウ	エ
①	c	d	f	h
②	e	d	b	a
③	c	g	f	a
④	e	g	b	h
⑤	e	g	f	a

(☆☆☆◎◎◎)

【10】次の文は，「新しい時代の教育や地方創生の実現に向けた学校と地域の連携・協働の在り方と今後の推進方策について(答申)」(平成27年12月中央教育審議会)の一部を抜粋したものである。文中の下線部ア～オについて，正しいものを○，誤っているものを×としたとき，正しい組合せを，あとの①～⑤から一つ選びなさい。

(学習指導要領の改訂について)

学習指導要領の改訂については，その基本的な方向性について教育課程企画特別部会で審議が進められ，本年8月に「論点整理」が取りまとめられたところである。ここでは，社会の加速度的な変化の中でも，ア国際的に自立した人間として，伝統や文化に立脚し，高い志や意欲を持って，イ基礎的・基本的な知識を礎としながら，膨大な情報から何が重要かを主体的に判断し，自ら問いを立ててその解決を目指し，他者とウ競争しながら新たな価値を生み出していくことが求められるとしている。

同部会の「論点整理」では，これからの教育課程には，社会の変化に開かれ，教育が普遍的に目指す根幹を堅持しつつ，社会の変化を柔軟に受け止めていく「社会に開かれた教育課程」としての役割が期待されている。「論点整理」においては，「社会に開かれた教育課程」として，次の点が重要であると示している。

(1) 社会や世界の状況を幅広く視野に入れ，より良いエ学校教育を通じてより良い社会を創るという目標を持ち，教育課程を介してその目標を社会と共有していくこと。

(2) これからの社会を創り出していく子供たちが，社会や世界に向き合い関わり合い，自らの人生を切り拓いていくために求められる資質・能力とは何かを，教育課程において明確化し育んでいくこと。

(3) 教育課程の実施に当たって，オ地域の人的・物的資源を活用したり，放課後や土曜日等を活用した社会教育との連携を図ったりし，学校教育を学校内に閉じずに，その目指すところを社会と共有・連携しながら実現させること。

※文中の(1)～(3)の表記は，原文ではそれぞれ①～③である。

	ア	イ	ウ	エ	オ
①	×	×	×	○	○
②	×	×	○	○	×
③	○	○	○	×	○
④	×	○	×	×	×
⑤	○	○	×	○	○

(☆☆☆◎◎◎)

【11】次の各文は，「これからの学校教育を担う教員の資質能力の向上について～学び合い，高め合う教員育成コミュニティの構築に向けて～(答申)」(平成27年12月中央教育審議会)の一部を抜粋したものである。文中の(　ア　)～(　オ　)に当てはまる語句の正しい組合せを，下の①～⑤から一つ選びなさい。

◆　これまで教員として不易とされてきた資質能力に加え，(　ア　)に学ぶ姿勢を持ち，時代の変化や自らの(　イ　)に応じて求められる資質能力を生涯にわたって高めていくことのできる力や，情報を適切に収集し，選択し，活用する能力や知識を有機的に結びつけ構造化する力などが必要である。

◆　アクティブ・ラーニングの視点からの授業改善，(　ウ　)の充実，小学校における外国語教育の早期化・教科化，(　エ　)の活用，発達障害を含む特別な支援を必要とする児童生徒等への対応などの新たな課題に対応できる力量を高めることが必要である。

◆「(　オ　)」の考えの下，多様な専門性を持つ人材と効果的に連携・分担し，組織的・協働的に諸課題の解決に取り組む力の醸成が必要である。

	ア	イ	ウ	エ	オ
①	自律的	キャリアステージ	キャリア教育	外部講師	チーム学校
②	継続的	興味・関心	キャリア教育	ＩＣＴ	チーム学校
③	自律的	興味・関心	キャリア教育	外部講師	カリキュラム・マネジメント
④	自律的	キャリアステージ	道徳教育	ＩＣＴ	チーム学校
⑤	継続的	キャリアステージ	道徳教育	ＩＣＴ	カリキュラム・マネジメント

(☆☆☆◎◎◎)

【12】次の文は，いじめ防止対策推進法の条文の一部である。文中の(　ア　)～(　オ　)に当てはまる語句を語群a～jから選んだとき，正しい組合せを，あとの①～⑤から一つ選びなさい。

第28条　学校の設置者又はその設置する学校は，次に掲げる場合には，その事態(以下「重大事態」という。)に対処し，及び当該重大事態と同種の事態の(　ア　)に資するため，速やかに，当該学校の設置者又はその設置する学校の下に組織を設け，質問票の使用その他の適切な方法により当該重大事態に係る事実関係を明確にするための調査を行うものとする。

一　いじめにより当該学校に在籍する児童等の生命，心身又は(　イ　)に重大な被害が生じた疑いがあると認めるとき。

二　いじめにより当該学校に在籍する児童等が相当の期間(　ウ　)を余儀なくされている疑いがあると認めるとき。

2　学校の設置者又はその設置する学校は，前項の規定による調査を行ったときは，当該調査に係るいじめを受けた児童等及びその保護者に対し，当該調査に係る重大事態の事実関係等その他の(　エ　)を適切に提供するものとする。

3　第1項の規定により学校が調査を行う場合においては，当該学校の設置者は，同項の規定による調査及び前項の規定による情報の提供について必要な(　オ　)を行うものとする。

《語群》

a　すべての情報　　b　発生の防止　　c　適切な対応
d　財産　　e　必要な情報　　f　指導及び支援
g　別室登校など　　h　健康　　i　学校を欠席すること
j　体制の整備

	ア	イ	ウ	エ	オ
①	b	d	g	a	f
②	b	h	g	a	j
③	b	d	i	e	f
④	c	d	i	a	j
⑤	c	h	i	e	f

(☆☆☆◎◎◎)

【13】次の文は，「生徒指導提要」(平成22年文部科学省)「第1章 生徒指導の意義と原理」「第4節 集団指導・個別指導の方法原理」の一部を抜粋したものである。文中の(　ア　)～(　オ　)に当てはまる語句の正しい

組合せを，下の①～⑤から一つ選びなさい。ただし，同じ記号には同じ語句が入る。

教員は児童生徒の個性を十分に理解したうえで，集団活動でのあらゆる機会で，できるだけ多くの児童生徒が(　ア　)できるように配慮した役割を与え，集団生活の充実・向上に努めようとする(　イ　)態度や，進んで仲間に協力をするなど，集団の一員として，自分の果たすべき役割を自覚することは，(　ウ　)とともに，児童生徒一人一人の成長にとっても大切なことです。

一般的に集団での指導は教員が中心となる場合が少なくありません。もちろん，発達の段階や状況に応じて，教員が中心となる指導が必要な場合もありますが，児童生徒の(　エ　)を尊重する指導が必要です。

児童生徒の(　エ　)を尊重することで，物事がうまく進まなかったり，失敗したりする場合にも，教員がすぐに指示を与えたり，自らが児童生徒に代わって行動をするということではなく，できるだけ児童生徒自らが解決できるようなヒントを与えるにとどまるなど，(　オ　)指導・援助をすることが大切です。

	ア	イ	ウ	エ	オ
①	成長	責任ある	集団の発展	自主性	積極的に
②	活躍	責任ある	個人の自覚	客観性	積極的に
③	成長	義務的な	個人の自覚	客観性	粘り強く
④	活躍	責任ある	集団の発展	自主性	粘り強く
⑤	成長	義務的な	集団の発展	客観性	積極的に

(☆☆☆◎◎◎)

【14】次の各文は，「障害を理由とする差別の解消の推進に関する法律」の条文の一部である。文中の(　ア　)～(　オ　)に当てはまる語句を語群a～jから選んだとき，正しい組合せを，あとの①～⑤から一つ選びなさい。

第1条　この法律は，(　ア　)(昭和45年法律第84号)の基本的な理念にのっとり，全ての障害者が，障害者でない者と等しく，基本的人権を享有する個人としてその尊厳が重んぜられ，その尊厳にふさわしい生活を保障される権利を有することを踏まえ，障害を理由とする差別の解消の推進に関する基本的な事項，行政機関等及び事業者における障害を理由とする差別を解消するための措置等を定めることにより，障害を理由とする差別の解消を推進し，もって全ての国民が，障害の有無によって分け隔てられることなく，相互に人格と個性を尊重し合いながら共生する社会の実現に資することを目的とする。

第4条　国民は，第1条に規定する社会を実現する上で障害を理由とする差別の解消が重要であることに鑑み，障害を理由とする差別の解消の推進に(　イ　)するよう努めなければならない。

第5条　行政機関等及び事業者は，社会的障壁の除去の実施についての必要かつ合理的な(　ウ　)を的確に行うため，自ら設置する施設の構造の改善及び設備の整備，関係職員に対する(　エ　)その他の必要な環境の整備に努めなければならない。

第7条　行政機関等は，その事務又は事業を行うに当たり，障害を理由として障害者でない者と不当な差別的取扱いをすることにより，障害者の(　オ　)を侵害してはならない。

《語群》

a　障害者基本法　　b　基本的人権　　c　配慮
d　権利利益　　e　支援　　f　協力
g　指導　　h　発達障害者支援法　　i　研修
j　寄与

	ア	イ	ウ	エ	オ
①	h	f	e	i	b
②	a	j	c	i	d
③	a	f	e	g	d
④	a	j	e	g	b
⑤	h	j	c	i	b

(☆☆☆◎◎◎)

【15】次の各文は,「教育の情報化ビジョン～21世紀にふさわしい学びと学校の創造を目指して～」(平成23年4月文部科学省)「第一章　21世紀にふさわしい学びと学校の創造」「1. 21世紀を生きる子どもたちに求められる力」の一部を抜粋したものである。文中の(　ア　)～(　オ　)に当てはまる語句の正しい組合せを,下の①～⑤から一つ選びなさい。ただし,同じ記号には同じ語句が入る。

○　21世紀は,新しい知識・情報・技術が政治・経済・文化をはじめ社会のあらゆる領域での活動の基盤として飛躍的に重要性を増す,知識基盤社会の時代と言われている。競争と技術革新が絶え間なく起こる知識基盤社会においては,幅広い知識と柔軟な思考力に基づく新しい知や(　ア　)する能力が求められるようになる。また,社会構造のグローバル化により,アイディアなどの知識そのものや人材をめぐる国際競争が加速するとともに,異なる文化・文明との共存や国際協力の必要性が増大している。

○　我が国の子どもたちにとって課題となっている思考力・判断力・表現力等を育むためには,各教科において,(　イ　)な知識・技能をしっかりと習得させるとともに,(　ウ　)やレポートの作成,論述といった知識・技能を活用して行う(　エ　)をより充実させる必要がある。

○　この点,(　オ　)能力を育むことは,必要な情報を主体的に収集・判断・処理・編集・創造・表現し,発信・伝達できる能力等を育むことである。また,(　イ　)な知識・技能の確実な定着とともに,知識・技能を活用して行う(　エ　)の基盤となるものであり,「生きる力」に資するものである。

	ア	イ	ウ	エ	オ
①	価値を創造	応用的	問題解決学習	言語活動	情報収集
②	価値を判断	基礎的・基本的	問題解決学習	ＩＣＴの活用	情報活用
③	価値を創造	基礎的・基本的	観察・実験	ＩＣＴの活用	情報収集
④	価値を判断	応用的	観察・実験	言語活動	情報収集
⑤	価値を創造	基礎的・基本的	観察・実験	言語活動	情報活用

(☆☆☆◎◎◎)

【16】次の(1)～(4)の各文は，「平成27年版環境白書」(福岡県)の一部を抜粋したものである。文中の(　ア　)～(　オ　)に当てはまる語句を語群a～jから選んだとき，正しい組合せを，下の①～⑤から一つ選びなさい。ただし，同じ記号には同じ語句が入る。

(1)　本県では，(　ア　)の保全と持続可能な利用に関する施策を体系的かつ計画的に推進するため，平成25年3月に「福岡県(　ア　)戦略」を策定し，鳥獣保護や有害鳥獣対策，森林再生などに取り組んでいます

(2)　生活環境の改善と公共用水域の(　イ　)を図るため，計画的かつ効率的な(　ウ　)処理施設の整備を目的とする(　ウ　)処理構想を策定し，県，市町村，そして県民が一体となって，下水道，集落排水，浄化槽等の整備を進めています。

(3)　本県では，環境を軸とした産業の国際競争力の強化を図り，アジアから世界に展開する産業拠点を形成し，アジアとともに成長することを目指す「(　エ　)アジア国際戦略総合特区」を推進しています。

(4)　本県では，(　オ　)の育成や環境教育拠点の整備，「ふくおか環境ひろば」，「ふくおかエコライフ応援サイト」などを通じ，各主体の自主的な環境保全の取組やネットワーク化を促進していきます。

《語群》

a　水環境　　b　水質保全　　c　生物多様性
d　水量の確保　　e　環境広報大使　　f　汚泥
g　グリーン　　h　環境教育リーダー　　i　グローアップ
j　汚水

	ア	イ	ウ	エ	オ
①	c	d	f	g	h
②	a	d	j	i	e
③	c	b	j	i	e
④	c	b	j	g	h
⑤	a	d	f	i	h

(☆☆☆◎◎◎)

【17】次の(1)～(4)の各文は，「消費者教育の推進に関する法律」の条文の一部を抜粋したものである。文中の(　ア　)～(　オ　)に当てはまる語句の正しい組合せを，下の①～⑤から一つ選びなさい。

(1)　消費者教育は，消費生活に関する知識を修得し，これを適切な行動に結び付けることができる(　ア　)が育まれることを旨として行われなければならない。

(2)　消費者教育は，幼児期から高齢期までの各段階に応じて(　イ　)に行われるとともに，年齢，(　ウ　)その他の消費者の特性に配慮した適切な方法で行われなければならない。

(3)　消費者教育は，消費者の消費生活に関する行動が現在及び将来の世代にわたって内外の社会経済情勢及び(　エ　)に与える影響に関する情報その他の多角的な視点に立った情報を提供することを旨として行われなければならない。

(4)　消費者教育に関する施策を講ずるに当たっては，環境教育，(　オ　)，国際理解教育その他の消費生活に関連する教育に関する施策との有機的な連携が図られるよう，必要な配慮がなされなければならない。

	ア	イ	ウ	エ	オ
①	主体的な態度	体系的	障害の有無	生活様式	食育
②	主体的な態度	継続的	性別	地球環境	情報教育
③	実践的な能力	体系的	性別	生活様式	情報教育
④	実践的な能力	体系的	障害の有無	地球環境	食育
⑤	主体的な態度	継続的	障害の有無	地球環境	情報教育

(☆☆☆◎◎◎)

【18】次の文は，「『生きる力』をはぐくむ学校での安全教育」(平成22年3月文部科学省)「第1章　総説」「第3節　学校安全の考え方とその内容」「1　学校安全の定義」の一部を抜粋したものである。文中の下線部ア～オについて，正しいものを○，誤っているものを×としたとき，正しい組合せを，あとの①～⑤から一つ選びなさい。

学校安全は，学校保健，学校給食とともに学校健康教育の三領域の一つであり，それぞれが，独自の機能を担いつつ，相互に関連を図りながら，児童生徒等の$_{ア}$健康の保持増進を図っている。また，課題によっては，生徒指導情報モラルの育成などとの連携も必要となる。

学校安全は，安全教育と$_{イ}$対物管理，そして両者の活動を円滑に進めるための$_{ウ}$組織活動という三つの主要な活動から構成されている。

安全教育には，安全に関する基礎的・基本的事項を系統的に理解し，思考力，判断力を高めることによって安全について適切な$_{エ}$意志決定ができるようにすることをねらいとする「安全学習」の側面と，当面している，あるいは近い将来当面するであろう安全に関する問題を中心に取り上げ，安全の保持増進に関するより$_{オ}$実践的な能力や態度，さらには望ましい習慣の形成を目指して行う「安全指導」の側面があり，相互の関連を図りながら，計画的，継続的に行われるものである。

	ア	イ	ウ	エ	オ
①	×	○	○	×	×
②	×	×	×	○	×
③	○	○	○	×	○
④	○	×	×	○	×
⑤	○	×	○	○	○

(☆☆☆◎◎◎)

【19】次の各文は，「人権教育・啓発に関する基本計画」(平成14年3月閣議決定(策定)，平成23年4月閣議決定(変更))及び「福岡県人権教育・啓発基本指針」(平成15年6月福岡県)の一部を抜粋したものである。文中の(　ア　)～(　オ　)に当てはまる語句の正しい組合せを，あとの①～⑤から一つ選びなさい。

「人権教育・啓発に関する基本計画」

> 人権教育・啓発の手法については，「(　ア　)」，「個人の尊重」といった人権一般の普遍的な視点からのアプローチと，具体的な人権課題に即した個別的な視点からのアプローチとがあり，この両者があいまって人権尊重についての理解が深まっていくものと考えられる。

「福岡県人権教育・啓発基本指針」

人権教育・啓発の推進に当たっては，様々な人権問題の固有の課題を踏まえた上で，その根底にある共通の構造を見極め，(　イ　)な内容や手法についての研究開発を行う必要があります。

学校教育においては，幼稚園，小・中・高等学校が，それぞれの実態に応じて，人権尊重の精神の育成を基盤に据えた教育目標を設定し，その実現を目指した教育活動を展開する中で，幼児児童生徒が人権に関する知識や態度，(　ウ　)を身に付けることができるよう努めます。

国は，1965年(昭和40年)の(　エ　)を受けて，1969年(昭和44年)に同和対策事業特別措置法を施行し，以後，二度にわたり制定された特別措置法に基づき，約33年間，同和問題解決に向けて関係施策を推進してきました。

大人が，次代を担う子どもの人権を尊重し，健やかに育成することの大切さを改めて認識することが必要です。

このため，「(　オ　)」の趣旨を，大人一人一人が理解を深めるよう，様々な広報媒体等を活用し，広報・啓発を行います。

	ア	イ	ウ	エ	オ
①	法の下の平等	総合的・有機的	実践力	同和対策審議会答申	児童の権利に関する条約
②	法の下の平等	分析的・計画的	実践力	同和対策審議会答申	世界人権宣言
③	人間の尊厳	総合的・有機的	想像力	同和対策審議会答申	世界人権宣言
④	人間の尊厳	総合的・有機的	想像力	同和教育基本方針	世界人権宣言
⑤	法の下の平等	分析的・計画的	想像力	同和教育基本方針	児童の権利に関する条約

(☆☆☆◎◎◎)

【20】次の(1)～(4)の各文は，「人権教育の指導方法等の在り方について〔第三次とりまとめ〕～指導等の在り方編～」(平成20年3月人権教育の指導方法等に関する調査研究会議)の一部を抜粋したものである。文中

の(　ア　)～(　オ　)に当てはまる語句の正しい組合せを，あとの①～⑤から一つ選びなさい。ただし，同じ記号には同じ語句が入る。

(1)　人権教育が効果を上げうるためには，まず，その教育・学習の場自体において，人権尊重が徹底し，人権尊重の精神がみなぎっている(　ア　)であることが求められる。

(2)　一人一人の児童生徒がその発達段階に応じ，人権の意義・内容や重要性について理解し，[自分の大切さとともに他の人の大切さを認めること]ができるようになり，それが様々な場面や状況下での具体的な(　イ　)に現れるとともに，人権が尊重される社会づくりに向けた行動につながるようにすることが，人権教育の目標である。

(3)　豊かな人間性や社会性を育むため，(　ウ　)な活動を多様に取り入れるなどの指導方法の工夫を行う必要がある。しかし，(　ウ　)な活動を取り入れ，実施するだけで，人権教育の目標が自ずと達成されるわけではない。児童生徒が自らの行動を変容させる要因や，児童生徒の内面における(　エ　)への自覚の深まりを意識した指導の構成が不可欠である。

(4)　人権教育においては，個々の児童生徒の大切さを強く自覚し，一人の人間として接するという教職員の姿勢そのものが，指導の重要要素となる。教職員の人権尊重の態度によって，児童生徒に(　オ　)や自信を生むことにもなる。

	ア	イ	ウ	エ	オ
①	環境	思考や判断	協力的	人権課題	気づき
②	環境	態度や行動	体験的	人権課題	安心感
③	雰囲気	思考や判断	協力的	人権課題	気づき
④	雰囲気	態度や行動	体験的	学習課題	安心感
⑤	環境	態度や行動	協力的	学習課題	気づき

(☆☆☆◎◎◎)

【小学校・中学校・養護・栄養】

【1】次の文は，「生徒指導提要」(平成22年3月文部科学省)の「第5章　教育相談」「第1節　教育相談の意義」「1　生徒指導と教育相談」の一部を抜粋したものである。文中の(　ア　)～(　エ　)に当てはまる語句

の正しい組合せを，あとの①～⑤から一つ選びなさい。

教育相談と生徒指導の相違点としては，教育相談は主に個に焦点を当て，面接や演習を通して個の内面の変容を図ろうとするのに対して，生徒指導は主に集団に焦点を当て，行事や(　ア　)などにおいて，集団としての成果や変容を目指し，結果として個の変容に至るところにあります。

児童生徒の問題行動に対する指導や，学校・学級の(　イ　)を守るために管理や指導を行う部分は生徒指導の領域である一方，指導を受けた児童生徒にそのことを(　ウ　)として受け止めさせ，問題がどこにあるのか，今後どのように行動すべきかを主体的に考え，行動につなげるようにするには，教育相談における面接の技法や，発達心理学，臨床心理学の知見が，指導の効果を高める上でも重要な役割を果たし得ます。

このように教育相談と生徒指導は重なるところも多くありますが，教育相談は，生徒指導の一環として位置付けられるものであり，その(　エ　)な役割を担うものといえます。

	ア	イ	ウ	エ
①	特別活動	集団全体の安全	自分の課題	中心的
②	特別活動	きまりや秩序	所属集団の課題	補完的
③	教科の授業	集団全体の安全	自分の課題	中心的
④	特別活動	きまりや秩序	所属集団の課題	中心的
⑤	教科の授業	集団全体の安全	自分の課題	補完的

(☆☆☆◎◎◎)

【2】次の各文は，小学校〈中学校〉学習指導要領(平成20年告示，平成27年3月一部改正)「第3章　特別の教科　道徳」「第3　指導計画の作成と内容の取扱い」の一部を抜粋したものである。文中の(　ア　)～(　オ　)に当てはまる語句を語群a～jから選んだとき，正しい組合せを，あとの①～⑤から一つ選びなさい。

○　児童〈生徒〉が自ら道徳性を養う中で，自らを振り返って

(　ア　)したり，これからの課題や目標を見付けたりすることができるよう工夫すること。その際，道徳性を養うことの意義について，児童〈生徒〉自らが考え，理解し，主体的に学習に取り組むことができるようにすること。

○　児童〈生徒〉が多様な感じ方や考え方に接する中で，考えを深め，(　イ　)，表現する力などを育むことができるよう，自分の考えを基に話し合ったり〈討論したり〉書いたりするなどの(　ウ　)を充実すること。

○　児童〈生徒〉の発達の段階や特性等を考慮し，指導のねらいに即して，(　エ　)，道徳的行為に関する(　オ　)等を適切に取り入れるなど，指導方法を工夫すること。

《語群》

a　対話的な学習　　b　判断し　　c　問題解決的な学習
d　言語活動　　e　成長を実感　　f　集団活動
g　探究的な学習　　h　行動を反省　　i　体験的な学習
j　広げ

※～～～の表記は小学校学習指導要領
※〈　〉の表記は中学校学習指導要領

	ア	イ	ウ	エ	オ
①	e	b	d	c	i
②	e	j	f	c	a
③	h	b	d	c	a
④	h	b	f	g	a
⑤	e	j	d	g	i

(☆☆☆◎◎◎)

【3】次の文は，小学校〈中学校〉学習指導要領解説特別活動編(平成20年文部科学省)「第4章　指導計画の作成と内容の取扱い」「第1節　指導計画の作成に当たっての配慮事項」「1　特別活動の全体計画と各活動・学校行事の年間指導計画の作成」「(4)　各教科，道徳，外国語活動

及び総合的な学習の時間などの指導との関連を図る」の一部を抜粋したものである。文中の(　ア　)～(　オ　)に当てはまる語句を語群a～jから選んだとき，正しい組合せをあとの①～⑤から一つ選びなさい。

特別活動の指導に当たっては，各教科，道徳，外国語活動及び総合的な学習の時間などの指導との関連を図る必要がある。具体的には，各教科等で育成された能力が特別活動で十分に(　ア　)ようにするとともに，特別活動で培われた(　イ　)で実践的な態度〈や能力〉が各教科等の学習に生かされるように関連を図ることになる〈する関連である〉。とりわけ，(　ウ　)の指導の充実が重視される特別活動においては，「自己の生き方についての考え〈人間としての生き方についての自覚〉を深め」が道徳と特別活動のいずれの〈どちらの〉(　エ　)にも共通に示されていることを踏まえ，(　オ　)に道徳との関連を図る必要がある。

※～～～の表記は小学校学習指導要領解説
※〈　　〉の表記は中学校学習指導要領解説

《語群》

a　自発的　　b　発揮される　　c　道徳的実践
d　協力的　　e　目標　　f　活用できる
g　意図的　　h　内容　　i　積極的
j　道徳的心情

	ア	イ	ウ	エ	オ
①	f	a	c	e	i
②	b	d	j	h	i
③	f	d	c	e	i
④	b	d	j	e	g
⑤	f	a	j	h	g

(☆☆☆◎◎◎)

【4】次の文は，「学校防災のための参考資料『生きる力』を育む防災教育の展開」(平成25年3月文部科学省)の一部を抜粋したものである。文

中の下線部ア～オについて，正しいものを○，誤っているものを×としたとき，正しい組合せを，あとの①～⑤から一つ選びなさい。

災害が生じた場合の学校の復旧や再開には地域と一体となった取組が求められる。自然災害が生じたとき，低年齢者や高齢者等のいわゆる社会的な弱者への被害が精神的なダメージも含めて大きくなりがちである。そのため，復興作業等の物理的支援だけにとどまらない児童生徒等への$_{ア}$心のケア等について専門家との連動も求められている。さらに災害後，幼稚園や小学校では，$_{イ}$休日であっても学校を開放したり，比較的年齢の近い中学生や高校生・大学生と関わったりする機会を設定することも重要な意味を持つ。

災害時やその後では，児童生徒等の心身の保護は大切なことであるが，児童生徒等は，単に地域や大人達から守られたり，支援を受けたりするだけではない。学校周辺での$_{ウ}$清掃活動や避難所等での合唱などへの取組を通して，自分たちと$_{エ}$自然との関わりに気付いたり$_{オ}$規範意識を高めたりすることにもつながる。児童生徒等の働きかけが地域の大人を励ますこともあることが過去の事例から報告されている。また，高齢者に対しても子どもたちとの接触が相互に意味を持つことも多い。

	ア	イ	ウ	エ	オ
①	○	×	×	○	○
②	×	○	×	○	○
③	○	×	○	×	○
④	○	○	○	×	×
⑤	×	○	○	○	×

(☆☆☆◎◎◎)

【5】次の文は，小学校〈中学校〉学習指導要領解説総合的な学習の時間編(平成20年文部科学省)「第4章　指導計画の作成と内容の取扱い」「第1節　指導計画の作成に当たっての配慮事項」の一部を抜粋したものである。文中の(　ア　)～(　オ　)に当てはまる語句を，語群a～jか

ら選んだとき，正しい組合せを，あとの①～⑤から一つ選びなさい。

育てようとする資質や能力及び態度は，第1の目標を踏まえて各学校が定めた目標に含まれるものであるが，実際の学習活動として実践するために，(　ア　)・分析的に示す必要がある。総合的な学習の時間においては，各学校において育てようとする資質や能力及び態度を明確に設定し，(　イ　)を高めることが求められている。

中央教育審議会の答申では，育てようとする資質や能力及び態度の視点として，「(　ウ　)に関すること」(例えば，情報を収集し分析する力，分かりやすくまとめ表現する力など)，「自分自身に関すること」(例えば，自らの行為について(　エ　)力，自らの生活の在り方を考える力など)，「他者や社会とのかかわりに関すること」(例えば，他者と(　オ　)課題を解決する力，課題の解決に向けて社会活動に参加する態度など)といった三つを例示している。

《語群》

a　系統的　　b　学習活動の質　　c　ふりかえる
d　分担して　　e　意思決定する　　f　学習方法
g　協同して　　h　具体的　　i　児童〈生徒〉の意欲
j　探究活動

※～～～の表記は小学校学習指導要領解説
※〈　　〉の表記は中学校学習指導要領解説

	ア	イ	ウ	エ	オ
①	a	b	j	c	g
②	h	b	f	e	g
③	a	i	f	c	g
④	h	b	f	c	d
⑤	h	i	j	e	d

(☆☆☆◎◎◎)

【高等学校】

【1】次の文は，高等学校学習指導要領解説総則編(平成21年文部科学省)「第3章　教育課程の編成及び実施」「第1節　教育課程編成の一般方針」の一部を抜粋したものである。文中の(　ア　)～(　オ　)に当てはまる語句の正しい組合せを，あとの①～⑤から一つ選びなさい。

高等学校段階の生徒は，自分の人生をどう生きればよいか，生きることの意味は何かということについて思い悩む時期である。また，自分自身や(　ア　)との関係，さらには，広く(　イ　)について関心をもち，人間や社会の在るべき姿について考えを深める時期でもある。それらを模索する中で，(　ウ　)としての自己を確立し，自らの人生観・世界観ないし(　エ　)を形成し，主体性をもって生きたいという意欲を高めていくのである。したがって，高等学校においては，このような生徒の(　オ　)を考慮し，人間の在り方に深く根ざした人間としての生き方に関する教育を推進することが求められる。

	ア	イ	ウ	エ	オ
①	家族や友人	学校や地域	社会の一員	職業観	自我の目覚め
②	自己と他者	国家や社会	生きる主体	価値観	発達の段階
③	家族や友人	国家や社会	生きる主体	職業観	自我の目覚め
④	自己と他者	学校や地域	生きる主体	価値観	自我の目覚め
⑤	自己と他者	国家や社会	社会の一員	職業観	発達の段階

(☆☆☆◎◎◎)

【2】次の文は，高等学校学習指導要領解説総則編(平成21年文部科学省)「第3章　教育課程の編成及び実施」「第5節　教育課程の編成・実施に当たって配慮すべき事項」の一部を抜粋したものである。文中の(　ア　)～(　オ　)に当てはまる語句の正しい組合せを，あとの①～⑤から一つ選びなさい。

評価に当たっては，生徒の実態に応じた多様な学習を促すことを通して，(　ア　)が身に付くように配慮するとともに，生徒の(　イ　)を喚起するようにすることが大切である。その際には，学習の成果だけでなく，学習の過程を一層重視する必要がある。特に，(　ウ　)ではなく生徒一人一人の持つよい点や可能性などの多様な側面，(　エ　)

などを把握し，学年や学期にわたって生徒がどれだけ成長したかという視点を大切にすることが重要である。また，生徒が自らの学習過程を振り返り，新たな自分の目標や課題をもって学習を進めていけるような評価を行うことが大切である。

評価については，指導内容や(　オ　)に応じて，評価の場面や方法を工夫する必要がある。学習の過程の適切な場面で評価を行うことや，教師による評価とともに，生徒による相互評価や自己評価などを工夫することも大切である。

	ア	イ	ウ	エ	オ
①	主体的な学習の仕方	学習意欲	観点別評価	学習時間	学校の実態
②	学習習慣	好奇心	観点別評価	進歩の様子	学校の実態
③	主体的な学習の仕方	学習意欲	他者との比較	進歩の様子	生徒の特性
④	学習習慣	学習意欲	他者との比較	学習時間	生徒の特性
⑤	主体的な学習の仕方	好奇心	他者との比較	学習時間	学校の実態

(☆☆☆◎◎◎)

【3】次の各文は，高等学校学習指導要領(平成21年3月告示)「第5章　特別活動」「第3　指導計画の作成と内容の取扱い」の一部を抜粋したものである。文中の(　ア　)～(　オ　)に当てはまる語句の正しい組合せを，あとの①～⑤から一つ選びなさい。ただし，同じ記号には同じ語句が入る。

○　学校生活への適応や(　ア　)，教科・科目や進路の選択などの指導に当たっては，ガイダンスの機能を充実するよう〔(　イ　)〕等の指導を工夫すること。特に，高等学校入学当初においては，個々の生徒が学校生活に適応するとともに，(　ウ　)をもって生活をできるよう工夫すること。

○　〔(　イ　)〕及び〔(　エ　)〕の指導については，指導内容の特質に応じて，教師の適切な指導の下に，生徒の自発的，(　オ　)な活動が効果的に展開されるようにするとともに，内容相互の関連を図るよう工夫すること。

	ア	イ	ウ	エ	オ
①	生活習慣の確立	総合的な学習の時間	自覚と責任	学校行事	主体的
②	人間関係の形成	総合的な学習の時間	自覚と責任	生徒会活動	主体的
③	生活習慣の確立	総合的な学習の時間	希望と目標	学校行事	自治的
④	人間関係の形成	ホームルーム活動	希望と目標	生徒会活動	自治的
⑤	生活習慣の確立	ホームルーム活動	希望と目標	生徒会活動	主体的

(☆☆☆◎◎◎)

【4】次の各文は，キャリア教育の意義・効果について述べた「今後の学校におけるキャリア教育・職業教育の在り方について(答申)」(平成23年1月中央教育審議会)「第1章　キャリア教育・職業教育の課題と基本的方向性」「2. キャリア教育・職業教育の基本的方向性」の一部を抜粋したものである。文中の(　ア　)～(　オ　)に当てはまる語句の正しい組合せを，あとの①～⑤から一つ選びなさい。ただし，同じ記号には同じ語句が入る。

○　このようなキャリア教育の意義・効果として，次の3つが挙げられる。

●　第一に，キャリア教育は，一人一人のキャリア発達や個人としての(　ア　)を促す視点から，学校教育を構成していくための理念と方向性を示すものである。各学校がこの視点に立って教育の在り方を幅広く見直すことにより，教職員に教育の理念と進むべき方向が共有されるとともに，(　イ　)の改善が促進される。

●　第二に，キャリア教育は，将来，社会人・職業人として(　ア　)していくために発達させるべき能力や態度があるという前提に立って，各学校段階で取り組むべき(　ウ　)を明らかにし，日々の教育活動を通して達成させることを目指すものである。このような視点に立って教育活動を展開することにより，学校教育が目指す(　エ　)・発達を促すことができる。

●　第三に，キャリア教育を実践し，学校生活と社会生活や職業生活を結び，関連付け，(　オ　)を結び付けることにより，生徒・学生等の学習意欲を喚起することの大切さが確認できる。このような取組を進めることを通じて，学校教育が抱える様々な課題への対処に活路を開くことにつながるものと考えられる。

	ア	イ	ウ	エ	オ
①	自　立	指導方法	指導内容	個人的成長	将来の夢と学業
②	成　長	指導方法	発達課題	全人的成長	学校と社会
③	自　立	教育課程	発達課題	個人的成長	学校と社会
④	成　長	教育課程	指導内容	個人的成長	将来の夢と学業
⑤	自　立	教育課程	発達課題	全人的成長	将来の夢と学業

(☆☆☆◎◎◎)

【5】次の文は，「生徒指導提要」(平成22年文部科学省)「第7章　生徒指導に関する法制度等」「第1節　校則」の一部を抜粋したものである。文中の(　ア　)～(　オ　)に当てはまる語句の正しい組合せを，下の①～⑤から一つ選びなさい。

校則に基づき指導を行う場合は，一人一人の児童生徒に応じて適切な指導を行うとともに，児童生徒の内面的な自覚を促し，校則を自分のものとしてとらえ，(　ア　)守るように指導を行っていくことが重要です。教員がいたずらに規則にとらわれて，規則を守らせることのみの指導になっていないか注意を払う必要があります。

校則に違反した児童生徒に懲戒等の措置をとる場合がありますが，その際には，問題の背景など児童生徒の(　イ　)にも十分に留意し，当該措置が単なる(　ウ　)な処分にとどまることなく，その後の指導の在り方も含めて，児童生徒の(　エ　)を促し，主体的・自律的に行動することができるようにするなど，(　オ　)を持つものとなるよう配慮しなければなりません。

	ア	イ	ウ	エ	オ
①	日常的に	個々の事情	制裁的	成　長	自己肯定感
②	自主的に	個々の事情	制裁的	内　省	教育的効果
③	日常的に	発達段階	形式的	成　長	自己肯定感
④	自主的に	発達段階	制裁的	内　省	自己肯定感
⑤	自主的に	個々の事情	形式的	成　長	教育的効果

(☆☆☆◎◎◎)

解答・解説

【中高共通】

【1】③

〈解説〉ことわざの意味や書き取りに関する問題は頻繁に出題されているので，しっかり復習しておくこと。なお，快刀乱麻はもつれた麻の糸を刀で一刀両断する様子から「もつれた物事を鮮やかに処理すること」，臥薪嘗胆は薪の上に寝たり，苦い肝を舐めたりして「成功するために努力を重ねること」を指す。

【2】⑤

〈解説〉500円，100円，50円，10円の4枚の硬貨を同時に投げるとき，表と裏の出方は全部で，$2^4=16$通り。このうち，表が出る硬貨の合計金額が550円以上になるのは，次の図の☆印を付けた6通りだから，求める確率は$\frac{6}{16}=\frac{3}{8}$である。

	500円	100円	50円	10円	合計金額	
1	表	表	表	表	660円	☆
2	表	表	表	裏	650円	☆
3	表	表	裏	表	610円	☆
4	表	表	裏	裏	600円	☆
5	表	裏	表	表	560円	☆
6	表	裏	表	裏	550円	☆
7	表	裏	裏	表	510円	
8	表	裏	裏	裏	500円	
9	裏	表	表	表	160円	
10	裏	表	表	裏	150円	
11	裏	表	裏	表	110円	
12	裏	表	裏	裏	100円	
13	裏	裏	表	表	60円	
14	裏	裏	表	裏	50円	
15	裏	裏	裏	表	10円	
16	裏	裏	裏	裏	0円	

【3】④

〈解説〉(1)　特別国会(特別会)で，内閣は必ず総辞職する。　(3)　拘束名簿式比例代表制が導入されているのは衆議院議員選挙である。
(4)　ビルトイン・スタビライザーだけでは景気の安定化には不十分なので，フィスカル・ポリシー(補整的財政政策)も実施されている。

【4】⑤

〈解説〉(1)　下向きの磁力線が増加するので，それに逆らう向きに磁界をつくろうと電流が流れる。　(2)　上向きの磁力線が増加するので，それに逆らう向きに磁界をつくろうと電流が流れる。　(3)　上向きの磁力線が減少するので，それに逆らう向きに磁界をつくろうと電流が流れる。

【5】④

〈解説〉ア　Long time no see! で，「久しぶりだね」を意味する慣用句である。　イ　空欄後がSVを構成する節なので，空欄には唯一文構造を持つbが入り，主節を構成する。　ウ　ゲームについての話から「空腹だ」と話題が変わっているので，「ところで」のBy the wayが適当。エ　「…はどうだい？」という意味の文章が入り，How about またはWhat about＋名詞でよい。　オ　提案は話で出てきているのでSounds great!が適当である。

【6】②

〈解説〉(1)は第13条を参照。ここでは個人の尊重，および幸福追求権について規定している。これは包括的な人権規定であり，多くの「新しい人権」の根拠となる。　(2)は第15条第4項参照。秘密選挙(秘密投票)は，普通選挙・直接選挙・平等選挙と並ぶ選挙の4原則の一つである。(3)は第21条第1項参照。なお，第2項では検閲を禁止し，通信の秘密を保障している。

【7】③

〈解説〉教育基本法は全面的な見直しが行われ，平成18年に改正法が施行された。近年では，改正の内容について問われることは少なくなったが，新旧対照表などで確認しておくとよい。 (1)は「教育の機会均等」について述べた第4条第2項で，改正で新設された条文である。 (2)は「家庭教育」について述べた第10条第1項で，改正で新設された条文である。 (3)は「社会教育」について述べた第12条第1項で，旧第7条第1項が一部修正されたものである。 (4)は「学校，家庭及び地域住民等の相互の連携協力」について述べた第13条で，改正で新設された条文である。

【8】②

〈解説〉(1) は「学校安全に関する学校の設置者の責務」について定めた学校保健安全法第26条，(2)は「学校施設の利用」について定めた社会教育法第44条第1項，(3)は「兼職及び他の事業等の従事」について定めた教育公務員特例法第17条第1項である。 (3)について，地方公務員法では公務員に営利企業等の従事制限などの制限を課しているが，教育公務員は，教育を通じて国民全体に奉仕するという職務と責任の特殊性を有するため，このような特例がある。

【9】①

〈解説〉スキナーはアメリカの心理学者で，ネズミやハトを用いて組織的に学習の実験を行い，さらに人間の言語学習を研究し，これより得た原理を応用してティーチング・マシンを開発した。ブルーナーはアメリカの知覚心理学者で，ハーバード大で認知機能の実験的研究に従事，子どもの認知過程，教育の過程研究を行った。なお，aのブレーンストーミングは参加者が自由に多くの意見を出しあうことによって，独創的なアイディアを引き出す集団思考法。bのハロー(効果)は，人や事物の1つの特徴についてよい印象を受けると，その人・事物の他のすべての特徴も実際以上に高く評価する現象。eの有意味受容学習は，橋渡しや水先案内のような材料を手がかりに，新たな知識を意味のあるものとして受容していく学習方法。gのバズ・セッションは討論形式の一つで，少人数のグループに分かれて話し合った結果を持ち寄って，全員で討論する方法である。

【10】①

〈解説〉アは「社会的・職業的」，イは「蓄積された」，ウは「協働」が正しい。学校と地域の連携が重要視される背景として，本資料では「地域社会のつながりや支え合いの希薄化等による地域社会の教育力の低下や，家庭教育の充実の必要性が指摘されている」等があげられている。そのため，「地域住民等と目標やビジョンを共有し，地域と一体となって子供たちを育む『地域とともにある学校』への転換」などを目指すとしている。

【11】④

〈解説〉本資料にある「不易とされてきた資質能力」とは，具体的に「使命感や責任感，教育的愛情，教科や教職に関する専門的知識，実践的指導力，総合的人間力，コミュニケーション能力等」としている。

【12】③

〈解説〉本問は「学校の設置者又はその設置する学校による対処」を定めた第28条からの出題であるが，「目的」を定めた第1条，「いじめ」について定義した第2条，「基本理念」を定めた第3条，「学校及び学校の教職員の責務」を定めた第8条も頻出であるため，熟読しておきたい。なお，いじめの定義については「児童生徒の問題行動等生徒指導上の諸問題に関する調査」等で示されているものと比較すると理解が深まるだろう。

【13】④

〈解説〉本書では，集団指導のあらゆる場面において，「児童生徒が人として平等な立場で互いに理解及び信頼し，そして，集団の目標に向かって励まし合いながら成長できる集団をつくることが大切」としている。

【14】②

〈解説〉本法は「障害者の権利に関する条約」の締結のために制定された法律であり，平成28年4月1日に施行された。ここでは重要なキーワードのひとつである「合理的配慮」を学習しておきたい。学校教育における合理的配慮の具体例として「移動に困難のある学生等のために，通学のための駐車場を確保したり，参加する授業で使用する教室をアクセスしやすい場所に変更したりすること」等があげられる。

【15】⑤

〈解説〉本資料によると，教育の情報化は21世紀の世界を生き抜くための基礎となる力を育成するものであり，「21世紀にふさわしい学びと学校の創造に取り組んでいくことを可能とするもの」と位置づけている。しかし，教育の情報化の進行状況について「政府目標を十分達成しているとはいえず，また他の先進国と比較しても進んでいるとはいえない状態」としている。なお，「21世紀の世界を生き抜くための基礎となる力」を育成するには，「一人一人の子どもたちの多様性を尊重しつつ，それぞれの強みを生かし潜在能力を発揮させる個に応じた教育を行うとともに，異なる背景や多様な能力を持つ子どもたちがコミュニケーションを通じて協働して新たな価値を生み出す教育を行う」としている。これらのことを踏まえて，学習するとよい。

【16】④

〈解説〉福岡県は「県民幸福度日本一」を目指しており，その一環として環境問題にも取り組んでいる。そして，環境に関する取り組みとしては「低炭素社会の構築」「循環型社会の構築」「自然共生社会の構築」「健康で快適に暮らせる生活環境の確保」「国際環境協力の推進」「よりよい環境を実現するための地域づくり・人づくり」「環境負荷を低減する技術・産業の振興」の7つに大別できるとしている。

【17】④

〈解説〉アは第3条第1項，イ・ウは第3条第3項，エは第3条第5項，オは第3条第7項である。消費者教育とは「消費者の自立を支援するために行われる消費生活に関する教育及びこれに準ずる啓発活動」(第2条第1項)であり，その具体例として「物や金銭の大切さ・計画的な使い方」(小学家庭科)，「消費者保護」(中学社会科)，「消費者の基本的な権利と責任，販売方法の特徴，適切な選択・購入・活用」(中学技術・家庭科)，「消費生活と生涯を見通した経済の計画」(高等家庭科)などがあげられる。

【18】⑤

〈解説〉イは安全管理が正しい。なお，安全教育を行うに際して，本資料では「児童生徒等が安全に関する問題について，興味・関心をもって積極的に学習に取り組み，思考力・判断力を身に付け，安全について適切な意志決定や行動選択ができるように工夫する」としている。

【19】①

〈解説〉人権教育及び人権啓発の推進に関する法律第7条の規定に基づき，人権教育及び人権啓発に関する施策の総合的かつ計画的な推進を図るため，法務省及び文部科学省が中心となって，「人権教育・啓発に関する基本計画」が策定され，これを受けて福岡県では県民一人ひとりが自分自身の課題として，人権を尊重することの重要性を正しく認識し，他人の人権にも十分に配慮した行動がとれるよう，今後の教育・啓発を進めるうえでの基本的方向を示す「福岡県人権教育・啓発基本指針」を策定した。

【20】②

〈解説〉本資料は「指導等の在り方編」と「実践編」で構成されており，

出題は前者のほうが圧倒的に多いことから，まずは「指導等の在り方編」を習熟する必要があるだろう。学校生活における最も身近な人権問題は「いじめ」である。そのため，人権問題対策の一つとしていじめに関する資料も学習しておくべきだろう。

【小学校・中学校・養護・栄養】

【1】①

〈解説〉教育相談について，中学校学習指導要領解説 特別活動編では「教育相談は，一人一人の生徒の教育上の問題について，本人又はその親などに，その望ましい在り方を助言することである。その方法としては，1対1の相談活動に限定することなく，すべての教師が生徒に接するあらゆる機会をとらえ，あらゆる教育活動の実践の中に生かし，教育相談的な配慮をすることが大切である」としている。

【2】①

〈解説〉中央教育審議会答申「道徳に係る教育課程の改善等について」を踏まえ，平成27年3に学校教育法施行規則が改正，「道徳」が「特別の教科　道徳」とされるともに，小学校学習指導要領，中学校学習指導要領及び特別支援学校小学部・中学部学習指導要領の一部改正の告示が公示された。この一部改正において，児童生徒が多様な感じ方や考え方に接する中で，考えを深め，判断し，表現する力などを育むための言語活動の充実が具体的に示された。

【3】③

〈解説〉特別活動の年間指導計画の作成について，本資料では「各学校が教育目標の具現化に向けて，特別活動と各教科，道徳，外国語活動，総合的な学習の時間，生徒指導などとの関連を図った独自の全体計画を作成するためには，学校の実態を十分に考慮した特別活動として何を重視すべきかなど重点目標を定め，それぞれの役割を明確にしておく必要がある」としている。

【4】④

〈解説〉エは「社会との関わり」，オは「自己効力感」が正しい。問題文は地域と連動した学校防災について述べたものであり，その中で「自治体が発行したハザードマップなどで日常から地域の危険な箇所や生じる可能性がある自然災害の特色を知り，学校の立地状況や通学路，活動場所などを掌握しておく必要がある」としているが，ハザードマップで想定する規模を超える災害があることも考慮する必要があるとしている。

【5】②

〈解説〉出題の3つの視点はOECDの主要能力(キー・コンピテンシー)に符合しているととらえることもできる。具体的に見ると，「学習方法に関すること」は「社会・文化的，技術的ツールを相互作用的に活用する力」，「他者や社会とのかかわりに関すること」は「多様な社会グループにおける人間関係形成能力」，「自分自身に関すること」は「自立的に行動する能力」とそれぞれ関連すると考えられる。

【高等学校】

【1】②

〈解説〉道徳教育に関わる部分からの出題である。高等学校においては，小・中学校と異なり道徳の時間がないことから，学校の教育活動全体を通じて行うことが特に要求される。そのため，平成21年の高等学校学習指導要領改訂において，全教師が協力して道徳教育を展開するため，全体計画を作成することが新たに規定された。

【2】③

〈解説〉指導の評価と改善に関する出題であり，学習指導要領では「生徒のよい点や進歩の状況などを積極的に評価するとともに，指導の過程や成果を評価し，指導の改善を行い学習意欲の向上に生かすようにすること」と示されている。評価について，同資料では「評価のための評価に終わることなく，生徒一人一人の学習の成立を促すための評価という視点を一層重視することによって，教師が自らの指導を振り返り，指導の改善に生かしていくことが特に大切」としている。

【3】④

〈解説〉本問では，〔　　〕には特別活動を構成する各活動が入ること，各活動とは〔ホームルーム活動〕〔生徒会活動〕〔学校行事〕の3つを指すことをおさえておけば，選択肢を絞りやすくなるだろう。「総合的な学習の時間」などとの関連について，本資料では「各教科・科目や総合的な学習の時間などの指導との関連を図るとともに，家庭や地域の人々との連携，社会教育施設等の活用などを工夫すること」としている。

【4】⑤

〈解説〉ここでは，キャリア教育と職業教育の相違点を明らかにしておくこと。キャリア教育とは「一人一人の社会的・職業的自立に向け，必要な基盤となる能力や態度を育てることを通して，キャリア発達を促す教育」，職業教育は「一定又は特定の職業に従事するために必要な知識，技能，能力や態度を育てる教育」のことであり，職業教育もキャリア教育の一つであるといえる。また，職業教育は主に高等学校で行われるのに対し，キャリア教育はどの学校種においても行われるという相違点もおさえておこう。

【5】②

〈解説〉校則の内容は時代に即したものであることが必要なため，絶えず見直すことが必要であり，その効果について，本資料では「校則の見直しは，校則に対する理解を深め，校則を自分たちのものとして守っていこうとする態度を養うことにつながり，児童生徒の主体性を培う機会」と位置づけている。

●書籍内容の訂正等について

弊社では教員採用試験対策シリーズ（参考書，過去問，全国まるごと過去問題集），公務員試験対策シリーズ，公立幼稚園・保育士試験対策シリーズ，会社別就職試験対策シリーズについて，正誤表をホームページ（https://www.kyodo-s.jp）に掲載いたします。内容に訂正等，疑問点がございましたら，まずホームページをご確認ください。もし，正誤表に掲載されていない訂正等，疑問点がございましたら，下記項目をご記入の上，以下の送付先までお送りいただくようお願いいたします。

① **書籍名，都道府県（学校）名，年度**
（例：教員採用試験過去問シリーズ　小学校教諭 過去問　2025年度版）
② **ページ数**（書籍に記載されているページ数をご記入ください。）
③ **訂正等，疑問点**（内容は具体的にご記入ください。）
（例：問題文では“ア～オの中から選べ”とあるが，選択肢はエまでしかない）

〔ご注意〕
○ 電話での質問や相談等につきましては，受付けておりません。ご注意ください。
○ 正誤表の更新は適宜行います。
○ いただいた疑問点につきましては，当社編集制作部で検討の上，正誤表への反映を決定させていただきます（個別回答は，原則行いませんのであしからずご了承ください）。

●情報提供のお願い

協同教育研究会では，これから教員採用試験を受験される方々に，より正確な問題を，より多くご提供できるよう情報の収集を行っております。つきましては，教員採用試験に関する次の項目の情報を，以下の送付先までお送りいただけますと幸いでございます。お送りいただきました方には謝礼を差し上げます。
（情報量があまりに少ない場合は，謝礼をご用意できかねる場合があります）。
◆あなたの受験された面接試験，論作文試験の実施方法や質問内容
◆教員採用試験の受験体験記

送付先
○電子メール：edit@kyodo-s.jp
○FAX：03-3233-1233（協同出版株式会社　編集制作部 行）
○郵送：〒101-0054　東京都千代田区神田錦町2-5
協同出版株式会社　編集制作部 行
○HP：https://kyodo-s.jp/provision（右記のQRコードからもアクセスできます）

※謝礼をお送りする関係から，いずれの方法でお送りいただく際にも，「お名前」「ご住所」は，必ず明記いただきますよう，よろしくお願い申し上げます。

教員採用試験「過去問」シリーズ

福岡県・福岡市・北九州市の
教職・一般教養 過去問

編　集　　©協同教育研究会
発　行　　令和6年2月25日
発行者　　小貫　輝雄
発行所　　協同出版株式会社
〒101-0054　東京都千代田区神田錦町2-5
電話　03−3295−1341
振替　東京00190−4−94061
印刷所　　協同出版・POD工場

落丁・乱丁はお取り替えいたします。